eigentlich verstehen wir die Dialoge
mit Nichtsprechenden als
asymmetrisch. Wenn wir aber
den Nichtsprechenden wie sein Personal
bereit so nehmen wie er ist, mit
ihm in den Dialog treten, umsomst
nehmen wird die Beziehung symmetrisch(er)

Offenlegen unserer Annahmen: Das
denken wir denn wirklich über
Schwerbehinderte, über nichtsprechende?
→ Self-fulfilling-prophecy
Sind wir wirklich so edel oder sind oder
verhalten wir uns nur sozial-korrekt,
bzw. vorsichtig weil wir wissen, was
passiert wenn man Schwerbehinderte
disqualifiziert.

In Platonischen Dialogen und in
der Psychoanalyse ist Dialog ein /das
zentrale(s) Erkenntnismittel

Wenn man echtes Interesse an den
Reaktionen des Gegenübers hat, nimmt
man jede Reaktion wahr. Anders bei
Prüfung einer Hypothese, wenn man
nur wahrnimmt, was die These
unterstützt, das andere als Gegen-

Martina & Johannes F. Hartkemeyer
L. Freeman Dhority

Miteinander Denken
Das Geheimnis des Dialogs

Klett-Cotta

Klett-Cotta
© J. G. Cotta'sche Buchhandlung Nachfolger GmbH, gegr. 1659,
Stuttgart 1998
Alle Rechte vorbehalten
Fotomechanische Wiedergabe
nur mit Genehmigung des Verlags
Printed in Germany
Schutzumschlag: Dietrich Ebert, Reutlingen
Gesetzt aus der Stempel Garamond
von Satzpunkt Ewert GmbH, Braunschweig
Auf 100% Altpapier
gedruckt und gebunden von Gutmann, Talheim

Zweite Auflage, 1999

Die Deutsche Bibliothek – CIP-Einheitsaufnahme
Hartkemeyer, Martina:
Miteinander denken: das Geheimnis des Dialogs
Martina Hartkemeyer; Johannes F. Hartkemeyer; L. Freemann Dhority.
Zweite Aufl. – Stuttgart: Klett-Cotta, 1999
ISBN 3-608-91943-0

Inhalt

Prolog: Eine Dialoggeschichte

*»Wenn die Türen der Wahrnehmung erweitert würden,
so würde dem Menschen alles so erscheinen,
wie es ist: unendlich.
Aber der Mensch hat sich so eingeschlossen,
daß er alle Dinge nur noch
durch die schmalen Spalten seiner Höhle sieht.«
William Blake*

Karin kommt von einem Dialog-Wochenende nach Hause zurück. Sie ist müde, und gleichzeitig ist sie zufrieden, ja geradezu beschwingt, denn sie hat Erfahrungen gemacht, die sie zum Nachdenken anregen. In diesen beiden Tagen wurde ihr in den intensiven Gesprächen mit den anderen Dialog-Teilnehmern deutlich, was es heißt, vorurteilslos auf andere Menschen zuzugehen, ihnen ohne vorschnelle Bewertungen zuzuhören und sich von Wahrnehmungsmustern zu lösen. Solche Erfahrungen macht man gewöhnlicherweise im Alltag nicht. Doch sind sie, diese Erkenntnis nimmt Karin aus dem Wochenende mit, ganz grundlegender Art und eine gute Ausgangsbasis dafür, sich in Offenheit zu üben. Und es ist diese Offenheit, durch die man auch Kräfte in sich selbst entdeckt, Kräfte, die durch ein besseres Verstehen freigesetzt werden.

Ein Rückblick

Karin, 40, hört Christian, 42, in einer Dialogrunde zu. Redegewandt wie immer, stellt er Standpunkte klar, analysiert die Situation. Kommentiert andere Redebeiträge. Freundlich, treffend und klar. – Er sieht auch noch gut aus, dieser Christian.

Trotzdem beobachtet Karin in sich einen wachsenden Unmut, ja, zunehmende Aggression gegen Christian. *Also los, Karin, wir sind hier im Dialog-Prozeß, betrachte deine negativen Gefühle, suspendiere deine Bewertungen!* – Karin schaut sich im Kreis um. *Ha! Ich habe recht. Andere empfinden genau die gleiche Ablehnung. Ihre Blicke und Körperhaltungen sind eindeutig.* Nun ja, zumindest interpretiert Karin sie so.

Christian redet immer noch. *Das wird ja unerträglich, dieses Gequassel!* Ermutigt durch ihren inneren Dialog, überlegt Karin: *Soll ich den Stein nehmen* und meine Empfindungen aussprechen?*

Doch da passiert es schon. Wie so oft im Dialog spricht jemand anders in der Runde aus, was Karin selbst bewegt: Christian sei so »kopfig«, gräßlich verstandesbestimmt, analysierend über allem stehend. Er solle doch mal über sich selbst reden, nicht über andere. Mal über seine Gefühle, nicht immer über seine Analyse der Lage.

Christian reagiert schnell, kühl, rational, auf seine Weise. Andere Unmutsstimmen werden laut: »Wo bist du? Wieso versteckst du dich hinter deinen Abstraktionen?« Christian gerät unter Druck, wird hilflos, versteht nicht, was man von ihm will. »Was habe ich denn verkehrt gemacht? Warum seid ihr …«

Jemand bittet um Ruhe. Das erhitzte Hin- und Herwerfen von Meinungen wird unterbrochen. – Wohltuende Stille. – *Halt ein und schau, was du machst. Schau dich selbst an, Karin! Meine Güte, wie Wasser in einem Springbrunnen sind deine Bewertungen in dir hochgestiegen. Du hast sie den andern um die Ohren gehauen und dich so im Recht gefühlt. Wie schnell bist du hinauf auf die Leiter der Schlußfolgerungen gesprungen! Christian redet, Karin wählt aus: Er hat keine Gefühle – wertet ab – redet nicht von Herzen – so ein unechter Schwafler! Peng, da steckt er in der Schublade, der Christian.*

In diesem Augenblick trifft es Karin wie ein Schlag. Sie schaut in sich hinein. Der Inhalt des Prozesses ist ja relativ banal. Doch das Verhaltensmuster liegt sehr tief. *O Gott,* denkt sie, *ich schütze mich fast ständig mit solchen schnellen Deutungen.* Karin schaut Christian wieder an. Sie sieht ihn jetzt anders. *Ein liebenswürdiger Mensch, verwirrt und verloren schaut er jetzt drein, ein professioneller Kommunikationstrainer. Aber es ist nur zu deutlich: es war ihm unmöglich, seine Gefühle zu erkennen, geschweige denn auszudrücken. Mit welchem Recht verurteile ich ihn? So konstruktiv geredet hat er, nichts als Dialog und Prozeß im Sinn.* Karin spürt, sie kann ihm jetzt – nach Verlangsamen, Innehalten, Suspendieren – wieder zuhören, offen sein für seine Wahrnehmung der »Wirklichkeit«.

Karin denkt an ihren Partner Peter zu Hause. *Ob er sich auch so verwirrt, so unter Druck und abgewertet fühlt, wenn ich von ihm mehr Echtheit einfordere? Als sei es für ihn so leicht, nur weil es mir so leicht fällt. Und übrigens: er setzt mich nicht unter Druck. Vielleicht sollte ich das*

---

*   In der Dialogrunde wird häufig mit einem Redestein gearbeitet, den sich diejenige holt, die etwas sagen möchte.

anerkennen, anstatt so viel an ihm abzuwerten. Am liebsten würde sie jetzt gleich nach Hause fahren und die Erkenntnisse und guten Vorsätze in die Tat umsetzen.

Karin schreibt sich auf: »Peter – zuhören – innehalten – Bewertungen anschauen – nicht so verdammt im Recht sein!«

Eine banale Geschichte?

Karins plötzliche Einsicht in ihr eigenes Denken kann zu einem grundlegenden Wandel ihrer Wahrnehmung der Welt führen. In der Erkenntnis unserer eigenen Wahrnehmungsmuster liegt die größte verändernde Kraft des Dialogs. Karins Erfahrung ist ein Beispiel für einen Veränderungsmoment, wie er typisch für den Dialogprozeß ist. Es ist ein Moment der Einsicht in die begrenzte eigene Sichtweise, die »Spalten unserer Höhle«. Diese Erfahrungen sind Voraussetzung für die Erweiterung unseres Sicht- und Handlungsspielraums. Sie ermöglichen uns eine freiere Teilnahme am gemeinsamen Gedankenfeld.

> *Wir schlagen vor, gemeinsam zu erkunden, was jeder von uns sagt, denkt, fühlt, darüber hinaus aber auch die tieferliegenden Beweggründe, Annahmen und Glaubenssätze, die dieses Sagen, Denken, Fühlen bestimmen.*
>
> David Bohm

1 Warum wir ein Buch über den Dialog schreiben

Das Wort »Dialog« hat Konjunktur. Vielleicht steckt dahinter der Wunsch, gehört zu werden, ernsthaft, ehrlich und offen miteinander zu sprechen – und wo finden wir das heute. »Dialog« – ein Zauberwort?

Der Dialog ist für uns eine besondere Art, miteinander zu sprechen und einander zuzuhören. Dazu gehört vor allem auch, sich selbst zuzuhören, die eigenen Reaktionen zu spüren, die Herkunft der eigenen Gedanken zu erforschen, um nicht Gefangener des eigenen begrenzten Weltbildes zu bleiben.

Das geht nicht ohne Verlangsamung. Wie häufig verheddern wir uns in Konflikte bei übereilten Versuchen, schwierige Probleme auf die Schnelle lösen zu wollen? Wie häufig haben wir im Alltag das Gefühl, wie Sisyphos immer die gleichen Probleme wälzen zu müssen?

Was ist für den Dialog wichtig? Eine Bereitschaft zuzuhören und unsere Bewertungen oder gar Urteile in der Schwebe zu halten. Das heißt nicht, daß man seine Gefühle unterdrücken sollte. Aber es scheint kreativer zu sein, uns nicht so sehr mit unseren Gedanken und Meinungen zu identifizieren, wie wir es gemeinhin tun. Das ist nicht leicht, da wir gut trainiert sind, entweder etwas unter den Teppich zu kehren, um Konflikte zu vermeiden, oder unsere Meinung durchzusetzen als vermeintliches Zeichen von Sicherheit und Stärke. Die unsere Wahrnehmung begrenzenden Gesprächshaltungen, die uns im Alltag so vertraut sind und uns durch Nachrichtensendungen und Talkshows immer wieder vorgeführt werden, scheinen nicht geeignet, den qualitativen Anforderungen einer – heute aus unserer Sicht notwendigen – besseren Kommunikationskultur zu entsprechen.

Im Dialog geht es darum, eigene und fremde Gedankenfelder in einer offenen, nicht manipulativen Form zu erkunden. Es geht auch darum zu erkunden, wie unsere Annahmen über das, was wir »Wirklichkeit« nennen, tief mit unseren nicht hinterfragten kulturellen Normen und Verhal-

»Bist du in Eile, mach einen Umweg.«
Japanisches Sprichwort

tensweisen verwoben sind. Unserer Erfahrung nach haben wir alle in uns ein tiefes, untergründiges Gespür dafür bewahrt, so daß wir zumindest zeitweilig erkennen, spüren, was ein wirklich fruchtbares Gesprächserlebnis war. Etwas, das uns innerlich tief angesprochen hat, vielleicht etwas, das wir »Einsicht« nennen können. Es besteht die Chance im Dialogprozeß, diese Momente zu erweitern, an den Grenzen des bisherigen Denkens zu arbeiten. Die verbindende Vision des weltweiten Projektes Dialog ist es, diese Momente in eine Disziplin zu verwandeln, die lern- und lehrbar ist. Der Dialog ist ein Versuch, ein Vorschlag, anders mit komplexen Fragen, Situationen und Problemen umzugehen. Neu miteinander kreative Situationen zu schaffen, dem Denken auf die Spur zu kommen.

Seit wir mit Gruppen im Dialog arbeiten, seit wir versuchen, im Alltag mehr voneinander und über uns selbst zu lernen, anstatt einander zu belehren, haben wir viele persönlich bereichernde Begegnungen erlebt. Und darüber hinaus konnten wir sehen, daß sich an vielen Orten der Welt Menschen aufgemacht haben, um kreative, praktische, bemerkenswert unkonventionelle Ansätze zu entwicken. Aufgrund dieser Erfahrungen ist dieses Buch entstanden, um auf dem Hintergrund dessen, was wir gelernt haben, einen Beitrag zu leisten zur Weiterentwicklung dieses spannenden Prozesses: des Dialogs.

Dieses Buch will zu drei Aspekten beitragen:

- *Verwendbarkeit als praktisches Handbuch*
  Wir wollen dem Leser ein praktisches Buch vorlegen, das unsere konkreten Erfahrungen im Dialog als methodische Hilfe anbietet. Wir beschreiben die Strategien und Kernelemente, die uns hilfreich erscheinen, den praktischen Dialog zu fördern.

- *Dialog als Begegnung*
  Wir haben mit zahlreichen Menschen aus verschiedenen Ländern Gespräche über den Dialog geführt: mit Natur- und Sozialwissenschaftlern, mit Grundschul- und Hochschullehrern, mit Philosophen, Theologen, Schriftstellern und Organisationsberatern, um zu zeigen, wie es gelingen kann, von verschiedenen Fachrichtungen und Erfahrungsbereichen her Zugänge zum Dialog zu finden.
  Die Frage, die uns zu diesen Menschen führte, war: Wie nutzen Menschen in verschiedenen Kulturen und Berufsfeldern dialogische Ansätze, um zu qualitativ neuen Einsichten und Lösungen zu kom-

Im Dialogprozeß besteht die Chance, an den Grenzen des bisherigen Denkens zu arbeiten.

men? Und: Was können wir von dieser Haltung, diesem »Geist des Dialogs«, lernen?

- *Dialog als Erkenntnisprozeß*
  Es geht uns nicht um die Entwicklung einer neuen, geschlossenen Dialogtheorie. Uns liegt daran, ein gemeinsames Projekt vieler Stimmen vorzuschlagen, um zu zeigen, wie es gelingen kann, unterschiedliche Sichtweisen fruchtbar werden zu lassen. Das grundsätzliche Problem bei der schriftlichen Auseinandersetzung mit dem Begriff Dialog ist die Fixierung durch Worte, die suggeriert, wir könnten etwas, das eine gemeinsame Suche nach Sinn voraussetzt, in ein Korsett von Feststellungen und Definitionen zwingen. Um uns dem dialogischen Vorgehen – verstanden als gemeinsame Suche nach neuer Erkenntnis – auch in der Schriftform wenigstens zu nähern, haben wir in weiten Bereichen dieses Buchs zur Klärung von Positionen und zur Darstellung von Arbeitsfeldern zum Dialog die Form des Gespräches gewählt, die diesem Anspruch nach unserer Meinung am ehesten entspricht.

Nicht die Wahrheit, in deren Besitz irgend ein Mensch ist, oder zu sein vermeint, sondern die aufrichtige Mühe, die er angewandt hat, hinter die Wahrheit zu kommen, macht den Menschen. Denn nicht durch den Besitz, sondern durch die Nachforschung der Wahrheit erweitern sich seine Kräfte, worin allein seine immer wachsende Vollkommenheit bestehet. Der Besitz macht ruhig, träge, stolz.
Gotthold Ephraim Lessing

Wir geben Ihnen einen Einblick in die Theorien und Gedankenwelten, auf denen der Ansatz des Dialogs basiert, und in die Art, wie der Dialog in anderen Kulturen gelebt wird. Dabei geht es uns nicht um Vollständigkeit, sondern um die Aspekte, die wir kennengelernt haben und die uns wichtig waren.

Ein interessantes Praxisfeld, das uns als Autoren zusammengeführt hat, war das amerikanische Dialogue-project, in dem *L. Freeman Dhority* Facilitator (Dialog-Begleiter) war. In den darauffolgenden Jahren intensivierten wir unsere Zusammenarbeit in zahlreichen Dialogrunden. Diese Erfahrungen haben unsere Ansprüche an Kommunikation, an unsere Arbeit in Organisationen mit Menschen wesentlich verändert. Dazu kommt ein zweijähriges Projekt, das von der Deutschen Bundesstiftung Umwelt gefördert wurde. Es hatte das Ziel, den Dialog als Mittel und Methode für die Bewußtseinsentwicklung zu erforschen, um der Frage nachzugehen, wie durch die Veränderung unserer Kommunikation und unseres Denkens eine zukunftsfähige Orientierung der Wirtschaft und Gesellschaft möglich ist.

Dabei bestärkt uns die Erfahrung, daß es im Dialogprozeß den Beteiligten immer wieder gelingt, eigene Denkfallen und Begrenzungen zu überwinden, mit verschiedenen Sichtweisen zu experimentieren, um kreativer zu werden.

Dies ist kein Buch, das dem konventionellen Wissenschaftsbegriff Genüge tun möchte. Es ist vielmehr aus dem Geist entstanden, daß es viele nützliche Einsichten oder Sichtweisen gibt, die sich in dem Bemühen begegnen, neue Vorstellungsweisen zu wagen und Auswege aus einer Kommunikationskrise zu suchen.

Wir möchten Sie auf den folgenden Seiten mit zahlreichen Menschen bekannt machen, die über soziale Beziehungen, über das Lernen, über Information und Kommunikation nicht nur nachgedacht, sondern sich darin auf für uns besondere Weise engagiert haben. Um der Bedeutung von »Dialog« nachzuspüren, kommen zu Beginn zwei Menschen zu Wort, denen der Dialog zur Lebenshaltung und Aufgabe geworden ist: der kirgisische Dichter *Tschingis Aitmatow* und der israelische interkulturelle Friedensarbeiter *Kalman Yaron.*

Im Hauptteil (Kap. 4 bis 6) finden Sie praktische Hilfen zum Dialogprozeß. Er ist aus zahlreichen Seminaren, Dialogrunden und Fortbildungen für Dialogprozeßbegleiter in Deutschland und in den USA entstanden. Prozeßverläufe, Übungen, Erfahrungen sollen Sie ermutigen, eigene Versuche zu machen, selbst erfinderisch zu werden. Denn aus unserer Sicht gibt es keinen einzig »richtigen« Weg zu einem »guten Dialog«.

Peter Senge, der sich besonders intensiv mit Fragen des Lernens befaßt hat, weist auf die Selbstbegrenzungen hin, wenn wir uns als »Wissende« definieren und dadurch nicht in der Lage sind, eine Lernhaltung zu entwickeln, die Grundlage für jeden Dialog ist (Kap. 8).

Eine Lernhaltung ist die Grundlage für jeden Dialog.

Sie werden praktische Erfahrungen kennenlernen, die auf verschiedenen Gebieten wie Schulen, Unternehmen, Gesundheitswesen, Gewerkschaften, Kommunen, Familien mit dem Dialog gemacht wurden (Kap. 6 bis 11).

Zum Schluß stellen wir Ihnen gesellschaftliche Bereiche vor, in denen dialogähnliche Konsensverfahren und kreative Politikideen entwickelt wurden, neue Konzepte für die ökologische Orientierung der Wirtschaft, die Zusammenarbeit und Demokratisierung der Planung in Kommunen sowie für Konfliktforschung und Vermittlung in Krisengebieten (vgl. die Kap. 10, 11).

Der Dialog ist eine Einladung zum Experimentieren mit verschiedenen Sichtweisen der Welt. Es geht um das Ausprobieren und Erkennen von Zusammenhängen und Beziehungen, die uns bislang verborgen waren. Zugleich aber ist der Dialog auch eine alte Form des gemeinsamen Gesprächs, die neu entdeckt wird.

2 Warum kommen Menschen zum Dialog?

Kann eine Schnecke den Transrapid überholen?

Als wir nach einem Dialog-Wochenende in Süddeutschland zu einem Spaziergang durch den angrenzenden Wald aufbrachen, mußten wir nach wenigen Schritten innehalten. Es hatte in der Nacht geregnet, das feuchte Gras glitzerte im Sonnenlicht, Wasserpfützen durchzogen den Waldweg. Was uns stocken ließ, war nicht die Angst, uns nasse Füße zu holen. Hunderte, Tausende von Schnecken waren unterwegs, kreuzten den Weg von rechts nach links oder links nach rechts, krochen vor uns, neben uns – als hätten sie auf uns gewartet und wollten uns ein Stück des Wegs begleiten. Ein Thema des Dialogs an diesem Wochenende war die Auseinandersetzung mit Geschwindigkeit und der oft geäußerte Wunsch nach Verlangsamung gewesen. Wir hatten es genossen, in der Gruppe ohne Zeitdruck arbeiten zu können, ohne Zielfixierung und Ergebnisdruck. Doch nachdem das Seminar vorbei war, zeigte ein Blick in den Kalender, daß die Alltagstermine wieder nach mehr Planung, Struktur und Geschwindigkeit verlangen würden. Da kamen uns die Schnecken entgegen!

Können wir es uns leisten, uns durch den Alltag hetzen zu lassen, ohne innezuhalten?

Damit stand die Frage wieder vor uns: Können wir es uns heutzutage überhaupt leisten, Prozesse und Gespräche bewußt zu verlangsamen, während uns unsere Alltagserfahrung lehrt, daß nur gewinnt, wer als erster am Ziel ist? Oder müssen wir die Frage anders stellen: Können wir es uns leisten, uns durch den Alltag hetzen zu lassen, ohne innezuhalten und unser Ziel zu überprüfen?

Ob die unzähligen Schnecken zufällig oder von einem wohlmeinenden Schutzengel gesandt aufgetaucht waren, sie ermunterten uns an jenem Tag nicht nur dazu, darauf zu achten, wohin wir unsere Füße setzten. Die Atmosphäre dieses Frühlingstages war wie eine Einladung, genauer achtzugeben, dem zu lauschen, was geschehen war, dem nachzuspüren, was Dialog mit Verlangsamung zu tun hat.

Das Wahrzeichen der Intelligenz ist das Fühlhorn der Schnecke
»Das Wahrzeichen der Intelligenz ist das Fühlhorn der Schnecke ›mit dem tastenden Gesicht‹, mit dem sie, wenn man Mephistopheles glauben darf, auch riecht. Das Fühlhorn wird vor dem Hindernis sogleich in die schützende Haut des Körpers zurückgezogen, es wird mit dem Ganzen wieder eins und wagt als Selbständiges erst zaghaft wieder sich hervor. Wenn die Gefahr noch da ist, verschwindet es aufs neue, und der Abstand bis zur Wiederholung des Versuchs vergrößert sich. Das geistige Leben ist in den Anfängen unendlich zart.« (Max Horkheimer/Theodor W. Adorno, Dialektik der Aufklärung, Frankfurt a. M.: Fischer Taschenbuch Verlag [8]1981, S. 228 f.)

Wir waren erstaunt und auch ein wenig verwirrt. Wie war es möglich gewesen, an einem Wochenende mit Menschen, die uns zuvor nicht bekannt gewesen waren, in einen so intensiven Austausch zu treten und dabei gleichzeitig über uns selbst viel zu erfahren? Drei Tage hatten wir mit über zwanzig Menschen verbracht, um uns im Dialog zu üben. Was war daran das Besondere gewesen? Hatte es ein versierter Leiter verstanden, eine Atmosphäre zu schaffen, in der intensives Vertrauen entstehen konnte? Waren besonders sensible Menschen hierher gekommen? Waren wir selbst in einer offeneren Haltung auf die anderen zugegangen als in uns bekannten Gruppen?

Was ist das Geheimnis des Dialogs?

Wenn diese Fragen mit einfachen Thesen zu beantworten wären, würde sich wahrscheinlich ein Buch wie dieses erübrigen. Wir trauen aber den kurzen Antworten nicht. Wir wollen auch keine Rezepte für gute Gespräche geben, sondern vielmehr im Gespräch mit anderen der Frage nachgehen, worin das Geheimnis des Dialogs liegt.

Freeman: Der Dialog drängt sich in mein Leben

Natürlich begann der Alltags-Dialog für mich bereits in der Kindheit und hat sich seitdem weiterentwickelt. Aber der Dialog im Sinne dieses Buches ist ein anderer Dialog. Dieser Dialog »überfiel« mich vor sieben Jahren, ohne daß ich bewußt danach gesucht hätte.

Es war 1991 in Santa Fe, New Mexico, in der Villa der amerikanischen Künstlerin Georgia O'Keefe, wo sechzehn Menschen für drei Tage zusammengekommen waren, um neue Visionen für das amerikanische Erziehungswesen zu entwickeln. Gleich nach der Vorstellungsrunde schlug Peter Senge, der Gruppenleiter, vor, wir könnten mit einer Vorgehensweise experimentieren, von der er neulich erfahren hätte und die er auch in seinem kurz zuvor erschienenen Buch *Die fünfte Disziplin* beschreibt: dem Dialog. Wir ließen uns darauf ein und begannen einen Prozeß, der mein Leben verändert hat.

Wir waren Forscher, Lehrer, Berater. Vor allem – das mußten wir bald erkennen – waren wir *Wissende*, die kaum miteinander, voneinander, *lernen* konnten. Anfangs war das geradezu demütigend, als wir diese neue Disziplin *Dialog* versuchten. Wir hörten einander schlecht zu, wir plädierten viel und fragten wenig, gingen mit unseren Sicherheiten um, als wären sie Wahrheiten. Kurz, wir waren am Anfang eine *belehrte* Gemeinschaft aber keine *lernende*. Doch nach drei intensiven Tagen im »Dialog« hatten wir das Gefühl, daß wir allmählich damit begonnen hatten, einander zuzuhören, zusammen zu denken, gemeinsam zu lernen.

Ich ging zurück nach Boston zur Universität von Massachusetts, wo ich als Professor für »Kritisches und Kreatives Denken« arbeitete – mit dem Ziel, meinen *Lehr*stuhl in einen *Lern*stuhl zu verwandeln, vor allem durch die Einführung des Dialogs. Peter Senge stellte den Kontakt zu dem Leiter des MIT-Dialogue-projects her, zu *William Isaacs*, der mich einlud, in dem Projekt mitzuarbeiten. Die intensive zweijährige Arbeit in diesem Projekt eröffnete mir Möglichkeiten, die heute noch Früchte tragen, bis hin zu diesem Buch. Ich leitete zahlreiche Dialoggruppen in den USA, führte diesen Prozeß durch viele Seminare in Deutschland ein, bot dann einen Universitätskurs über den Dialogprozeß an, aber vor allem versuchte ich, den Dialog zu leben. Das bedeutete für mich, daß ich nun (sehr unvollkommen) *begann,* in meinen Begegnungen neugieriger zuzuhören, ich *begann,* echte Fragen zu stellen und mich für wesentliche Begegnungen mit meinen Gesprächspartnern mehr und mehr zu öffnen. Das gelang mir ganz unterschiedlich: mit neuen Kontakten am besten; mit alten Bekannten (vor allem mit meinen Kindern) war es am schwierigsten.

Der Weg aber war begonnen. Unter den Gewinnen: unschätzbare Begegnungen, die von Tiefe, Echtheit, kreativem Miteinanderdenken und verbindendem Mitgefühl erfüllt sind. Unter den Verlusten: die Frustration über meine eigenen engen Grenzen, über mein häufiges Zurückfallen in alte Muster. Und als zweischneidiges Schwert: das Wissen darum, wie es anders sein könnte.

Der Dialog ist ein Lebensweg geworden, ein Weg des Lernens, der Begegnung und der Hoffnung.

Der Dialog: ein Weg des Lernens, der Begegnung und der Hoffnung

Johannes: Mein Weg zum Dialog

Ich bin auf einem Bauernhof aufgewachsen. In der Arbeitssituation ergibt es sich, daß man manchmal stunden- oder tagelang allein arbeitet, draußen in der Natur. Baumsetzlinge pflanzen, Dornen hacken, den Acker pflügen, eggen, säen, Gras mähen. Das war die Zeit, nachzudenken über Gesagtes, Erwartetes, über Geplantes.

Zu den wesentlichen Fragen, die mich mein Leben lang begleitet haben, gehörten: »Wie kommen die Menschen zu ihren Gedanken? Warum erzählen sie gerade das, was sie jetzt erzählen? Was ist ihre Geschichte, die hinter dieser Geschichte steht?« Später gesellten sich dazu

Die neun Stufen der Konflikteskalation

Verhärtung
Standpunkte verhärten sich u. prallen aufeinander. Es besteht noch Überzeugung, daß d. Spannungen durch Gespräche lösbar sind. Noch keine starren Parteien od. Lager.

Debatte
Polarisation im Denken, Fühlen, Wollen: Schwarz-Weiß-Denken, Sichtweise v. Überlegenheit u. Unterlegenheit.

Taten
»Reden hilft nichts mehr.« Strategie d. vollendeten Tatsachen. Empathie geht verloren, Gefahr v. Fehlinterpretationen.

Images Koalitionen
Parteien manövrieren sich gegenseitig in negative Rollen u. bekämpfen sich. Werbung um Anhänger.

Gesichtsverlust
Öffentl. u. direkte Angriffe, die auf Gesichtsverlust d. Gegners zielen.

Drohstrategien
Drohung u. Gegendrohung. Konfliktbeschleunigung durch Ultimatum.

Begrenzte Vernichtungsschläge
Gegner nicht mehr als Mensch gesehen. Begrenzte Vernichtungsschläge als »passende« Antwort. Umkehrung d. Werte. Kleiner Schaden bereits als Gewinn bewertet.

Zersplitterung
Zerstörung u. Auflösung d. feindlichen Systems als Ziel.

Gemeinsam in den Abgrund
Totale Konfrontation ohne Weg zurück. Vernichtung d. Gegners zum Preis d. Selbstvernichtung wird in Kauf genommen.

(nach Friedrich Glasl)

STREITKULTUR

die Fragen: »Warum interessiert mich gerade das? Warum bin ich jetzt eigentlich wütend? Wie gehe ich jetzt mit dieser Situation um?«

Ich lernte, daß es verschiedene Anschauungen gibt, herrschende Meinungen, denen man sich am besten anschließt, um nicht aufzufallen.

Ich weiß aber immer noch nicht genau, was mich dazu gebracht hat, mir Themen auszusuchen, Fragen zu stellen, die mich in Konflikte hineingebracht haben. Als ich mich in die Erwachsenenbildung begab, fand ich mich ebenfalls in verschiedenen »Weltanschauungsfeldern« wieder, die mich in Konfliktsituationen brachten.

Zunehmend arbeitete ich in Bereichen, in denen es um Fragen der Organisationsentwicklung ging, um Motivation von Mitarbeitern, Mitarbeitergespräche, Personalauswahl, Fortbildung von Moderatoren, Verwaltungsreformvorhaben. Gerade hier wurde mir deutlich, wie entscheidend die Qualität der Gespräche für Veränderungsprozesse ist. Mittlerweile ist unter Fachleuten klar, daß fast dreiviertel aller Reformvorhaben aus Sicht der ursprünglichen Zielsetzung gescheitert sind. »Folienreformen« werden sie genannt, die von Technokraten mit klugen Worten verordnet werden und wo Mitarbeiterbeteiligung nur rhetorisch gewünscht, aber praktisch verhindert wird. Da scheint es doch für die Mitarbeiter ganz klug zu sein, vorsichtig zuzuhören, nach außen hin offen zu scheinen, aber unter der Hand Bedenken dagegen zu verbreiten.

Seit aber in einigen Projekten Dialogrunden üblich wurden, war es nicht mehr möglich, sich zu verstecken, Konflikte zu erzeugen, die unausgesprochen abliefen. Diese Erfahrung zeigt, daß dialogische Prozesse hilfreich sind, aber es gibt keine Garantie, daß sich alle wirklich beteiligen wollen.

Bei mir entstanden aus der Beraterperspektive viele neue Fragen. Wie zum Beispiel die Frage nach »Dialog und Macht«. Wie kann ein Dialog beginnen, an dessen Anfang ja die aufrichtige Infragestellung aller Gewißheiten, die ich als festes Bild in mir trage, stehen sollte? Wie kann ein Dialog in einer Situation eingeführt werden, die völlig verhärtet ist? Wie kann man Hoffnung für einen Prozeß wecken, der weder eine Methode nach üblichem Verständnis noch eine bloße Theorie ist, sondern eher eine Grundhaltung beschreibt? Wie kann man Vertrauen dafür entwickeln, daß etwas funktioniert, was weder der Entwicklung von »Streitkultur« noch dem Muster des Vergleichs von zwei »objektiven« Sachverhalten dient? Wie kann man erklären, daß »Dialog« mehr ist als der Austausch von bereits Gedachtem? Wie können Menschen durch den Dialog ihre Mitmenschlichkeit kultivieren? Die Fragen, entstanden aus Erfahrungen in Organisationen, haben mich immer weiter in den Geist

Dialog und Macht

Manöver-Dialog
Funkstation 1: »*Bitte ändern Sie Ihren Kurs um 15 Grad nach Norden, um eine Kollision zu vermeiden.*«
Funkstation 2: »*Empfehle, Sie ändern Ihren Kurs um 15 Grad nach Süden.*«
Funkstation 1: »*Hier spricht der Kommandant eines US-Kriegsschiffes. Ich wiederhole: Ändern Sie Ihren Kurs!*«
Funkstation 2: »*Nein. Sie ändern den Kurs!*«
Funkstation 1: »*Dies ist der Flugzeugträger Enterprise. Wir sind ein sehr großes Kriegsschiff der US-Navy. Ändern Sie den Kurs – und zwar jetzt.*«
Funkstation 2: »*Wir sind ein Leuchtturm. Over to you.*«
Von der US-Kriegsmarine 1995 freigegebenes Sprechfunkprotokoll des Flugzeugträgers »USS Enterprise«

des Dialogs geführt, ohne daß ich sagen würde, daß ich dialogisch lebe. Aber ich möchte die Möglichkeiten nicht mehr missen, die mir die Dialogerfahrungen gegeben haben. Sie ermöglichen mir mehr Vertrauen zu anderen Menschen, zu sozialen Prozessen in Organisationen und zu mir.

Martina: Sich selbst besser verstehen

Meine eigene Motivation, den Dialog zu »lernen«, schien mir ziemlich klar. Die Welt muß gerettet, sprich: vor dem Untergang, dem ökologischen Zusammenbruch, dem sozialen Chaos, der Kapitulation der Demokratie bewahrt werden, also müssen alle Menschen ihre positiven Potentiale mobilisieren, dann haben wir doch noch eine Chance.

Diese Stimme war immerhin stark genug, den Einstieg in den dialogischen Prozeß zu wagen – mich einzulassen auf den Versuch, andere Formen der Gesprächsführung zu praktizieren in der Hoffnung, daß hier Menschen lernen können, sich in einer Form zu begegnen, die Zuhören ermöglicht und die Veränderung eingefahrener Muster; und in der Hoffnung, daß dies nicht im kleinen Kreis wohlbehüteter Seminaridylle stecken bleibt, sondern weitere Kreise zieht und wirksam wird in gesellschaftlich spürbaren Dimensionen.

Schon klügere Köpfe haben erkannt, daß gesellschaftliche Veränderung schwerlich ohne Veränderung der Beteiligten vor sich geht. Wir müßten die Veränderung sein, die wir in der Welt sehen wollen, hat Gandhi gesagt. Den Dialog predigen und selbst wie gewohnt auf alten Gleisen weiterfahren? Was heißt besseres Zuhören, Infragestellen alter Denkmuster und radikales Überprüfen meiner Erwartungen?

Es gab da in der Tat eine klassische Situation völligen *Nicht-Verstehens* im persönlichen Umfeld. Wie fühlte sich die ehrgeizige Wissenschaftlerin in mir nach gerade durchgestandenem Promotionsstreß, als ihr der Sohn mitteilte, er habe »überhaupt keinen Bock« mehr, weiter Französisch zu lernen, um sein Abitur machen zu können, sondern wolle lieber nach der 12. Klasse abgehen?
Diese Situation erforderte Einfühlungsvermögen in den anderen Standpunkt und Abschiednehmen von eigenen Zielen und Erwartungen – zentrale dialogische Ansprüche. Wenn es mir in dieser Beziehung zu einem Menschen, den ich sehr schätze, nicht gelänge – wo sollte es dann umsetzbar sein?

Die sogenannten gesellschaftlichen Probleme, die zwar oft für den einzelnen weit weg, abstrakt und unpersönlich scheinen, werden doch ausgetragen von konkreten Menschen. Warum sollen Politiker, die im Wahlkampf miteinander rivalisieren und sich selten inniglich lieben, in einen Dialog miteinander treten, eine Suche nach neuen Lösungen ernsthaft angehen, – wie sollen Atomkraftwerks-Betreiber und Atomkraftgegner Respekt voreinander entwickeln, wie Naturschützer und Vertreter der Chemieindustrie die Standpunkte des anderen verstehen – wenn meine Dialogfähigkeit schon bei meinem Kind scheiterte?

Wie konnte ich – nach Abklingen der ersten, spontanen und sehr emotionalen Reaktion – die im Dialog erfahrenen Möglichkeiten nutzen? Ohne vorwegzunehmen, was wir Ihnen in diesem Buch als »dialogische Qualitäten« näher beschreiben und vorstellen möchten (z. B. in Kap. 4), ein Blick zurück:

Durch meine unsichtbare Weltsicht-Brille habe ich alles unter der klaren Erwartung gesehen, daß sich jeder Mensch nach den ihm zur Verfügung stehenden Kräften anzustrengen hat, um das bestmögliche Ergebnis in Schule oder Beruf zu erreichen.

Mein Sohn wollte Spaß? *Davon wird man nicht satt.*

Lernen, was ihm wirklich wichtig war? *Ich mußte auch schon oft genug Dinge büffeln, die ich langweilig fand und nach der Prüfung vergessen konnte. Das ist eben in unserem Schulsystem so.*

Glück? *Vielleicht, wenn man nach einem guten Schulabschluß und einem vernünftigen Studium einen interessanten Job bekommt.*

Erst als ich begann, diesen inneren Dialog mit meinen unterschiedlichen Stimmen zu führen, und mir damit meine eigenen Ängste eingestand, konnte ich ihm besser zuhören.

Obwohl »Dialog« allgemein als Gesprächsprozeß zwischen zwei oder mehreren Menschen verstanden wird, kann Kommunikation im Dialog nicht nur mit dem Gegenüber – mit den anderen Gruppenmitgliedern – stattfinden, sondern ebenso intensiv auch mit sich selbst.

Innerer Dialog mit unterschiedlichen Stimmen

Wie aber können unsere Gespräche an Qualität und Tiefe zunehmen, wo sich doch der Informations- und Gedankenaustausch zwischen Menschen im Zeitalter der Kommunikationstechnologien vervielfacht hat und durch verschiedene technische Hilfsmittel transportiert werden kann? Muß die Qualität der Quantität weichen? Oder geht es um grundsätzliche Fragen, vor denen wir glauben, uns hinter Telefonhörern, Computerbildschirmen und Faxgeräten besser verstecken zu können?

Das Leben ist ein ständig sich verändernder Prozeß. Kann ein bewußteres Wahrnehmen und Erkennen unserer Möglichkeiten brachliegende

Meine Tochter: »Wenn ihr schon an einem Dialogbuch arbeitet, warum schimpft ihr hier dann so herum, ihr könntet ja mit uns auch mal Dialog machen!«

Potentiale mobilisieren? Kann – wie es sich ja vielfach bewahrheitet hat – Krise auch Chance sein?

Zwar sind nach vielen Jahren dialogischer Arbeit in Gruppen und mit mir selbst Gespräche mit den nächsten Heranwachsenden in der Geschwisterreihe noch immer nicht konfliktfrei, nicht durchgehend harmonisch, ideal oder vorbildlich – aber für mich haben diese Erfahrungen im Dialog dazu geführt, daß ich meine eigene, zuvor unsichtbare Brille von Annahmen und Erwartungen als meine Sicht der Welt erkennen kann. Und daß in einem zweiten Schritt ein Gespräch darüber eher möglich ist.

Die Gefahr besteht allerdings, daß der eigene Anspruch zur Wirklichkeit wird, die einem dann scharf ins Gesicht weht …

Im Netz der Beziehungen

Wir leben in einem Netz von Beziehungen, wobei nicht nur Partner-Beziehungen gemeint sind, die bei dem Wort »Beziehung« meist assoziiert werden, sondern darüber hinaus die verschiedenen Beziehungen, in denen wir uns täglich befinden: zu Eltern, Kindern, Kolleginnen, Chefs, in Sitzungen, Beratungen, Besprechungen, beim Einkaufen, Arztbesuch. In vielen dieser Beziehungen sind Grundvoraussetzungen für gute Dialoge nicht gegeben. Regeln und Rituale beherrschen viele Alltagssituationen. Äußere Zwänge blockieren ein freies Miteinanderumgehen. Müssen wir als Gefangene solcher Beziehungen resignieren, oder kann es gelingen, jeden Tag neu, jedes Gespräch unvoreingenommen, jede Begegnung offen zu beginnen?

Wir wollen in diesem Buch versuchen, Beziehungsfelder neu anzuschauen, neu zu beschreiben.

An vielen Orten, in unzähligen Gruppen werden heute Lösungsvorschläge und Auswege aus verschiedensten Krisensituationen gesucht – aus ökologischen, ökonomischen, sozialen, religiösen, ethnischen Konflikten –, wird diskutiert und gestritten. Oft ist die Luft explosiv – geladen von den nervösen Spannungen der Teilnehmer. Häufig genug werden Konferenzen vorzeitig ohne Ergebnis abgebrochen, bemühen sich Diskussionsleiter, die zerstrittenen Parteien wieder zu versöhnen, für weitere Gesprächsrunden erneut an einen Tisch zu bringen. Nur wenige halten die extremen Polaritäten und Spannungen aus, die in solchen Konflikten entstehen. Hochrote Gesichter, mühsam unterdrückte Erregung, zurückgestoßene Stühle – viele von uns kennen solche Szenarien, wenn Diskussionspartner sich festbeißen an ihren Positionen, ihren Standpunkt unnachgiebig verteidigen oder empört den Raum verlassen, wenn sie sich durch ein Wort, eine Äußerung ihres Gegenüber beleidigt fühlen.

Eine zentrale Frage ist die, wie gerade die Polaritäten bestehen bleiben können, in der Schwebe gehalten, um sie bewußt wahrzunehmen und aus ihrer Vielfalt lernen zu können. Können wir so miteinander zu reden lernen, daß wir sehen, wo in einer uns abwegig erscheinenden Meinung noch ein Körnchen Wahrheit steckt?

Aus Polaritäten lernen

Die Methoden bisheriger Konfliktregelungen durch Parlamentsdiskussionen, Rechtsprechung, Verhandlungen, ganz zu schweigen von Militärinterventionen, sind oftmals nicht nur zu begrenzt, sondern in vielen Fällen geradezu widersinnig, um angemessen und dauerhaft den wachsenden Regelungs- und Kommunikationsbedarf auf den verschiedenen Feldern (z. B. Umweltplanung, Gesundheitswesen, betriebliche Organisationsentwicklung) qualitativ zu bewältigen. Die Erfahrungen, die wir mit dem »Dialog« als Gruppenprozeß gemacht haben, waren und sind für uns ermutigend. Sie haben uns zu neuen Sichtweisen und Einsichten verholfen. Deshalb dieses Buch. Es vereint die Erfahrungen verschiedener Projekte zum Thema »Dialog« und bietet nachvollziehbare Schritte für die eigene Dialogpraxis an.

> *Was Menschen tun, um ein Problem zu lösen, ist oft genau das, was das Problem hervorruft.*
>
> Paul Watzlawick

Haben Sie sich auch schon gefragt, welche Fähigkeiten wir brauchten, wenn wir die zahllosen Probleme, mit denen wir täglich zu tun haben, wirklich gut bewältigen wollen? Gleich, um was es sich handelt, wir werden mit Fragen, mit Anforderungen, mit Vorschlägen konfrontiert. Wir sollen zuhören, bewerten, entscheiden. Wir werden mit Informationen, Werbebotschaften und Meinungen überschüttet. Gleichzeitig haben wir den Wunsch, verstanden zu werden, wirklich gehört zu werden. Wir freuen uns über Menschen, die uns wirklich zuhören, und wir wissen auch, daß es andere Menschen aufschließt, wenn ihnen zugehört wird. Wie entsteht Fruchtbares und Neues zwischen Menschen?

Wie entsteht Fruchtbares und Neues zwischen den Menschen?

Es ist die Leitidee dieses Buches, Sie mit dem Modell des Dialogs vertraut zu machen, das wir aus unseren Erfahrungen und Begegnungen entwickelt haben. Aber diese Idee steht in Zusammenhang mit einer Reihe von Stimmen, die in konkreten kulturellen Arbeitsfeldern verschiedene Erfahrungshintergründe präsentieren. Wir glauben, daß wir Ihnen dadurch nicht nur konkrete Leitlinien für Ihre eigene Alltagspraxis geben können, sondern auch die Idee »Dialog« möglichst offen für die Interpretation durch andere Sichtweisen lassen. Es zeigt auch, daß unsere Perspektive eine von vielen ist. Wir stellen Ihnen in diesem Buch eine Auswahl von Gesprächen mit Menschen vor, die uns auf der Suche nach dem Sinn des Zauberwortes »Dialog« begegneten.

Zwei Gespräche über praktizierten Dialog

In diesem Teil des Kapitels werden sie zwei Stimmen aus zwei verschiedenen Kulturen finden, die nach unserer Ansicht aufgrund ihrer besonderen Lebenserfahrungen in der Lage sind, die enge Fessel, die dem Wort »Dialog« oft angelegt wird, zu sprengen.

Dialog und der andere Standpunkt

Bei der ersten Stimme handelt es sich um den kirgisischen Schriftsteller *Tschingis Aitmatow*, der in der Sowjetunion aufgewachsen ist. Aitmatow war Vermittler bei den Auseinandersetzungen zwischen Kirgisen und Usbeken, indem er als Kirgise die Standpunkte der Usbeken im Dialog öffentlich vertrat. Dialog wird kirgisisch als »ehrliches Wort mit offenem Gesicht« übersetzt.

Dialog und Begegnung

Das zweite Gespräch über den Dialog fand mit dem langjährigen Direktor des Martin-Buber-Institutes in Jerusalem, dem Israeli *Kalman Yaron*, statt. Kalman Yaron sieht sich nicht als Pazifist im Sinne Gandhis. Yaron war Offizier der israelischen Armee. Aber er vertritt das geistige Erbe Martin Bubers. Er begründete das Kulturinstitut in der Via Dolorosa mit, in dem jüdische Israelis die arabische Sprache und arabische Israelis Hebräisch lernen.

»Das Wort stirbt, wenn wir es nicht mit anderen teilen«

Ein Gespräch mit Tschingis Aitmatow, Kirgisien

Der kirgisische Dichter Tschingis Aitmatow wurde am 12. Dezember 1928 in dem kirgisischen Dorf Scheker geboren. Nach einem veterinärmedizinischen Studium arbeitete er als Zootechniker in der Landwirtschaftlichen Hochschule Dshambul. Aufgrund Stalinscher Repressalien gegen seinen Vater fand er keine Stelle in seinem Beruf und widmete sich der Literatur. Tschingis Aitmatow, der Interpret der kirgischen Mythologie, der Erfinder zauberhafter Geschichten wie Mein erster Lehrer *oder* Abschied von Gülsary, *errang neben seinem schriftstellerischen Erfolg – der französische Lyriker Louis Aragon bezeichnete seinen Roman* Dshamilija *als schönste Liebesgeschichte der Welt – auch politischen Einfluß. Er wurde Vorsitzender des kirgisischen Schriftstellerverbandes, Deputierter des Obersten Sowjets und Mitglied von Gorbatschows Präsidialrat. Als er von dieser Funktion zurücktrat, wurde er 1990 Botschafter in Luxemburg und übte diese Funktion bis Dezember 1993 aus.*

Er lebte in Luxemburg als Repräsentant eines untergehenden Imperiums: zunächst von Gorbatschows Sowjetunion, dann der GUS. Später war ihm angetragen worden, für die Präsidentschaft des unabhängigen Kirgistan zu kandidieren.

Persönliche Erfahrungen prägen unser Verständnis für andere Menschen. Aitmatow schaut zurück in seine eigene Lernbiografie. Er hat schon als Kind vermittelt zwischen zwei Kulturen, ist zweisprachig aufgewachsen als Kirgise unter russischer Verwaltung. Wer wie er in einer verzweifelten Situation den eigenen Haß gespürt hat, kann sich eher vorstellen, daß Gewalt und Mord als Potential in jedem Menschen schlummern.

Aitmatow führte Gespräche mit dem Zen-Buddhisten Daisaku Ikeda, erprobte die Kraft des Dialogs mitten im Konflikt zwischen Kirgisen und Usbeken. An welche Ideale hat er geglaubt, wo waren wichtige Wendepunkte, Erfahrungen? Wer – wie er – seine eigene ideologische Verblendung als Irrweg erkannt hat, ist vielleicht eher in der Lage, in Konflikten zwischen bis aufs Blut verfeindeten Parteien zuzuhören und den Standpunkt des anderen zu verstehen. Sich in die Gedankenwelt eines anderen Menschen einzufinden fällt dem Schriftsteller, der viele Welten und

Schicksale in seinen Gedanken entwirft, möglicherweise leichter – im Dialog mit anderen Menschen wird es auch von uns immer wieder neu gefordert.

Viele der Themen Aitmatows zeigen Anklänge an die Fragen unserer Dialogrunden. Seine Bereitschaft, »innezuhalten, neu nachzudenken«, um sich selbst für neue Sichtweisen zu öffnen, gehört zu den Kernfähigkeiten des Dialogs. Diese Bereitschaft führt auch zu der Möglichkeit, »Dinge so zu sehen, wie man sie sich in seinem Innersten gar nicht einzugestehen wagt«. Dies ist die Grundlage von persönlicher Veränderung im Dialogprozeß oder für den Umgang mit unterschiedlichen Weltsichten.

Aitmatows bildhafte Sprache weist auf die Notwendigkeit der immer wieder neu zu schaffenden Bedeutung des Wortes zwischen und durch die Menschen hin. Denn »das Wort stirbt, wenn wir es nicht mit anderen teilen«. Seine Sorge gilt der Hoffnung, daß »Mensch und Erde im Dialog eine gemeinsame Sprache finden« werden.

Hartkemeyer: *Tschingis Torekulowitsch, wie erklären Sie sich eigentlich das große Interesse Ihrer deutschen Leserschaft, die ja in den letzten Jahren enorm zugenommen hat?*

Aitmatow: Vielleicht hängt das mit dem Krieg zusammen, den beide Völker durchleben mußten. Es ist paradox, aber gerade weil wir Feinde waren und gemeinsam Tragödien erlitten, fangen wir an, uns für das gegenseitige Schicksal zu interessieren.

Vielleicht kann eine tragische Verstrickung auch eine Voraussetzung für den Dialog sein. Wenn eine Zeit kommt, die ein neues Interesse keimen läßt. Aber auch Ihre eigene Familiengeschichte ist tragisch, weil Ihr Vater 1937 ein Opfer Stalins wurde.

Auch tragische Verstrickung kann zum Dialog führen.

Aitmatow: Das ist eine Tragödie. Fast ein halbes Jahrhundert wußten wir nicht, wo er begraben liegt. Erst 1991 wurde er in einem Massengrab entdeckt. Nahezu alles war zu Erde geworden, aber die Anklageschrift, die er auf seiner Brust trug, ist heil geblieben. Auch wenn mein Vater sich von ganzem Herzen für die Revolution eingesetzt hatte und an die Notwendigkeit der Kollektivierung glaubte, hatte er wahrscheinlich damals schon Zweifel. Aber an dem Punkt der Erkenntnis endete sein Leben, noch sehr jung; er war dreiunddreißig.

Welche Erfahrungen machten Sie, die Ihr literarisches Leben prägten?

Aitmatow: Unsere Familie war gebrandmarkt, so daß ich nicht einmal in die Pionierorganisation aufgenommen wurde. Aber eines Tages, ich war im 6. Schuljahr, sprach mich auf dem Heimweg von der Schule jemand an: »Du bist ein guter Schüler und kannst Russisch. Du wirst Schreiber des Dorfsowjets.« Das müssen Sie sich vorstellen; ich war kaum vierzehn und wurde Sekretär und damit zuständig für alle Schreibarbeiten im Bürgermeisteramt.

Da mein Vater Opfer der Stalinschen Repressalien geworden war, bekam ich nach meinem Studium keine Arbeit. Es blieb mir also kaum etwas anderes übrig, als meinen Neigungen nachzugehen und mich mit Literatur zu befassen. Das war mein beruflicher Wendepunkt. Immer wieder habe ich mich dieser Phase literarisch zugewandt.

In dem Dialog Begegnung am Fudschijama *haben Sie die geistigen Grundlagen der gegenwärtigen Politik analysiert.*

Aitmatow: Ja, das ist für mich ein ungewöhnliches Buch. Mein Dialogpartner *Daisaku Ikeda* ist Altersgenosse und erlebte die Kriegsepoche auf japanischer Seite. Als wir uns begegneten, stellten wir eine große geistige Übereinstimmung fest. Diese geistige Nähe bestand, obwohl seine Weltanschauung tief buddhistisch ist, während ich mich eher polyreligiös sehe und in einer islamischen Kultur aufwuchs. Es war Ikedas Idee, aus unserem Dialog ein Buch zu machen. Er ist ein Gelehrter, und ich bin ein Improvisator in Fragen von Ökologie, Kunst, Politik, Geschichte, Leben und Tod. Es überrascht mich zum Beispiel völlig, daß Buddhisten keine Angst vor dem Tod haben. Ikeda stellte mir die merkwürdige Frage: »Können Sie mir sagen, warum ein Mensch einen anderen Menschen tötet?« Ich glaube, ich mußte lange und gründlich nachdenken, warum dies so ist. Obwohl wir alle wissen, daß die Menschheitsgeschichte von Anbeginn vom Brudermord geprägt ist – bis zu den modernen Kriegen und Revolutionen. Schließlich wurde mir klar, daß ich nur eine persönliche Antwort geben konnte, etwas, das ich erlebt habe. Als unsere einzige Kuh im Krieg gestohlen wurde, meine Geschwister hungerten und andere Familienmitglieder krank daniederlagen, lieh ich mir ein Gewehr, fest entschlossen, die Diebe zu fangen und umzubringen. Diese Gefühle kamen wieder in mir hoch, und ich wußte, der Haß, den ich damals empfand, war eine sehr wichtige Erfahrung für mich.

Warum tötet ein Mensch?

Welche Rolle spielt der Dialog in Ihrer Erfahrung?

Aitmatow: Der Dialog nimmt im Leben eines Volkes einen besonderen Platz ein, wenn es zu Umbrüchen und Konflikten kommt. Bei den Kirgisen versteht man Dialog als »Gespräch mit ehrlichem Wort und offenem Gesicht«.

Für mich war das Gespräch mit Ikeda ein wichtiger Impuls, Dinge so zu sehen, wie man sie sich in seinem Innersten gar nicht einzugestehen wagt. Die Gespräche und Briefe mit Ikeda lagen für mich in einer Zeit, die man als schöpferische Pause bezeichnen kann. Das Ende der Sowjetunion brachte mich dazu innezuhalten, neu nachzudenken. Ich suchte einen neuen Anfang.

Dialog – ein ehrliches Wort mit offenem Gesicht

Wenn ich Ihre Bücher lese, habe ich das Gefühl, daß Sie sich viele Gedanken um die Moralität des Verhaltens machen.

Aitmatow: Für mich gibt es ein Ideal, das schon in der Bibel beschrieben ist: ehrlich zu sein, einander zu achten, den Nächsten zu lieben. Aber der konkrete Alltag führt uns häufig von dem Prinzip, gut zu sein, weg. Auch wenn wir immer wieder von diesen Werten weggezogen werden und feststellen, daß der Mensch auch das Böse als Möglichkeit in sich trägt, ändert das nichts an dem Ideal. Es ist der Ausgangspunkt für die Auseinandersetzung mit dem Schlechten. Wichtig ist, daß wir mit dem anderen im Dialog sind. Denn das Wort stirbt, wenn wir es nicht mit anderen teilen.

Ihre Werke strahlen eine Verbundenheit mit der Natur aus. Spielte die Frage des Schutzes der natürlichen Mitwelt für Sie immer schon eine Rolle?

Aitmatow: Ich muß gestehen, daß ich früher eine andere Einstellung zu dieser Frage hatte. Vor einiger Zeit war ich mit Schülern einer Waldorfschule zusammen, und da erinnerte ich mich plötzlich an eine aus heutiger Sicht absurde Einstellung. Um 1950, ich war damals Student an der landwirtschaftlichen Hochschule, las ich von der zunehmenden Bodenerosion in den USA in einer Zeitschrift, und da machten wir eine Wandzeitung nach dem Motto: »Hurra, endlich stirbt der US-Imperialismus!« Wegen unserer ideologischen Verblendung sahen wir nicht, daß dies der gemeinsame Boden unserer einen Erde ist. Heute bin ich der Überzeugung, daß ohne ein ökologisches Bewußtsein, das die ganze Erde umfaßt, keine Rettung der Menschheit möglich ist.

Glauben Sie, daß es rechtzeitig zu diesem Bewußtsein kommen wird?

Aitmatow: Ich vertraue auf den gesunden Menschenverstand. Die Anwendung besserer Energiequellen ist ja im Prinzip möglich, ohne die Erde auszubeuten. Diese Technologien müssen überall angewendet werden. Ich glaube, daß es gelingt, Mensch und Erde im Dialog eine gemeinsame Sprache finden zu lassen.

Ohne Überwindung des menschlichen Egoismus haben wir keine Zukunft. Man kann die großartigsten Programme entwerfen und die schönsten Reden schreiben: wenn man das Problem nicht in sich selbst erkennt, wird die Überlegung, daß man sich umweltschonend verhalten sollte, ins Leere laufen. Wir haben den spirituellen Bezug zur Natur verloren. Einst hatte die Aussaat für die Bauern einen sakralen Charakter, wurden dem Saatkorn die besten Wünsche mitgegeben, Säen war noch kein technologischer Vorgang.

Der Quantenphysiker David Bohm beschreibt das kosmische Gewebe als »implizite« oder »eingefaltete« Ordnung, in der jeder Teil das Ganze enthält. Bohm geht davon aus, daß die reale Welt ebenfalls nach diesem Prinzip strukturiert ist und jedes Teil das Ganze enthält.

Aitmatow: Die Komplexität und Zusammengehörigkeit der Probleme sind im Menschen selbst angelegt. Ein Mensch konzentriert in sich selbst alles. Aber er denkt darüber nicht nach. Ein Roman hat die Aufgabe, einen Menschen zu motivieren, daß er darüber nachdenkt.

Ich versuche bei dieser Betrachtungsweise, die Menschen und die Gesellschaft zusammenzufassen. Wenn wir nicht daran denken, daß wir alle zusammengehören und einen gemeinsamen Ausgangspunkt haben – und das alles berührt die potentiellen Möglichkeiten des Menschen als Spezies –, dann wird der Zustand erreicht, in dem das Böse das Gute dominiert. Das Böse grundsätzlich zu beseitigen ist unmöglich. Beide, Gut und Böse, halten sich irgendwie in einer Balance. Und unsere Anstrengung ist darauf gerichtet, das Böse einzudämmen. Aber wir können in einen Strom von Ereignissen geraten, die den Einfluß des Bösen vergrößern. Das wird sich auf die genetische und psychische Verfassung des Menschen zwangsläufig auswirken. Auf der einen Seite klingt es phantastisch. Auf der anderen Seite ist es eine bittere Realität. Das ist, theoretisch gesprochen, die Grundlage meines letzten Romans *Das Kassandramal* und findet seinen Ausdruck in Gestalten und Bildern; es ist zugleich ein kosmopolitisches Thema.

Verlust des spirituellen Bezugs zur Natur

Sie haben das dialogische Prinzip *in Ihrem Buch mit Daisaku Ikeda, in* Begegnung am Fudschijama, *ins Zentrum gestellt. Das heißt, die Begegnung zwischen Menschen, wenn sie ihre Vorurteile, Annahmen und Glaubenssätze beiseite gelegt haben.*

Glauben Sie, daß dieses Prinzip, das zwischen zwei Menschen wirksam ist, auch im politischen Bereich oder bei der ökologischen Umgestaltung in der Lage ist, den Geist zu transformieren?

Aitmatow: Der Dialog ist für mich die erste Form der Kommunikation. Wie und was aus diesem Prinzip konkret gemacht wird, ist eine praktische Frage. Warum hat sich der Dialog zwischen Ikeda und mir so stark entwickelt? Ich glaube, weil wir uns mit unseren Lebenserfahrungen sehr nahestanden. Auch in unseren Ansichten über das Leben sind wir einander sehr verwandt, selbst wenn ich einen muslimischen Hintergrund habe, aber mich nicht einer Religion zugehörig fühle, um mich nicht weltanschaulich zu begrenzen. Deshalb war unser Gespräch interessant und lebhaft. Schwer wird es, wenn Menschen sich zu stark mit ihren Annahmen und Glaubenssätzen identifizieren.

Wir versuchten einmal, die gegenseitigen Standpunkte zwischen Kirgisen und Usbeken zu erforschen, das heißt als Kirgise den usbekischen Standpunkt einzunehmen und umgekehrt. Anlaß waren die Pogrome von Osch. Ich versuchte, die Verletzungen der Usbeken zum Ausdruck zu bringen, und ein usbekischer Kollege versuchte, sich in die Lage der trauernden Kirgisen zu versetzen. Zunächst wurden wir niedergebrüllt, aber dann hörte man uns aufmerksam zu. Indem man sich in die Gedankenwelt des Gegenüber einfindet, schafft man die Voraussetzung für einen dialogischen Prozeß.

Selbsterfahrung

Einfühlung in die Gedankenwelt des Gegenüber – Voraussetzung für einen dialogischen Prozeß

»Jeden Tag ein neues Kapitel zwischen Menschen aufschlagen«

Ein Gespräch mit Kalman Yaron, Jerusalem

Professor Dr. Kalman Yaron wurde 1925 in Deutschland geboren und lebt seit 1936 in Palästina. Er war Direktor des Martin-Buber-Instituts der Hebräischen Universität in Jerusalem und Präsident der Israelischen Vereinigung für Erwachsenenbildung. Er wurde ausgezeichnet mit dem Lord-Marcus-Sieff-Preis für herausragenden Einsatz für die Verbesserung der arabisch-jüdischen Beziehungen.

Sichtlich aufgewühlt, hatte er seine Reise nach Deutschland absagen wollen angesichts der Bilder von Mölln und Hoyerswerda im israelischen Fernsehen. Dann überwand er sich, um einen Vortrag zu halten über multikulturelle Verständigung, über den israelisch-arabischen Dialog.

Hartkemeyer: *Was sind für Sie die Grundlagen des hebräischen Humanismus?*

Yaron: Wir glauben an Menschen, die ihr Gottesbild nicht verloren haben – trotz Auschwitz, trotz Hiroshima. Wir können es uns einfach nicht erlauben, nicht an die Zukunft der Menschheit zu glauben. Im zwischenmenschlichen Bereich hilft eine bestimmte Naivität als Gegensatz zur Berechnung. Echtes Leben ist ohne »Ich-Du-Beziehungen« unmöglich. Das ist auch die Grundlage des dialogischen Prinzips *Martin Bubers*.

Wenn wir davon ausgehen, daß der Mensch ein dialogisches Wesen ist, so gilt die Reihenfolge: erst das Gespräch, dann der Friede. Wir müssen das Anderssein des anderen bejahen, bestätigen. Wir müssen das Recht des anderen, recht zu haben, anerkennen. Nicht aus Toleranz sollten wir das tun, sondern aus Respekt. Wir müssen das Dilemma unserer eigenen Existenz begreifen, daß wir alle Fremde sind. In der Bibel heißt es: »Du sollst die Fremden lieben, weil wir Fremde waren in Ägypten.«

Meistens haben wir nur »Ver-gegnungen«, die sich durch unsere Unfähigkeit auszeichnen, den anderen zu bestätigen. Buber sagt: »Alles wirkliche Leben ist Begegnung.«

Erst das Gespräch, dann der Friede

Buber sagt: »Alles wirkliche Leben ist Begegnung.«

Welche Begegnungen haben Sie persönlich geprägt?

Yaron: Während des Sechs-Tage-Krieges war ich als Kriegsberichterstatter zum israelischen Rundfunk einberufen worden. Nach der Kapitulation von Ramallah ging ich in die Stadt, um eine Reportage vorzubereiten. Es war wie in einer Geisterstadt. Die arabischen Einwohner waren offenbar davon überzeugt, daß wir ein Massaker planten. Schatten huschten hinter die Alleebäume. In der Straße, in der sich die *Hashemite radio station* befindet, lief plötzlich ein Araber mit einer weißen Fahne auf mich zu. In gebrochenem Englisch fragte er mich: »Könnten Sie mir bitte einen Gefallen tun? Ich habe eine kranke Schwester in San Francisco. Würden Sie ihr bitte ein Telegramm senden? Nur zwei Worte: ›Familie lebt.‹« Ich versprach ihm, das zu tun. Er bot mir ein paar Dollar an, aber ich sagte ihm, ich würde ihm eine Quittung vom Postamt zukommen lassen, dann könnte er in israelischer Währung bezahlen. Aber ich hatte den Eindruck, er glaubte nicht wirklich, daß ich das Telegramm aufgeben würde. Einige Wochen später erfuhr ich, daß der junge Mann mich suchte. In der Altstadt lief ich ihm zufällig in die Arme. Er legte seine Hand auf meine Schulter und sagte bewegt: »Ich werde diese menschliche Geste nie vergessen. Meine Schwester war die erste Palästinenserin außerhalb des Landes, die ein Lebenszeichen von ihrer Familie erhielt.«

Diese Begegnung mit Yusuf Michael und seiner Familie, mit der ich noch heute befreundet bin, hat mich sehr beeindruckt. Es war nach diesem Krieg mein erster Kontakt mit Palästinensern. Der Zufall lehrte mich, daß man immer eine menschliche Begegnung haben kann – sogar mit seinem Feind. Später habe ich immer wieder nach Orten und Wegen der Begegnung zwischen Juden und Moslems gesucht.

Gibt es nach Ihrer Auffassung Unterschiede in der Dialogfähigkeit der Kulturen?

Yaron: Das ist schwer zu sagen, aber die Frage hilft, das Problem von einer anderen Seite zu beleuchten. Zum Beispiel beklagen die russischen Juden in Israel: »In Moskau war ich Jude, in Israel bin ich Russe.« Als politisches Beispiel möchte ich Dänemark nennen. Während des Zweiten Weltkrieges war es für uns eine Insel der Menschlichkeit. Dort wurden viele Juden aufgenommen und versteckt, und als die deutschen Besatzer den Judenstern für uns verordnen wollten, heftete sich ihn der dänische König als einer der ersten an die Brust. So war eine Stigmatisierung

---

Man kann immer eine menschliche Begegnung haben – sogar mit seinem Feind.

unmöglich. Vielleicht liegt es an einem besonderen demokratischen Klima, das sich auch am Beispiel des großen Humanisten und Erwachsenenbildners *Nikolai Frederik Severin Grundtvig* (1783–1872) zeigt und das bis heute eine Fortsetzung findet.

Israel muß doch selbst wegen seiner Probleme mit der arabischen Kultur komplizierte Fragen der sogenannten multikulturellen Gesellschaft beantworten.

Yaron: Ja, das arabische Dilemma ist ein jüdisches Problem. Es ist ein Prüfstein für den Umgang mit der Minderheit und ließe sich vergleichen mit dem Problem des Antisemitismus im Christentum. Auf einer Konferenz in Tokio sprach ich mit einem Pädagogen, der, als er merkte, daß ich Jude bin, sagte: »Solange das Palästina-Problem nicht gelöst ist, rede ich nicht mit Ihnen.« Ich antwortete: »Solange wir nicht wirklich miteinander reden, wird das Palästina-Problem ungelöst bleiben.« Wir müssen verstehen, daß auch der andere recht hat.

Wir müssen verstehen, daß auch der andere recht hat.

Wir leben in einer Welt, die unerlöst ist. *Gandhi* war in dieser Frage radikal und stellte sich auf die Seite der Aussage Jesu in der Bergpredigt: »Liebt eure Feinde, tut Gutes denen, die euch hassen, betet für die, die euch verfolgen.«

Es gibt einen Briefwechsel zwischen Buber und Gandhi zu dieser Frage. Buber schreibt, er sei kein orthodoxer Pazifist und daher auch nicht einverstanden mit ihm und »Bruder Jesus«. Es gebe Fälle, wo wir uns gegen das Böse verteidigen müßten. »Aber«, so schreibt er, »ich bete zu Gott, daß ich nicht mehr Übel anrichte als nötig«. Uns nimmt niemand die Verantwortung ab zu entscheiden, wo die Grenze der Toleranz gegenüber dem Fanatismus liegt. Ich gehe davon aus, daß nicht alle Menschen dialogfähig sind. Ein Dialog ist schwierig, wenn wir uns verrückten Machthabern gegenübersehen, deren Politik irrational ist.

Welche Mechanismen spielen dann eine Rolle?

Yaron: Das größte Problem ist die Wahrnehmungsverzerrung und die Projektion: »Die anderen sind für all unser Leiden verantwortlich«. Wir vergessen leicht, was wir anderen zugefügt haben. Aber wir erinnern uns jederzeit an das, was andere uns wirklich oder scheinbar angetan haben.

Man muß immer wieder ein neues Kapitel zwischen Menschen aufschlagen.

Man muß deswegen immer wieder ein neues Kapitel zwischen den Menschen aufschlagen. Das heißt nicht, daß wir vergessen, sondern daß wir vergeben müssen. Wir müssen zwischen Schuld und Verantwortlichkeit klarer unterscheiden. Man darf Unschuldigen keine Schuld geben. Ich glaube nicht an Kollektivschuld. Aber die Verantwortlichkeit des einzelnen für das, was er in Zukunft macht, müssen wir stärken.

Was verfolgen Sie in Ihrem Projekt in Israel?

Yaron: In der Via Dolorosa an der zweiten Kreuzwegstation gibt es das Kloster »Ecce homo«. Seit etwa dreißig Jahren versuchen wir, gemischte hebräisch-arabische Kurse durchzuführen. Mehr als zwanzigtausend Menschen haben sich bisher mit der Sprache und Kultur der jeweils anderen Volksgruppe befaßt. Während des Golfkrieges führten wir den Dialog mit Gasmasken. Am wichtigsten sind die spontanen Begegnungen, die Teepausen.

Sehen Sie eine Chance für die Lösung der Konflikte zwischen Juden und Arabern in Israel?

Ein warmes Herz und ein kühler Kopf

Yaron: Die Mehrheit ist ermüdet von dem Dauerkonflikt. Wir brauchen ein warmes Herz und einen kühlen Kopf. In akuten Konflikten ist es meistens umgekehrt. Zur Perspektive kann ich nur sagen: »Wir sind ein rationales Volk, deshalb glauben wir an Wunder!«

3 Welchen Dialog meinen wir?

>*»Wo aber das Gespräch sich in seinem Wesen erfüllt,*
>*zwischen Partnern, die sich einander in Wahrheit zugewandt haben,*
>*sich rückhaltlos äußern und vom Scheinenwollen frei sind,*
>*vollzieht sich eine denkwürdige, nirgendwo sonst sich einstellende*
>*gemeinschaftliche Fruchtbarkeit.«*
>Martin Buber

Der Dialog scheint auf den ersten Blick eine natürliche, einfache Art der Kommunikation zu sein. Vielleicht erwarten wir sogar, daß er eine Selbstverständlichkeit sein sollte und daß es überflüssig ist, viele Worte darüber zu verlieren. Und doch erfahren wir immer wieder, daß er im Alltag selten so funktioniert, wie wir es uns wünschen. Wenn es so einfach wäre, Gespräche miteinander in einer Weise zu führen, die uns mit einem Gefühl von Zufriedenheit erfüllt, die uns als ein Stück Begegnung erscheinen, die Kreativität fördern und nicht ersticken, brauchten wir den Dialog nicht neu zu entdecken und zu üben.

Es bleibt eine Herausforderung für uns, nach einer Sprache zu suchen, die dem Wesen des Dialogs, dem Anspruch, im Buberschen Sinn »nicht scheinen zu wollen«, gerecht wird, ohne den Eindruck zu vermitteln, wir wollten Wahrheiten predigen oder simple Prozesse und Übungen beschreiben. Die Intensität der Erfahrungen in Dialoggruppen hat uns ermutigt, diesen Versuch der Annäherung zu wagen. Wir sind uns zugleich bewußt, daß wir uns auf ein fast paradoxes Vorhaben einlassen: zu fixieren, was im Wesen prozeßhaft ist, diesen Prozeß festzuhalten, den wir als gemeinsames Suchen verstehen. Die Macht der geschriebenen Wörter (noch mehr als bereits die der gesprochenen Worte) ist beinahe zum Versagen verurteilt, wenn wir versuchen, die der Stimmung und die Entwicklung des Denkens innerhalb eines Prozesses wiederzugeben, in dem versucht wird, gerade die festen Bahnen und Muster zu verlassen.

Doch haben Dichter und Denker verschiedener Zeiten sich immer wieder mit diesem Problem auseinandergesetzt, haben Gedichte geschrie-

An und für sich ist das Wort weniger als der Gedanke, der Gedanke weniger als die Erfahrung. Das Wort ist Filtrat, und was sich darin niederschlägt, ist des Besten beraubt. Platon im 7. Brief: Ein ernsthafter Mann, der sich mit ernsthaften Dingen beschäftigt, sollte nicht schreiben.
Eugen Herrigel

ben und Wortbilder geschaffen, die Aspekten des dialogischen Anspruchs sehr nahe kommen. So schreibt etwa *Robert Musil:*

Ich bin nicht nur überzeugt,
daß das, was ich sage, falsch ist,
sondern auch das,
was man dagegen sagen wird.
Trotzdem muß man anfangen, davon zu reden.
Die Wahrheit liegt bei einem solchen Gegenstand
nicht in der Mitte,
sondern rundherum wie ein Sack,
der mit jeder neuen Meinung,
die man hineinstopft, seine Form ändert,
aber immer fester wird!

Transformative Kraft dialogischer Prozesse

Da wir die verändernde, manchmal transformative Kraft dialogischer Prozesse selbst und mit anderen erlebt haben, wollen auch wir anfangen, »davon zu reden«, und wollen in diesem Kapitel einen Einblick geben, wie der Dialog funktionieren kann, was uns notwendig scheint, um den Dialog zu entwickeln und zu gestalten.

Wir kennen verschiedene Arten von Dialog: auf der einen Seite den *zufällig entstehenden Dialog* zwischen Menschen – ungeplant, die Frucht einer glücklichen Kongruenz verschiedener Faktoren –, auf der anderen Seite den *zielgerichteten strategischen Dialog*, in dem ein Thema bewußt dialogisch erkundet wird, sowie viele dazwischen liegende Varianten. Die beiden Haupttypen wollen wir näher charakterisieren und anschließend die uns wichtigsten Lernfelder vorstellen.

Der zufällig entstehende Dialog

Ein Gespräch kommt ins Fließen.

Fast jeder hat schon einmal das Erlebnis gehabt, mit einem oder mehreren Gesprächspartnern, daß ein Gespräch *ins Fließen* kommt. Eine Situation, in der mein Beitrag Einsichten oder »Ahas« von anderen erweckt und ihre Beiträge dann wiederum zuvor unbekannte Gedanken und Einsichten in mir hervorrufen, wo etwas Neues, ein Fluß von Bedeutung durch das gemeinsame Gespräch entsteht. Im Gegensatz zu dem Üblichen: ich sage etwas, du sagst »Ja, aber …« oder »Das erinnert mich an …«, wodurch sich das Gespräch auf einen Austausch von schon Erzähltem, Gedachtem reduziert und in wohlbekannten Mustern verbleibt. Ein fließendes Gespräch hingegen kann interessant, anregend und angenehm sein, aber es ist noch nicht das, was wir unter »Dialog« verstehen.

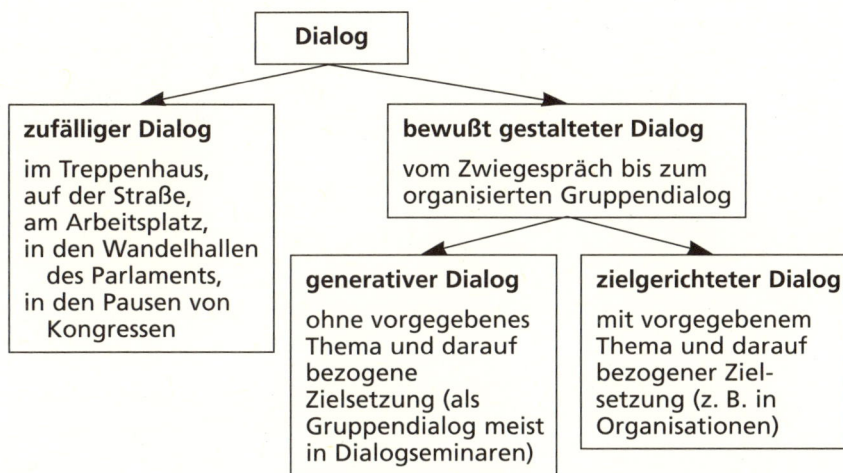

Der bewußt gestaltete Dialog

Es gibt zwei grundsätzlich verschiedene Möglichkeiten, einen Gesprächsprozeß bewußt dialogisch zu gestalten: *den strategischen Dialog* und *den generativen Dialog*. Der *strategische* Dialog ist leichter verständlich, denn er hat von Anfang an ein Thema, zum Beispiel: »Wie wollen wir unsere Organisation umstrukturieren?« Eine Gruppe redet über das Thema, indem die dialogischen Grundkompetenzen geübt werden.

Der *generative* Dialog hat dagegen kein vorgegebenes Thema. Themen erscheinen während der Check-in-Runde und halten sich kürzere oder längere Zeit, um ein Thema geht es aber letztendlich nicht. Der eigentliche Zweck des generativen Dialogs ist es, sich bewußt zu werden, *wie* wir miteinander und mit unseren eigenen Gedanken und Gefühlen umgehen. Das wiederum ermöglicht uns, metakognitive Gruppenprozesse der Kommunikation erkennbar und besprechbar zu machen, uns sozusagen von einer übergeordneten »Meta«-Ebene zu betrachten. Das einem Thema übergeordnete Interesse ist die Frage, *wie* wir miteinander kommunizieren. Bildlich gesehen, geht dieser Prozeß »flußaufwärts« zu den Quellen unseres Denkens und Fühlens. Denn wenn wir diese Wurzeln, diese unsere festgefahrenen Muster erkennen, uns bewußtmachen und sie

Sich bewußt werden, wie wir miteinander kommunizieren

durch die Wahrnehmung beeinflussen können, kann das Kommunikationsprozesse jeglicher Art verändern.

Eine dialogische Haltung üben

Die dialogischen Kernfähigkeiten zu üben, die wir beschreiben werden, kann uns großen Gewinn fürs tägliche Leben bringen. Zahlreiche Teilnehmer aus unseren Dialogseminaren berichten vom positiven Einfluß ihrer Dialogerfahrung auf Beziehungen verschiedenster Art. Eltern erleben Durchbrüche in der Kommunikation mit ihren Kindern; Ehepartner finden einen neuen, intensiveren Zugang zueinander; Lehrerinnen begegnen ihren Schülern intensiver; Mitarbeiter können offener aufeinander zugehen; Manager kommunizieren auf eine menschlichere Weise.

Und dennoch scheitert manches Gespräch, denn einerseits liegt die Verantwortung für die Kommunikation nicht vollständig bei uns, und zum anderen werden wir trotz ehrlichen Bemühens auch weiterhin Fehler machen – um aus ihnen neu lernen zu können. Unser Ziel will nicht die perfekte, geschulte Gesprächsführung sein, eher eine bewußte Aufmerksamkeit gegenüber uns und anderen.

Es hat sich immer wieder als ein produktives Herangehen gezeigt: wenn ich meine Dialogfähigkeiten einzubringen versuche – auch in mehr oder weniger schwierigen Situationen mit dialogunwilligen Gesprächspartnern –, kann ich einen positiven Einfluß auf den Verlauf der Begegnung ausüben. (Beispiele der Wirkung einer dialogischen Haltung in schwierigen Kommunikationssituationen werden in den Gesprächen mit Yaron und Galtung deutlich.)

Die Rahmenbedingungen für einen Dialog*

1. Einen »Container« schaffen

Die Schaffung eines gemeinsamen Behälters oder »Containers«, als sicherer Vertrauensraum für die Mitglieder einer Dialogrunde, ist Voraussetzung für das Gelingen des Prozesses. Dieses Ziel ist eine permanente Herausforderung an alle Beteiligten.

---

* Nach dieser Klärung unseres Dialogverständnisses verwenden wir im folgenden das Wort »Dialog« für einen absichtlich gestalteten Dialog, entweder den strategischen oder den generativen.

Aber es ist paradox: für die Schaffung dieses Behälters ist die Entwicklung des Dialogs erforderlich. Der Boden, auf dem der Dialog gedeiht, ist so wichtig wie das Korn, das auf den Boden ausgesät wird, und das Klima, in dem er wächst.

Nach einer Weile lernen die Teilnehmer, im Dialog offener miteinander zu sprechen, und es entwickelt sich ein vertrauensvolleres Verhältnis zueinander. Aber gleichzeitig werden vielleicht einige unserer »Sicherheiten« und »Meinungen« in Frage gestellt, wenn wir uns auf den Prozeß der Erkundung einlassen, und es kann zu starken Reaktionen in der Gruppe kommen. Die Frage ist dann, ob es die Gruppe schaffen kann, im Prozeß zu bleiben, ohne daß sich einige zurückziehen oder einander angreifen.

William Isaacs, der Leiter des Dialog-Projektes am *Massachusetts Institute of Technology* (MIT), sagte einmal etwas herausfordernd: »No container, no dialogue«. Was ist mit diesem Begriff gemeint? Die lateinische Herkunft des Wortes beleuchtet den Sinn: aus *con* und *tenere,* bedeutet es soviel wie »zusammen halten«. Und das ist gerade der Punkt. Kann ich aufmerksam und innerlich präsent, das heißt offen für den Prozeß bleiben, wenn Meinungen geäußert werden, die im starken Gegensatz zu meinen eigenen stehen? Oder entziehe ich mich – psychisch oder physisch? Kann ich dem eigenen dialogischen Anspruch gerecht werden, indem ich dazu beitrage, einen sicheren Raum zu schaffen?

Ein Dialog braucht Gegensätze, Unterschiedlichkeit, Kanten und Rundungen, Intensität und Ruhe, Höhen und Tiefen. Eine Gefahr für jede Dialoggruppe liegt in der Tendenz, daß die skeptischen Teilnehmer, die Außenseiter, die Andersdenkenden, allmählich wegbleiben und die Gruppe tödlich homogen wird. Die Schaffung eines gemeinsamen Containers, basierend auf gegenseitigem Vertrauen in der Gruppe, ist daher notwendig, um den sicheren Raum zu schaffen für Vielfalt und um Spannungen nicht nur zu ertragen, sondern im Sinne eines möglichen Lernfeldes zu begrüßen.

Dialog im Stahlwerk

Der erste Auftrag an das MIT-Dialogprojekt kam von einem Stahlunternehmen. Tarifverhandlungen zwischen der Gewerkschaft und der Geschäftsführung bedrohten das Überleben der Firma. Dialog-Begleiter des MIT-Projekts wurden gebeten, einen Dialogprozeß mit Arbeitern und Führung zu begleiten. (Ron Kertzner berichtet über diesen Prozeß

in Kap. 9.) Das Bild eines Behälters, der auch intensive Belastungen aushalten kann, war für diese Dialoggruppe in Kansas eine besonders treffende Metapher: Die Bedeutung eines starken Containers kannten die Stahlarbeiter aus ihrem Produktionsalltag. Für das flüssige Eisen brauchten sie einen Behälter, der extreme Hitze ertragen konnte. Eine kurze Szene zeigt, welche Intensität dialogische Container aushalten müssen: Während einer der Arbeiter zu Besuch am MIT war, traf Freeman mit ihm in einem Konferenzzimmer des Projekts zusammen. Sie saßen an einem breiten Eichentisch. Der Arbeiter erzählte, daß es vor dem Dialogerlebnis im Stahlwerk üblich gewesen war, daß sich Arbeiter und Führung bei Verhandlungen an doppelt so breiten Tischen trafen, um zu verhindern, daß sich die Menschen im wahrsten Sinne des Wortes gegenseitig an die Gurgel gingen. Jetzt aber, nach sechs Monaten regelmäßigen Dialogs, trafen sich die beiden Gruppen in einem offenen Stuhlkreis, ohne Tische. Das wäre vorher unvorstellbar gewesen. Der Container dafür mußte erst geschaffen werden.

2. Ein Dialog-Begleiter (»Facilitator«)

Die zweite wesentliche Bedingung für einen Dialog ist nach unseren Erfahrungen, einen Begleiter für den Prozeß zu haben, dessen Aufgabe es vor allem ist, den Container vorzubereiten und zu halten. Diese Rolle des Begleiters werden wir später noch ausführlicher besprechen (Kap. 5 u. 6).

3. Klarheit des Zweckes

Die Gruppe muß sich im klaren darüber sein, daß es der Zweck ihres Zusammenseins ist, einen Dialog miteinander zu führen, d. h. die Kernfähigkeiten des Dialogs zu üben, beziehungsweise zu lernen – und eben *keine* Diskussion zu haben, kein spezifisches Problem zu lösen und keine Entscheidungen zu treffen und noch nicht einmal einen Konsens zu erreichen. Die Aufgabe des Begleiters kann es sein, ein solches Verständnis an kritischen Punkten in Erinnerung zu rufen. Wenn das nicht geschieht, kann der Container leicht ins Schwanken kommen.

Zur Bedeutung von Martin Buber und David Bohm für den Dialog

Stellvertretend für die vielen ideengeschichtlichen Wurzeln des Dialogs wollen wir hier nur die beiden für uns wichtigsten Vertreter zu Wort kommen lassen: *Martin Buber* und *David Bohm*.

Martin Buber, der jüdische Religionsphilosoph, wurde am 8.2.1878 in Wien geboren und starb am 13.6.1965 in Jerusalem.

Er lehrte an der Universität Frankfurt jüdische Religionswissenschaft und jüdische Ethik und hatte ab 1930 eine Honorarprofessur für Religionswissenschaft inne.

Mit dem Machtantritt der Nazis 1933 legte er seine Professur nieder, im Oktober desselben Jahres wurde ihm offiziell die Lehrerlaubnis entzogen. Er gründete die »Mittelstelle für jüdische Erwachsenenbildung« und sorgte für die Neueröffnung des Freien Jüdischen Lehrhauses. Am 21.2.1935 erhielt er Redeverbot. Im März 1938 – acht Monate vor der Pogromnacht (9./10. November) – wanderte er mit seiner Frau und zwei Enkelinnen nach Palästina aus.

Von 1938 bis 1951 war Buber Professor für Sozialphilosophie an der Hebräischen Universität in Jerusalem. Von 1949 bis 1953 leitete er das von ihm gegründete »Seminar für Erwachsenenbildner«, die »Hochschule für Lehrer des Volkes«. 1953 erhielt Buber den Friedenspreis des deutschen Buchhandels. Er hielt die Rede »Das echte Gespräch und die Möglichkeiten des Friedens«. 1957 fand im Rahmen einer USA-Reise ein öffentliches Gespräch zwischen Carl Rogers (1902–1987), der sich später intensiv mit dem Dialog in Großgruppen befaßte, und Buber über Fragen der Psychotherapie statt.

Bubers Werk umfaßt unter anderem die Bibelübersetzung mit Franz Rosenzweig. Im Mittelpunkt seiner Arbeit steht die Frage des Zwischenmenschlichen – der Dialog.

*Zum Gesprächspartner
als Person Ja sagen*

*Rückhaltlosigkeit statt
Drauflosreden*

Martin Buber: Das echte Gespräch

»Im echten Gespräch geschieht die Hinwendung zum Partner in aller
Wahrheit, als Hinwendung des Wesens also. Jeder Sprecher meint hier
den Partner, an den, oder die Partner, an die er sich wendet, als diese
personhafte Existenz. Jemanden meinen heißt in diesem Zusammenhang zugleich das dem Sprecher in diesem Augenblick mögliche Maß
der Vergegenwärtigung üben. Die erfahrenden Sinne und die Real-
phantasie, die das von ihnen Befundene ergänzt, wirken zusammen, um
den andern als ganze und einzige, als eben diese Person gegenwärtig zu
machen. Der Sprecher nimmt aber den ihm so Gegenwärtigen nicht
bloß wahr, er nimmt ihn zu seinem Partner an, und das heißt: er
bestätigt, soweit Bestätigen an ihm ist, dieses andere Sein. Die wahr-
hafte Hinwendung seines Wesens zum andern schließt diese Bestätigung, diese Akzeptation ein. Selbstverständlich bedeutet solch eine
Bestätigung keineswegs schon eine Billigung; aber worin immer ich
wider den andern bin, ich habe damit, daß ich ihn als Partner echten
Gesprächs annehme, zu ihm als Person Ja gesagt.

Des weiteren muß, wenn ein echtes Gespräch entstehen soll, jeder,
der daran teilnimmt, sich selber einbringen. Und das bedeutet, daß er
willens sein muß, jeweils zu sagen, was er zu dem besprochenen
Gegenstand im Sinn hat. Und das wieder bedeutet, daß er jeweils den
Beitrag seines Geistes ohne Verkürzung und Verschiebung hergebe.
Auch sehr redliche Menschen wähnen, im Gespräch durchaus nicht
gehalten zu sein, alles zu sagen ›was sie zu sagen haben‹. Aber in der
großen Treue, welche der Atemraum des echten Gesprächs ist, hat das,
was ich jeweils zu sagen habe, schon in mir den Charakter des Gespro-
chenwerdenwollens, und ich darf es nicht davon ab-, darf es nicht in
mir zurückhalten. Es trägt ja, mir unverkennbar, das Zeichen, das die
Zugehörigkeit zum gemeinschaftlichen Leben des Wortes anzeigt. Wo
das dialogische Wort echtbürtig besteht, muß ihm sein Recht durch
Rückhaltlosigkeit werden. Rückhaltlosigkeit aber ist das genaue
Gegenteil des Drauflosredens. Alles kommt auf die Legitimität des
›Was ich zu sagen habe‹ an. Und freilich muß ich auch darauf bedacht
sein, das, was ich eben jetzt zu sagen habe, aber noch nicht sprachlich
besitze, ins innere Wort und sodann ins lautliche zu heben. Sagen ist
Natur und Werk, Gesproß und Gebild zugleich, und es hat, wo es dialogisch, im Atemraum der großen Treue erscheint, die Einheit beider
stets neu zu vollenden.

Dazu gesellt sich jene Überwindung des Scheins, auf die ich hingewiesen habe. In wem auch noch in der Atmosphäre des echten Gesprächs der Gedanke an die eigene Wirkung als Sprecher des von ihm zu Sprechenden waltet, der wirkt als Zerstörer. Wenn ich statt des zu Sagenden mich anschicke, ein zur Geltung kommendes Ich vernehmen zu lassen, habe ich unwiederbringlich verfehlt, was ich zu sagen gehabt hätte, fehlbehaftet tritt es ins Gespräch, und das Gespräch wird fehlbehaftet. Weil das echte Gespräch eine ontologische Sphäre ist, die sich durch die Authentizität des Seins konstituiert, kann jeder Einbruch des Scheins es versehren.

Wo aber das Gespräch sich in seinem Wesen erfüllt, zwischen Partnern, die sich einander in Wahrheit zugewandt haben, sich rückhaltlos äußern und vom Scheinenwollen frei sind, vollzieht sich eine denkwürdige, nirgendwo sonst sich einstellende gemeinschaftliche Fruchtbarkeit. Das Wort ersteht Mal um Mal substantiell zwischen den Menschen, die von der Dynamik eines elementaren Mitsammenseins in ihrer Tiefe ergriffen und erschlossen werden. Das Zwischenmenschliche erschließt das sonst Unerschlossene.

Aus der Zwiesprache ist dieses Phänomen ja vielfach bekannt; aber auch im mehrstimmigen Dialog habe ich es zuweilen erfahren.

Um die Ostern 1914 trat, aus geistigen Vertretern einiger europäischen Völker zusammengesetzt, ein Kreis zu einer dreitägigen Beratung zusammen, die als Vorbesprechung gedacht war. Man wollte gemeinsam erwägen, wie etwa der von allen geahnten Katastrophe vorzubeugen wäre. Ohne daß man etwelche Modalitäten der Aussprache vorweg vereinbart hätte, waren alle Voraussetzungen des echten Gesprächs erfüllt. Von der ersten Stunde an herrschte Unmittelbarkeit zwischen allen, von denen manche einander eben erst kennen gelernt hatten, jeder sprach mit einer unerhörten Rückhaltlosigkeit, und offenbar war nicht ein einziger unter den Teilnehmern dem Scheine hörig. Ihrer Absicht nach muß man die Zusammenkunft als eine gescheiterte bezeichnen [...]; die Ironie der Situation wollte es, daß man die endgültige Besprechung auf Mitte August ansetzte, und der Weltgeschichte war es naturgemäß bald gelungen, den Kreis zu sprengen. Dennoch hat in aller Folge gewiß keiner der damals Versammelten bezweifelt, daß er an einem Triumph des Zwischenmenschlichen teilgenommen hatte. [...]

Selbstverständlich brauchen nicht alle zu einem echten Gespräch Vereinten selber zu sprechen; schweigsam Bleibende können mitunter besonders wichtig werden. Jeder aber muß entschlossen sein, sich nicht

Ein echtes Gespräch kann man nicht vordisponieren.

zu entziehen, wenn es etwa dem Gang des Gesprächs nach an ihm sein wird zu sagen, was eben er zu sagen hat. Wobei natürlich keiner von vornherein wissen kann, was das etwa sein wird: ein echtes Gespräch kann man nicht vordisponieren. Es hat zwar seine Grundordnung von Anbeginn in sich, aber nichts kann angeordnet werden, der Gang ist des Geistes, und mancher entdeckt, was er zu sagen hatte, nicht eher, als da er den Ruf des Geistes vernimmt.

Auch dies jedoch ist selbstverständlich, daß alle Teilnehmer, ohne Ausnahme, so beschaffen sein müssen, daß sie den Voraussetzungen des echten Gesprächs zu genügen fähig und bereit sind. Die Echtheit ist schon in Frage gestellt, wenn ein noch so geringer Teil der Anwesenden von sich und von den andern als solche empfunden werden, denen keine aktive Beteiligung zugedacht ist. Ein Zustand dieser Art kann sich zu einer schweren Problematik steigern.

Ich hatte einen Freund, den ich zu den beträchtlichsten Männern des Zeitalters zähle. Er war ein Meister des Gesprächs, und er liebte es; seine Echtheit als Sprecher war evident. Aber einmal ereignete es sich, daß er mit zwei Freunden und den Frauen der drei beisammen saß und ein Gespräch aufstieg, an dem die Frauen seinem Wesen nach offenkundigerweise nicht teilnahmen, wiewohl freilich ihre Gegenwart höchst bestimmend war. Das Gespräch zwischen den Männern entwickelte sich bald zu einem Gefecht zwischen zweien (ich war der dritte). Auch der andere, mir ebenfalls befreundet, war von edler Art, ein Mann des Wortes auch er, aber mehr der sachlichen Gerechtigkeit als den Ansprüchen des Geistes ergeben und aller Eristik urfremd. Der Freund, den ich einen Meister des Gesprächs genannt habe, sprach nicht gelassen-gewichtig wie sonst, sondern ›glänzend‹, fechterisch, siegerisch. Das Gespräch verdarb.

In unserer Zeit, in der das Verständnis für das Wesen des echten Gesprächs selten geworden ist, werden seine Voraussetzungen von dem falschen Öffentlichkeitssinn so gründlich mißkannt, daß man vermeint, ein solches Gespräch vor einem Publikum interessierter Zuhörer mit gebührender publizistischer Assistenz veranstalten zu können. Aber eine öffentliche Debatte […] kann weder spontan noch unmittelbar noch rückhaltlos sein; eine als Hörstück vorgeführte Unterredung ist von dem echten Gespräch brückenlos geschieden.«

Eine als Hörstück vorgeführte Unterredung ist von dem echten Gespräch brückenlos geschieden.

(Martin Buber, Elemente des Zwischenmenschlichen, S. 293–297; in: *Das dialogische Prinzip,* Gerlingen: Lambert Schneider im Bleicher Verlag, 8. Aufl. 1997, S. 269–298.)

David Bohm (1917–1992) wuchs als Sohn eines Holzhändlers im jüdischen Viertel der Minenstadt Wilkes-Barre in Pennsylvania auf. Als einer der letzten Schüler von *Robert Oppenheimer* erhielt er 1943 den Doktorgrad (Ph. D.) in Physik an der University of California in Berkely.

Während der berüchtigten McCarthy-Ära wurde David Bohm von der Princeton University verstoßen und zu einem Verhör vor das sogenannte Komitee für Unamerikanische Aktivitäten des US-Senats gebracht.

Bohm und *Einstein* diskutierten die Probleme der grundsätzlich von der Fachwelt akzeptierten Quantenmechanik, die von ihren theoretischen Grundlagen nicht mit der Relativitätstheorie übereinstimmte.

Vor allem Bohm war nicht bereit, sich mit den sich aus der Quantentheorie ergebenden unerklärlichen Paradoxien abzufinden. Dies führte bei ihm zu der Idee, daß die Welt auf atomarer Ebene ein untrennbares Netz oder eine Welt miteinander verwobener Zusammenhänge sei.

David Bohm, der als Quantenphysiker zuletzt am Birkbeck College der Universität London arbeitete und der mehrere Standardwerke der Quantentheorie verfaßte, wurde gerade durch seine Arbeit in der modernen Physik zur Weiterentwicklung des Dialogs angeregt. Es stellte sich ihm die Frage, inwiefern von der Untersuchung subatomarer Vorgänge neue Ideen und Lösungsvorschläge für unsere heutigen gesellschaftlichen Fragen abgeleitet werden können. Bohm glaubte, bei der Suche nach den grundlegenden physikalischen Strukturen Parallelen zwischen seinen quantenphysikalischen Beobachtungen und spirituellen Weisheiten gefunden zu haben.

*Wenn du im Recht bist,
kannst du es dir leisten,
die Ruhe zu bewahren,
bist du es nicht,
kannst du es dir nicht
leisten,
sie zu verlieren.*
Mahatma Gandhi

David Bohm: Vom Dialog

»Es steckt eine Menge Gewalttätigkeit in den Meinungen, die wir verteidigen. Sie sind nicht lediglich Meinungen, nicht lediglich Annahmen; sie sind Annahmen, mit denen wir uns identifizieren und die wir daher verteidigen, weil es ist, als würden wir uns selbst verteidigen. Der natürliche Selbstverteidigungstrieb, den wir im Dschungel erworben haben, ist von den Dschungeltieren auf diese Meinungen übertragen worden. Mit anderen Worten, wir sagen, daß es dort draußen einige gefährliche Meinungen gibt – genau wie es gefährliche Tiger geben könnte. Und in uns stecken ungeheuer kostbare Tiere, die verteidigt werden müssen. Also ist ein Trieb, der physisch im Dschungel sinnvoll war, in unserem modernen Leben auf unsere Meinungen übertragen worden. Und in einem Dialog werden wir uns dessen auf kollektive Weise bewußt.

Solange wir diese defensive Haltung beibehalten – abblocken, an Annahmen festhalten und erklären: ›Ich muß recht haben‹ –, ist unsere Intelligenz sehr eingeschränkt, denn die Intelligenz erfordert, daß man eine Meinung nicht verteidigt. Es gibt keinerlei Grund, an einer Annahme festzuhalten, wenn es Hinweise darauf gibt, daß sie falsch sein könnte. Eine korrekt strukturierte Annahme oder Meinung ist offen für Hinweise, daß sie nicht richtig sein könnte.

Das heißt nicht, daß wir Teilnehmern die Gruppenmeinungen aufzwingen. Auf diese Weise kann das Kollektiv oft Schwierigkeiten bereiten. Die Gruppe kann wie ein Gewissen wirken und in den Teilnehmern starke Schuldgefühle hervorrufen, denn wir alle sind so beschaffen, daß wir dazu neigen, für wahr zu halten, worin alle übereinstimmen. Jeder Teilnehmer kann eine andere Meinung haben oder auch nicht, das ist nicht so wichtig. Es ist nicht notwendig, daß jeder überzeugt und zur gleichen Meinung bekehrt wird. Der gemeinsame Geist, das gemeinsame Bewußtsein, ist wichtiger als der Inhalt der Meinungen. Und vielleicht werden Sie erkennen, daß diese Meinungen sowieso begrenzt sind. Vielleicht erkennen Sie, daß die Antwort überhaupt nicht in den Meinungen liegt, sondern anderswo. Wir kommen der Wahrheit nicht durch Meinungen näher; sie muß aus etwas anderem zum Vorschein kommen – vielleicht aus einer freieren Bewegung des stillschweigenden Geistes. Also müssen wir unsere Sinnsetzungen kohärent machen, wenn wir die Wahrheit erkennen oder an ihr teilhaben wollen. Deswegen ist der Dialog ja so wichtig. Wenn unsere Sinnsetzungen inkohärent sind, wie sollen wir dann in Wahrheit partizipieren?

Ich denke, dieser Ansatz könnte neue Wege hin zur Veränderung der gesamten Weltlage aufzeigen, in ökologischer wie auch in anderer Hinsicht. Die Umweltbewegung beispielsweise steht in der Gefahr, sich in viele kleine Splittergruppen zu spalten, weil viele zu ökologischen Fragen arbeitende Gruppen verschiedener Meinung darüber sind, wie mit den anstehenden Problemen umzugehen ist. Dies kann damit enden, daß sie sich gegenseitig ebenso heftig bekämpfen, wie sie für die Umwelt streiten. Folglich scheint es besonders dringlich, daß die Umweltbewegung in einen Dialog eintritt.

Leute, die sich Gedanken über den Schutz der Umwelt machen, wissen offensichtlich um einige der Probleme unseres Planeten. Aber ich glaube, daß viele von ihnen sich der eigenen Annahmen und stillschweigenden Denkprozesse nicht gleichermaßen bewußt sind. Es ist wichtig, denke ich, ausdrücklich und deutlich darauf hinzuweisen, damit klar wird, wo das grundlegende Problem liegt. Diese Handlungsweisen gehören zusammen. Das Säubern von Flüssen, das Pflanzen von Bäumen und die Rettung der Wale sollten mit dem Eingehen eines Dialogs und der Erkenntnis der generellen Problematik des Denkens einhergehen. All das gehört zusammen, weil jedes für sich nicht ausreicht. Wenn wir alle nur über das Denken redeten und lange Zeit über das Denken nachsännen, könnte in der Zwischenzeit der ganze Planet zerstört werden. Aber ich glaube, daß der Dialog auf dieser stillschweigenden Ebene geistigseelischer Prozesse wirksam werden wird, auf der die bedeutsamsten Dinge geschehen.

Wir kennen Situationen, in denen es unterschiedliche Annahmen und Meinungen gibt und eine Partei am Dialog interessiert ist, die andere aber nicht. Trotzdem müssen wir irgendwie einen Dialog führen. Selbst wenn eine Partei nicht daran teilnehmen will, können wir, die wir dazu bereit sind, einen Dialog zwischen unserem Denken und ihrem Denken stattfinden lassen. Wir können zumindest unter uns einen Dialog führen, so gut es geht, oder auch nur für uns selbst. Das ist der dialogische Geist. Und der Versuch, diesen Geist in die Gesellschaft hineinzutragen, wäre sicherlich relevant dafür, eine kreative und harmonische Ordnung in der Welt herbeiführen zu helfen. Wenn wir wirklich etwas Kreatives tun könnten, würde es die anderen vielleicht auf einer stillschweigenden Ebene beeinflussen. Es würde sich auf der stillschweigenden Ebene mitteilen, sowohl verbal als auch nonverbal. Aber wenn wir weiter nur dieselbe alte Leier wiederholen, wird nichts geschehen.

Viele sind sich der eigenen Annahmen und stillschweigenden Denkprozesse nicht bewußt.

Diese Vorstellung vom Dialog und vom gemeinsamen Bewußtsein legt nahe, daß es einen Ausweg aus unseren kollektiven Schwierigkeiten gibt. Und wir müssen an der Basis anfangen, nicht an der Spitze, bei den Vereinten Nationen oder beim Präsidenten. Ich weiß, daß es im amerikanischen Außenministerium Leute gibt, die mit dieser Idee des Dialogs vertraut sind. Das zeigt, wie solche Ideen sich langsam ausbreiten und selbst die höchsten Ebenen erreichen können. Es deutet darauf hin, daß in unserer modernen Welt eine sehr schnelle Kommunikation möglich ist. So wie die destruktiven Dinge sich mitteilen, könnte es auch diese Idee vom Dialog.

Die Frustrationen des Dialogs aushalten

Daß wir die Frustrationen des Dialogs aushalten, kann eine weit größere Bedeutung haben, als es auf den ersten Blick scheint. Tatsächlich könnten wir sagen, daß wir dadurch nicht mehr Teil des Problems sind, sondern zu einem Teil der Lösung werden. Mit anderen Worten: Die Bewegung in unserem Geist hat die Eigenart der Lösung, sie ist ein Teil der Lösung. So klein sie auch sein mag, sie gehört von der Beschaffenheit her zur Lösung und nicht zum Problem. Wie groß auch immer die größere Bewegung sein mag, sie gehört von der Beschaffenheit her zum Problem, nicht zur Lösung. Folglich geht es hauptsächlich darum, mit etwas zu beginnen, was von der Qualität her zur Lösung gehört. Wie ich schon sagte: Wir wissen nicht, wie schnell oder wie langsam es sich ausbreiten wird. Wir wissen nicht, wie schnell eine Bewegung im Geist – im Denkprozeß und über den Denkprozeß hinaus, dieses gemeinsame Teilen – sich ausbreiten wird.

Manchmal wird gesagt: ›Liebe ist alles, was wir wirklich brauchen.‹ Das stimmt natürlich – wenn allgemeine Liebe herrschte, würde alles gutgehen. Aber diese Liebe scheint es unter uns nicht zu geben. Also müssen wir einen anderen Weg finden. Es mögen Frustrationen entstehen, Zorn, Weißglut, Haß und Furcht, aber wir müssen etwas finden, das diese Gefühle integriert.

Etwas finden, das Zorn, Haß und Furcht integriert.

Um meine Argumentation zu veranschaulichen, werde ich eine Geschichte über die beiden bedeutendsten Physiker dieses Jahrhunderts erzählen, Albert Einstein und Niels Bohr. Einstein erinnerte sich, daß ihm Bohr bei ihrem ersten Zusammentreffen sehr sympathisch war. Er schrieb, daß er ein regelrechtes Gefühl der Liebe für ihn empfand. Einstein und Bohr diskutierten angeregt über Physik. Aber schließlich kamen sie zu einer Frage, wo ihre unterschiedlichen Annahmen oder Meinungen über den richtigen Weg zur Wahrheit deutlich wurden. Bohrs Beurteilungen basierten auf seiner Sichtweise der Quantentheorie, die von Einstein auf seiner Sicht der Relativität. Sie besprachen das Thema wieder und wieder, sehr geduldig und in allem Wohlwollen. Die fruchtlosen Debatten zogen sich über Jahre hin, und keiner der beiden gab nach. Beide wiederholten lediglich die bekannten Standpunkte. Schließlich stellten sie fest, daß sie so nicht weiterkamen, und allmählich tat sich eine tiefe Kluft zwischen ihnen auf. Danach sahen sie einander sehr lange nicht mehr.

Irgendwann lehrten sie beide im ›Institute for Advanced Study‹ in Princeton, aber es kam zu keinem Treffen der beiden. Der Mathematiker Hermann Weyl meinte: ›Es wäre doch nett, wenn sie zusammenkämen. Es ist schade, daß sie sich so aus dem Weg gehen.‹ Also arrangierte er eine Party, zu der Einstein und Bohr mit ihren Studenten eingeladen wurden. Einstein und seine Anhänger blieben auf einer Seite des Raums, Bohr und seine Anhänger auf der anderen. Sie konnten nicht zusammenkommen, weil es nichts gab, worüber sie noch hätten reden können. Eine gemeinsame Bedeutung zu finden war unmöglich, denn jeder war von der Wahrheit seiner Bedeutung überzeugt. Wie kann man etwas miteinander teilen, wenn man sicher ist, daß man im Besitz der Wahrheit ist, der Gesprächspartner ebenso überzeugt ist, die Wahrheit gefunden zu haben, und diese Wahrheiten nicht übereinstimmen? Wie sollte Partizipation da möglich sein?

Daher müssen Sie sich vor der Vorstellung der Wahrheit hüten. Man kann möglicherweise durch den Dialog zur Wahrheit gelangen, aber im Grunde geht es im Dialog um Sinn. Wenn der Sinn inkohärent ist, wird man nie zur Wahrheit gelangen. Vielleicht denken Sie: ›Mein Sinn ist kohärent, im Gegensatz zu dem von allen anderen‹, aber so werden wir nie zu einer gemeinsamen Sinnsetzung kommen. Wir werden die ›Wahrheit‹ für uns selbst oder für unsere Gruppe gepachtet haben, was ein geringer Trost ist. Aber es wird weiterhin Konflikte geben.

Sich vor der Vorstellung der Wahrheit hüten

Wenn es also notwendig ist, zu einer gemeinsamen Sinnsetzung und einer gemeinsamen Wahrheit zu gelangen, müssen wir einen anderen Weg gehen. Bohr und Einstein hätten wahrscheinlich einen Dialog führen sollen. Ich behaupte nicht, daß es in der Situation möglich gewesen wäre, aber durch einen Dialog wären sie vielleicht fähig gewesen, einander richtig zuzuhören, auf die Meinung des anderen zu achten. Und möglicherweise hätten beide ihre Ansichten aktiv in der Schwebe halten können, was es ihnen ermöglicht hätte, über Relativität und Quantentheorie hinaus zu etwas Neuem vorzustoßen, das ihre Standpunkte verband. Theoretisch hätten sie das tun können, aber ich

Ansichten aktiv in der Schwebe halten

Popper

Max Planck: ›Es ist eigentlich nicht so, daß neue Ideen sich durchsetzen. Die alten Wissenschaftler sterben, und dann kommen neue, mit neuen Ideen.‹

glaube nicht, daß diese Vorstellung vom Dialog den Naturwissenschaftlern damals schon in den Sinn gekommen wäre.

Die Naturwissenschaft basiert auf dem Gedanken, daß die Wissenschaft zur Erkenntnis der Wahrheit gelangen wird – einer *eindeutigen* Wahrheit. Die Vorstellung eines Dialogs ist der derzeitigen Struktur der Wissenschaft daher in gewissem Sinn ebenso fremd wie der Religion. In gewisser Weise ist die Naturwissenschaft zur Religion der modernen Zeit geworden. Sie spielt die Rolle der Wahrheitsstifterin, die die Religion früher innehatte. Daher können Wissenschaftler ebensowenig zusammenkommen wie unterschiedliche Religionen, wenn sie einmal zu deutlich unterschiedlichen Vorstellungen von der Wahrheit gelangt sind. Wie der Physiker Max Planck sagte: ›Es ist eigentlich nicht so, daß neue Ideen sich durchsetzen. Die alten Wissenschaftler sterben, und dann kommen neue, mit neuen Ideen.‹ Aber offensichtlich kann das nicht die richtige Vorgehensweise sein. Das soll nicht heißen, daß es in den Naturwissenschaften nicht auch anders laufen könnte. Wenn Naturwissenschaftler einen Dialog führen könnten, würde das zu einer radikalen Revolution in der Naturwissenschaft führen. An sich sind Wissenschaftler sogar den Prinzipien des Dialogs verpflichtet. Sie erklären: ›Wir müssen zuhören. Wir dürfen keine Möglichkeit ausschließen.‹

Jedoch stellen sie fest, daß ihnen das nicht möglich ist …«

(David Bohm, Vom Dialog, S. 79–85, in: *Der Dialog*. Das offene Gespräch am Ende der Diskussionen. Hg. Von Lee Nichol. Aus dem Englischen von Anke Grube. Stuttgart: Klett-Cotta 1998, S. 32–100.)

Der Dialog: Die Wissenschaft und Praxis des fruchtbaren Gesprächs

Unsere Reise in die Erfahrungswelt des Dialogs mit wissenschaftlichem Hintergrund führte uns auch zu dem schon erwähnten *William Isaacs* nach Cambridge (s. S. 60 ff.). Er arbeitete mit *Peter Senge* am Organizational Learning Center (OLC) der Sloan School of Management am Massachusetts Institute of Technology. Das OLC ist eine Einrichtung, die von großen amerikanischen Unternehmen unterstützt wird, wie Ford, Intel, Shell Oil, Harley-Davidson, und sich aus konkreten Projekten finanziert.

Peter Senge hatte bereits 1990 in seinem Buch *Die fünfte Disziplin* auf die zentrale Rolle des Dialogs als einer der fünf Disziplinen für eine »lernende Organisation« hingewiesen. William Isaacs bekam durch das von der Kellogg-Stiftung 1992 mit 500 000 Dollar geförderte »Dialogue-project« die Möglichkeit, die unterschiedliche Leistungsfähigkeit des Dialogs in konkreten Praxisfeldern wissenschaftlich zu untersuchen. Nach Abschluß des Projektes gründete er DIA•LOGOS, eine Beratungsgesellschaft in Boston, die sich zentral mit dialogischen Arbeitsformen befaßt.

Isaacs möchte den Dialog als Disziplin wissenschaftlich erkunden, um, entsprechend David Bohms Vorschlag, genauer festzustellen, wie unser Denken funktioniert und wie soziale Systeme eine Veränderungsfähigkeit entwickeln können. Sein Wissenschaftsbegriff ist der Aktionsforschung entlehnt und damit konkret in der Praxis verankert: Der Forscher ist gleichzeitig untrennbarer Bestandteil des Forschungskonzeptes und des Untersuchungsfeldes; seine erkenntnisleitenden Fragen, seine Sichtweisen beeinflussen den Untersuchungsgegenstand.

Diesem Ansatz folgen auch die Ideen des Systemtheoretikers *Jay Forrester*, der die Simulationsmodelle für die Analysen des »Club of Rome« entwickelte, sowie die Ideen des aus Deutschland in die USA emigrierten »Feldpsychologen« *Kurt Lewin*. Die Energie des gemeinsamen Feldes als Grundlage für Kreativität und als Veränderungspotential ist bei Isaacs zentral für »Shifts« und »Kicks«, die uns in die Lage versetzen, aus unseren Denkbahnen auszubrechen und Dinge neu zu sehen (siehe dazu auch das Beispiel des Verpackungskünstlers Christo, s. S. 63 f.). Isaacs geht der Frage nach, wie es möglich ist, zu einer Weltsicht zu kommen, die systemischer ist, damit wir die Prozesse und Ereignisse in ihrem vernetzten Zusammenhang besser erkennen. Oder, wie David Bohm es formulierte: Wie kann die Fragmentierung unseres Denken überwunden werden?

Dazu ist es nach Isaacs erforderlich, »up stream« – flußaufwärts – in Richtung der Quelle als dem Ursprung von Problem und Denken zu gehen und sich nicht so sehr mit der Beschreibung von Ereignissen flußabwärts zu befassen. Wenn wir die Wurzeln des Denkens erkennen, sind die daraus entstehenden Probleme eher lösbar.

Die zweite Gesprächspartnerin, die sich mit der Klärung des Dialogbegriffs beschäftigt, ist die Quantenphysikerin *Danah Zohar*. Sie bezieht sich direkt auf Bohm. Die Fragmentierung führt nach beider Ansicht zu den Problemen und Widersprüchen in der Welt. »Der Verdacht drängt sich auf, der Versuch, unsere derzeitigen Schwierigkeiten als ›Probleme‹ zu behandeln, sei einer der hauptsächlichen Faktoren, die einer angemessenen Bewältigung dieser Schwierigkeiten im Wege stehen.« (Bohm, Der Dialog, S. 22) Zohar schlägt daher im Sinne Bohms vor, die Sichtweisen zu ändern, um so hinter das »Denken« schauen zu können. Für sie ist der Dialog die zentrale Methode, um herauszufinden, wie wir denken.

Ihr zufolge führen die grundlegenden Elemente der Quantenphysik, im Vergleich zur Newtonschen Physik, dazu, Organisationen und Lernfelder neu zu sehen. Für Zohar stellt das menschliche Gehirn als das komplexeste System, das sich auf unserem Planeten entwickelte, das primäre Modell für die Funktionsweisen einer »lernenden Organisation« dar. Sie geht der Frage nach, wie die Infrastruktur des Gehirns für die Konzeption einer »lernenden Organisation« genutzt werden kann. Von den drei Funktionsweisen, mit denen das Gehirn arbeitet, können nach Zohars Ansicht zwei mit bekannten Organisationsformen verglichen werden; die dritte vergleicht sie mit dem Modell der »lernenden Organisation«.

Die erste Organisationsstufe ist die *neuronale Reizleitung*, die einem Telefonsystem gleicht. Wenn irgendwo die Verbindung unterbrochen wird, dann kommt die Botschaft nicht an. Sie ist das Modell einer seriellen, formal-logischen Datenverarbeitung – vergleichbar mit der Arbeitsweise unserer seriellen Computer. Diese Organisationsform arbeitet nach dem *linearen* Prinzip.

Danah Zohar meint, diese Arbeitsweise bei manchen Managementtrainingsprogrammen wiederzuerkennen, die die »Programmierung« ihrer Manager durch neurolinguistische Programmierung (NLP) verändern wollen.

Die zweite Organisationsstufe unseres Gehirns ist *das neuronale Netzwerk*: die neuronalen Verbindungen einer Gehirnzelle, die mit bis zu tausend anderen Nervenzellen ein zahlenmäßig nahezu unendlich verbundenes System bilden. In diesem parallel vernetzten System erfolgt die Verarbeitung von Daten assoziativ und ermöglicht damit die Fähigkeit der Mustererkennung, zum Beispiel das Wiedererkennen von Personen und

Das Gehirn ist eine »lernende Organisation«.

1. Lineares Denken als Basis für Logik

2. Paralleles Denken als Mustererkennung

die Kunst, Fahrrad zu fahren. Diese Muster werden vervollkommnet durch wiederholte Erfahrungen, die bereits angelegte neuronale Verbindungen verstärken. Wir können auf dieser Organisationsstufe komplexe Zusammenhänge erkennen.

Zohar meint: »Die Schwierigkeit, die sich aus dieser Art des Denkens ergibt, ist, daß sich sein Erkenntnisprozeß im Verborgenen abspielt. Die Muster, die wir eingeübt haben, sind uns selten bewußt, deshalb können wir die Arbeitsweise dieses Denkens nicht gut beschreiben. Als mein Sohn mich fragte, mit welchem Fuß ich auf das Bremspedal trete, hatte ich nicht gleich eine Antwort parat, aber mein Fuß.«

Auch in unseren Organisationen sind diese unreflektierten Funktionsweisen vorhanden, sie manifestieren sich in Strukturen, Hierarchien, Formen der Zusammenarbeit und in den Köpfen von Funktionsträgern.

Die dritte Organisationsstufe unseres Gehirns ist für Zohar die herausforderndste, weil niemand genau weiß, wie sie arbeitet:

»Wenn ich ein Glas Wasser wahrnehme, sieht ein Teil des Gehirns das Volumen und schätzt es ein, ein anderer erkennt die Zitronenscheibe, einer die Lichtreflexionen, und wieder ein anderer nimmt wahr, wie hoch der Wasserstand ist. Diese Funktionen sind im Hirn verteilt und verbinden sich in irgendeiner Art und Weise. Was passiert also, wenn ich dieses Glas anschaue? Sind es die isolierten Teile des Gehirns, welche diese Elemente unabhängig voneinander wahrnehmen? Aus meiner Sicht sind im Gehirn Quanteneffekte wirksam, die diesen Prozeß simultan koordinieren.«

Zohar benutzt den Begriff »Quantendenken« als Metapher für den Denkprozeß. Auf dieser Organisationsstufe liegen die Fähigkeit, Kreativität zu entwickeln, und die Möglichkeit, neue Einsichten zu gewinnen. Bedeutung und Sinn werden »konstruiert«, und es können auf dieser Stufe neue Fragen entstehen. Durch den Dialog wird diese Art, »neu« zu denken, besonders aktiviert. Neue Einsichten zu erlangen bedeutet, auch auf der neuronalen Ebene neue Verknüpfungen herzustellen. Zohar meint, daß das Gehirn in herausfordernden oder ungewöhnlichen Situationen – wenn wir rosa Elefanten auf der Straße sehen – selbst eine »natürliche Form« des Dialogs anwendet: daß es innehält, Annahmen suspendiert, in der Schwebe hält und neue Interpretationsmöglichkeiten in Erwägung zieht.

Danah Zohar ist inzwischen eine gefragte Expertin in Managementkreisen. Ihr neuestes Buch *Rewiring the Corporate Brain* geht der Frage nach, wie sich die Strukturen und Führungsansätze in Organisationen entsprechend den Erkenntnissen der Quantenphysik ändern müßten.

3. Quantendenken als Muster der Kreativität

Das Gehirn selbst wendet eine natürliche Form des Dialogs an.

Der Dialog: Ein Projekt zur Erkundung des Denkens

Das »Dialogue-project« des MIT

Ziel des Projektes war es, die praktischen Möglichkeiten des Dialogs als Gruppenprozeß zu erforschen und die Kenntnisse darüber in konkreten gesellschaftlichen Arbeitsfeldern zu vertiefen. Das zweijährige Forschungsvorhaben »The Dialogue-project«, das unter Leitung von *William Isaacs* 1992–1994 am MIT durchgeführt wurde, gilt als erste wissenschaftliche Untersuchung über den Dialog.

Im einzelnen ging es um:
- Die Entwicklung einer Theorie des Dialogs und einer Strategie für die praktische Anwendung;
- die Anwendung des Dialogs in praktischen Bereichen wie Stadtverwaltung, Gesundheitswesen, Industrie;
- die Unterstützung der praktischen Dialogarbeit durch die Ausbildung einer Gruppe von »Facilitatoren« und durch die Entwicklung von Arbeitsmaterial für die Durchführung und Begleitung von Dialogen;
- die Organisation eines internationalen Symposiums über den Dialog am Ende der zweijährigen Projektphase zur Reflexion der Forschungsergebnisse und zur weiteren Entwicklung dieses Arbeitsbereiches.

Beteiligt waren neben Peter Senge und den Vertretern der drei Projekte Wissenschaftler und Dialogpraktiker aus Südafrika, Mexiko, Kanada und Großbritannien, insgesamt 25 Personen.

Zur Erforschung der Anwendung des Dialogs in praktischen Bereichen wurden 1992 drei Einzelprojekte initiiert, die bis 1994 fortgesetzt wurden:

Regionaler Dialog
- Ein regionaler Dialog zwischen verschiedenen Beteiligten des Gesundheitswesens wie Versicherungen, Krankenhäusern – Pflegepersonal, Verwaltungsleitung, Ärztinnen und Ärzte – in Grand Junction, Colorado (Mitchell Saunders berichtet darüber, s. in Kap. 9 den Abschnitt: »Change Management: Vom Armeestützpunkt zur Reformuniversität – der Dialog in Gesundheitswesen und Hochschule«, S. 192 ff.);

- ein sozialer Dialog mit Verantwortlichen aus Stadt und Verwaltung in Boston unter der Leitung von *Freeman Dhority* (s. in Kap. 6 »Grundformen des Dialogs« den Abschnitt zur »Boston Urban Leaders Dialogue Group«, S. 120 ff.);

Sozialer Dialog

- ein organisationsbezogener Dialog mit Managern und Gewerkschaftsmitgliedern eines Stahlwerks in Kansas City (vgl. das Gespräch mit Ron Kertzner im Abschnitt »Dialog im Stahlwerk – ›Der Container war heiß!‹«, im 9. Kapitel »Der Dialog in Organisationen«, S. 183 ff.).

Organisationsbezogener Dialog

»Eine Veränderung kollektiver Denkmuster ist möglich«

Ein Gespräch mit William Isaacs, Boston

William Isaacs ist Präsident von Dia•logos, einem Unternehmen mit Sitz in Cambridge, Massachusetts, das spezielle Programme für den Einsatz dialogischer Wege zur Entwicklung von Individuen, Teams und Organisationen konzipiert. Er war Leiter des Dialogprojektes am MIT und Lehrbeauftragter an der Sloan School of Management. In den letzten 15 Jahren arbeitete er nicht nur in den USA, sondern weltweit mit Multiplikatoren für den dialogischen Ansatz. Isaacs studierte politische Wissenschaften am Dartmouth College und erhielt einen Magister für politische Philosophie an der London School of Economics. In Oxford promovierte er in Organisationspsychologie und angewandter Sozialpsychologie.

Hartkemeyer: *William Isaacs, welches Verständnis von »Dialog« liegt Ihrem Forschungsprojekt zugrunde?*

Isaacs: Während der Begriff Dialog auch bei uns in den Vereinigten Staaten als unspezifischer Alltagsbegriff benutzt wird, wird in diesem Projekt unter »Dialog« eine Form der Kommunikation verstanden, die normalerweise eher zufällig als geplant stattfindet. Die Gespräche, die beispielsweise bei der UN am Verhandlungstisch stattfinden, haben nach unserem Verständnis mit Dialog wenig oder gar nichts zu tun.

Während des Projekts sind eine Reihe von Definitionen von »Dialog« entstanden. Zurückgehend auf die Arbeit von David Bohm, wird »Dialog« definiert als *»ein beständiges Hinterfragen von Prozessen, Sicherheiten und Strukturen, die menschlichen Gedanken und Handlungen zugrunde liegen«.*

»Dialog« bedeutet auch, wie Martin Buber sagte, ein echtes Zusammentreffen von Menschen, die sich ohne Rückhalt ausdrücken und frei sind vom Scheinenwollen.

Haben Sie ein Beispiel dafür, wie und wodurch Veränderungen im Denken ausgelöst werden?

Isaacs: Es gibt eine Reihe von Beispielen über dialogisches Denken, für Sie als Deutsche ist sicher *Christos Verpackung des Reichstags* interessant

[Marginalie am rechten Rand:] Dialog als beständiges Hinterfragen

und wichtig. Das war für mich ein Symbol, eine Metapher, weil es die Wahrnehmung und das Denken durch die Aktion verändert hat. Durch diese symbolische Handlung ist eine Veränderung von kollektiven Denkmustern möglich geworden. Es ist vielleicht nicht allen so bewußt gewesen, und es ist möglicherweise auch keine dauerhafte Veränderung, aber es hat etwas völlig Neues ermöglicht, es hat einen neuen *Container* für die Wahrnehmung dieses historischen Gebäudes geschaffen. Die Menschen tanzten in den Straßen und feierten ein ausgelassenes Volksfest. Es war ein Ereignis, das eine Veränderung, ein *shift* im Denken möglich machte.

Etwas Bekanntes neu sehen

Christos Reichstagsverhüllung als Metapher für einen »Shift« – eine Aktion, die unsere Sichtweise verändert.

Als der Schriftsteller Michael S. Cullen dem Aktionskünstler Christo Javacheff 1971 eine Postkarte mit dem Berliner Reichstagsgebäude schickte, schlug er ihm vor, dieses Gebäude zu verhüllen, um einen »neuen Dialog zwischen Kunst und Politik zu stiften«.

Dieses von *Paul Wallot* entworfene Symbol wilhelminischer Architektur war bislang vielfältig verbunden mit deutschen Großmachtphantasien und Schicksalsstunden vom Kaiserreich bis zum Reichstagsbrand. Vielleicht war es diese Erinnerungsverankerung im öffentlichen Bewußtsein, die dazu führte, daß Politiker eine Verfremdung dieses symbolträchtigen Gebäudes durch Verhüllung nicht nur duldeten, sondern unterstützten. Eine symbolische Reinigung kurz vor dem Umzug des Bundestags nach Berlin?

Durch dieses Gemeinschaftserlebnis wurde nicht nur ein gemeinsamer Sichtwechsel ermöglicht, es fand ein regelrechtes Happening vor dem »gefrorenen Wasserfall« statt. Bilder, die an Woodstock erinnerten, das Hippie-Ereignis der 60er Jahre, verbanden sich mit dem verpackten, leeren Pathos.

Es geht im Dialog darum, unsere Art des Denkens zu hinterfragen und zu verändern. Unsere Gewohnheiten und Verhaltensweisen sind nur Resultate davon. Sie sind sozusagen im Fluß der Entstehung sehr weit *down stream* – flußabwärts.

Der Dialog wird von uns als eine Disziplin gemeinschaftlichen Erkundens verstanden, welche die bestehenden Ansätze wie Mediation, Organisationsentwicklung und »team building« um die Dimension gemeinsamen

Denkens ergänzen kann. Der Dialog ist ein fundamentaler Prozeß, um neue »Infrastrukturen fürs Lernen« innerhalb moderner Organisationen zu schaffen. Ein Ziel im Dialog ist es, den Kontakt zu den verborgenen Quellen unseres Denkens herzustellen, so daß die Grundlagen wahrgenommen und die Folgen verändert werden können. Eine der fundamentalen und wichtigen Folgen dieser verborgenen Muster ist, wie Bohm hervorgehoben hat, daß wir die Welt *fragmentiert* wahrnehmen.

Nirgendwo sonst wird die Fragmentierung deutlicher, als wenn Menschen versuchen, miteinander zu kommunizieren und über schwierige Themen nachzudenken. Anstatt wirklich miteinander zu denken, verteidigen die Menschen in der Regel ihre Ansichten und versuchen, Macht über andere zu gewinnen. Das führt dazu, daß man statt nach Gemeinsamkeiten nach Unterschieden sucht oder gefährliche, trügerische Übereinstimmungen findet, die in unproduktiven oder bewaffneten Konflikten gipfeln.

Häufig werden Ansichten verteidigt, statt miteinander zu denken.

Diese Muster erweisen sich als kontraproduktive Lernhemmnisse und führen dazu, daß sich Abwehrstrategien durchsetzen. Bei der theoretischen Überprüfung der *dialogischen* Möglichkeiten geht es darum, den nächsten Schritt im dialogischen Feld reflektiert zu tun und damit zu versuchen, die Natur dieses »angelernten Fehlverhaltens« innerhalb von sozialen Systemen zu ergründen. Die dominante Dimension bei diesen Prozessen im Alltag ist die *Fragmentierung*, die durch Denkstrategien unser Bewußtsein begrenzt und durch feste Verhaltensmuster diese Grenzen aufrechterhält.

Ausgehend von Bohms Arbeiten, wurde im *Dialogue-project* festgestellt, daß die Menschen an spezifischen Denkstrategien festhalten, die ihnen unbewußt sind und die dazu führen, daß sich fiktive Denkwege und kontraproduktive Handlungen entwickeln. Menschen reagieren meistens so, wie es sich aus ihrer Erfahrung als sinnvoll erwiesen hat, wobei die Bandbreite an Reaktionen in einer bestimmten Situation aufgrund von Erinnerungen und früheren Erfahrungen eingeschränkt ist.

Bohm gab dafür ein Beispiel: »Wenn ich nachts einen fremden Schatten hinter mir auftauchen sehe, reagiere ich auf neurophysiologischer und kognitiver Ebene spontan. Wenn ich aber nochmals hinschaue und feststelle, daß dort gar kein Fremder ist, vielleicht ein Bekannter, dann kann ich mein Denken und Handeln neu organisieren, überlegen und anders reagieren.«

Ein weiterer Punkt ist die Annahme, daß das Denken Erfahrungen so beschreibt, wie sie da sind; als gäbe es ein Fenster für eine ungefilterte Wirklichkeit, die außerhalb einer Person stattfindet. Diese kontinuierliche innere Erschaffung einer externen Welt wird mittlerweile als eine Konstruktion der neurophysiologischen und kognitiven Strukturen des Men-

**Wir leben in selbst-
geschaffenen Strukturen.**

schen betrachtet. In diesem Sinne leben wir nicht in *der Welt*, wir leben *in den Strukturen, die es uns ermöglichen, eine Welt entstehen zu lassen.*

Das Gehirn erschafft unabhängige, scheinbar objektivierbare Bilder, die natürlicherweise *Reflexionen der Welt* sind, *behandelt sie als Tatsachen* und stellt fest, daß sie nicht zu anderen Bildern passen. So kommt es zu Polarisationen. *Polarisation* entsteht auch durch die Gewohnheit des Denkens, *das sich selbst rechtfertigt und unnachgiebige Positionen entwickelt.* Das Denken erschafft uns sinnvoll erscheinende Positionen und bemüht sich, sie zu verteidigen.

Die Unfähigkeit, das Bild der Selbstwahrnehmung zu ändern, die Weigerung zur Selbstreflexion und einen Mangel an Skepsis gegenüber der eigenen »Brille« findet man häufig. Diese »strukturelle Blindheit« oder hartnäckige Unfähigkeit, Kritik anzunehmen, ist auch der Fragmentierung des Denkens zuzuschreiben, die dazu führt, ein bestimmtes Selbstbild aufrechtzuerhalten, und sich resistent gegenüber Anstrengungen erweist, es zu ändern.

Durch diese unterschiedlich wirksamen Kräfte und die persönlichen Interaktionen entsteht ein Feld von sozialer Dynamik, das Phänomene wie »organisierte Abwehrstrategien« produziert und erhält.

Welche Elemente der Dialogarbeit waren für Sie zentral?

Isaacs: Ein wichtiges Element der Arbeit des *Dialogue-project* besteht darin, ein Modell zu entwickeln, wie der Dialog in die Veränderungsprozesse großer Systeme integriert werden kann. Für uns ist das *Feld* die wichtigste Ebene. Wir definieren »Feld« als die *Umgebung kollektiver Aufmerksamkeit, die Identitätsbilder und Dynamik unausgesprochener Gedanken,* und wir gehen davon aus, daß das *Feld* die anderen Ebenen beobachtbarer Handlungen beeinflußt.

Die Ebene des *Feldes* wird bestimmt durch die Qualität und die Art und Weise der kollektiven Aufmerksamkeit, des Zuhörens, durch den Ton und die Art der Interaktionen, das Muster der gemeinsamen Begründungen und Nachfragen und zentral durch die Art und Weise, in der Menschen den Inhalt ihrer Konversation unbewußt reproduzieren und verinnerlichen.

**Aufmerksamkeit für das,
was man tut,
während man es tut**

Im Dialog wird versucht, beide Ebenen der Aufmerksamkeit zu kultivieren, die *reflexive Aufmerksamkeit* und die *propriozeptive Aufmerksamkeit,* die beschrieben werden könnte als »Aufmerksamkeit für das, was man tut, während man es tut«. Unsere gedanklichen Prozesse bewegen sich aber zu schnell, oder wir nehmen uns nicht die Zeit, um wahrzunehmen, welche Kräfte dort tätig sind.

Unsere Annahmen zu suspendieren heißt, auseinanderzuhalten, welche Schlußfolgerungen unsere Gedanken gezogen haben und welche *Daten der Beobachtung* vorliegen. Es geht darum, den zugrundeliegenden gedanklichen *Prozeß* zu reflektieren, der zu einer bestimmten Schlußfolgerung führte.

Will man derartige Prozesse ermöglichen, braucht man in einer Gruppe einen gemeinsamen Vertrauensraum, einen »Container«. Man muß einen Container so gestalten, daß die Qualität der kollektiven Aufmerksamkeit lebendig bleibt und die üblichen Projektionen und Reaktionen offengelegt und überprüft werden können, so daß die Teilnehmer den »Grund des Sees, in dem sie schwimmen, erkennen können«.

Ziel ist es, die Menschen zu befähigen, sich sicher zu fühlen, ihre eigenen defensiven Strategien und ihre begrenzenden Muster bei sich selbst und anderen in Frage zu stellen, Kenntnisse darüber zu erwerben und anzuwenden, wie sich die Umgebung dieses Feldes verändert und Energien für die Erkundung freisetzt.

Haben Sie ein konkretes Beispiel, wo in einer Großgruppe durch den Dialog ein negatives Interaktionsmuster aufgedeckt und verändert wurde?

Isaacs: In einem Projekt bei *Ford*, das von *Daniel Kim* geleitet wurde, stellten die Manager fest, daß dann, wenn in einem Projekt zur Neuentwicklung eines Produktes Verzögerungen eingestanden wurden, dadurch ein sich verstärkender Zyklus in Gang trat. Zugegebene Verzögerungen führten dazu, daß *Senior Manager* intervenierten und über Bestrafungen, also Sanktionsmaßnahmen, nachdachten, um das System zu kontrollieren. Das entmutigte die Ingenieure, absehbare Verzögerungen rechtzeitig einzugestehen, und führte dazu, daß in anderen Bereichen Verzögerungen auftraten, die hätten vermieden werden können.

Nach Erfahrungen im Dialog wurde allen Beteiligten klar, daß dieses Interaktionsmuster zu dem Gegenteil dessen führte, was sie wollten. Als ihnen das klar wurde, begannen sie, ehrlicher und offener miteinander zu kommunizieren.

Welche wesentlichen Ergebnisse haben Sie im Projekt herausgefunden?

Isaacs: Als zentrale Ergebnisse kristallisierten sich im MIT-Projekt vier Bereiche heraus:

1. Lernende Organisation

1. Der Dialog ist zu einem Eckpfeiler für *die Entwicklung lernender Organisationen* geworden, ein Arbeitsfeld, in dem sich Manager betätigen, um ihre Organisationen als Lernfelder zu entwickeln.

2. Kollektive Intelligenz

2. Der Dialog kann ein wirkungsvolles Instrument sein, um die inhärente, selbstorganisierte, *kollektive Intelligenz von Gruppen* zu nutzen und den kollektiven Prozeß der Erkundung sowohl zu erweitern als auch zu vertiefen.

3. Selbstwahrnehmung

3. Der Dialog eröffnet Möglichkeiten für einen wichtigen Umbruch in der Art und Weise, *wie Menschen sich selbst wahrnehmen.*

4. Teamkoordination

4. Der Dialog verspricht als ein innovativer, alternativer Ansatz, *koordinierte Handlungen in Gruppen* zu ermöglichen.

Diese vier Bereiche stellen ein weites Feld für Forschungen und für praktische Aktivitäten dar. Sie sind zugleich ein wirksames Instrument für Leiter und Manager, die in öffentlichen oder privaten Bereichen Strategien für Veränderung und Transformation suchen und erproben wollen.

Wie schätzen Sie Ihre Erkenntnisse über den Dialog in seiner Wirkung auf große soziale Systeme ein?

Isaacs: Ich halte die Auswirkungen, die die dialogische Erkundung auf soziale Systeme haben kann, für schwer einschätzbar. In unserem Projekt wurde festgestellt, daß Menschen sich durch den Dialog näherkommen und lernen, gemeinsam zu fragen und zu denken; andererseits wurde deutlich, daß die Auflösung von ehemals festen Grenzen und das Reframing von alten Problemen für den einzelnen zunächst als bedrohlich und destabilisierend erscheinen können. Denn wenn Menschen ihre fundamentalen Glaubenssätze und Annahmen zu hinterfragen beginnen und alte Handlungsmuster erkennen, ergeben sich daraus nicht sogleich neue Sicherheiten.

Aber ich sehe im Dialog eine große Chance.

»Der Dialog: Ein Quantensprung im Kopf«

Ein Gespräch mit Danah Zohar, Oxford*

* Die Rechte für die englische Version dieses Gesprächs liegen bei William Isaacs und Danah Zohar; sie haben es uns zur Wiedergabe in diesem Buch freundlicherweise zur Verfügung gestellt.

Danah Zohar *wurde in den USA geboren. Sie studierte Physik und Philosophie am Massachusetts Institute of Technology, anschließend an der Harvard University Religionswissenschaften und Philosophie, unter anderem bei* Erik Erikson. *Heute lehrt sie an der Brookes Universität in Oxford, England. Bekannt wurde sie vor allem durch die Bücher* The Quantum Self *(1991),* The Quantum Society *(1994).*

Was hat die Welt der Physik mit menschlichem Denken und sozialen Organisationen zu tun?

> Die klassische Physik beruhte auf der Illusion, daß wir die Welt beschreiben können, ohne von uns selbst zu sprechen.
> Werner Heisenberg

Zohar: Ich versuche, mit den Ideen, Bildern und Einsichten, die uns die Quantenphysik vermittelt, die Natur des menschlichen Bewußtseins, die Möglichkeiten menschlicher Beziehungen zu verstehen. Dabei geht es auch darum herauszufinden, wie menschliche Organisationen funktionieren. Ich benutze die Quantenphysik, die ein gutes Instrument darstellt, um Modelle für soziale Beziehungen zu entwickeln. Darüber hinaus wächst die Erkenntnis, daß Quantenphänomene im menschlichen Gehirn stattfinden. Sie liegen unserem Denken zugrunde; sie bilden die Grundlage unserer Denkfähigkeit.

Mir liegt viel daran, deutlich zu machen, was das für die Natur des menschlichen Denkens und für die Potentiale menschlicher Beziehungen bedeutet. Ein besonderes Feld bieten außerordentliche Prozesse wie der Dialog. Und die Strukturen, die wir in unseren Organisationen entwickeln könnten, müßten eigentlich diese Quanteneffekte und die Arbeitsweise unseres Denkens berücksichtigen.

Sie verwenden dabei wie selbstverständlich physikalische Begriffe. Aber was bedeutet eigentlich »Quant« in ihren Überlegungen?

Zohar: Quant meint eigentlich ein Paket von Kraft oder »action«, und das bezieht sich auf die Erkenntnisse der Quantenphysik, die zeigen, daß die Prozesse auf atomarer Ebene nicht linear verlaufen, sondern in sogenannten definierten Quantensprüngen stattfinden.

Auf den Dialog traf ich zum erstenmal im Gespräch mit David Bohm, der ein guter Freund von mir war. David Bohm beschäftigte sich bis zum Ende seines Lebens mit dem Thema »Dialog«.

Meine ersten Erfahrungen machte ich auf einer Konferenz in Athen, und da wurde mir richtig klar, welche große Kraft darin steckt. Auf dieser Konferenz waren wir eine Gruppe von Menschen aus etwa zwanzig verschiedenen Ländern und ebenso vielen verschiedenen Sprachen, Religionen und akademischen Disziplinen. Keiner von uns wußte, wie wir miteinander reden sollten.

Sie steckten uns auf dem Seminar in Gruppen, in denen wir miteinander sprechen sollten, und wir lieferten uns manchmal regelrechte Rededuelle, weil wir uns nicht mehr ertragen konnten. Wir hatten uns aber verpflichtet, in diesen Gruppen zu bleiben, und am Ende dieses fünftägigen Prozesses hatten wir nicht nur gelernt, uns zu mögen, sondern, was viel wichtiger ist, wir hatten gelernt, einander zuzuhören. Es entstand eine erstaunliche Guppenintelligenz. An einem solchen Prozeß teilzunehmen ist begeisternd. Jeder, der an einem Dialogprozeß teilgenommen hat, wird das bestätigen. Es ist, als ob man mit einer neuen Dimension seiner selbst in Kontakt träte.

Wir hatten gelernt, einander zuzuhören. Es entstand eine erstaunliche Gruppenintelligenz.

Ich fragte mich, ob die Quantenprozesse im Gehirn mit der Fähigkeit zum Dialog zusammenhängen, und ich untersuchte diese Möglichkeit. Es schien, als ob das Gehirn eine natürliche Form des Dialogs anwendete.

Wenn das Gehirn sehen will, was im Wahrnehmungsfeld vor ihm passiert, schaut es sich die Sache an, und wenn es etwas als vertrautes, homogenes Feld erkennt, macht es klick-klack und verarbeitet die Information. Es sieht kein Problem, es ist alles klar.

Wenn etwas Unerwartetes passiert, wenn Sie in einem Auto fahren und ein Ball plötzlich auf die Straße rollt, dann ist das eine unerwartete Herausforderung. Sie stoppen das Auto, während im Gehirn die Verarbeitung der Information beginnt: »Was bedeutet der Ball?« Wenn das nun eine vertraute, bekannte Assoziation ist, weiß Ihr Gehirn, was es tun muß. Es sagt: »Ball, Kind – ein Kind könnte hervorkommen – Auto stoppen.«

Etwas Unerwartetes ist eine Herausforderung.

Aber angenommen, etwas anderes erschiene, ein UFO, etwas, das Sie nicht erkennen, dann muß das Gehirn einen komplizierteren Prozeß durchlaufen. Es sieht sich etwas Unbekanntem gegenüber. Es nimmt alle verfügbaren Daten und schickt sie an das sogenannte »Limbische System«, das so etwas wie das »Parlament« des Gehirns darstellt, und es versucht, einen Sinn in dem Ganzen zu entdecken. Kann man es nicht mit den gewohnten Kategorien bearbeiten?

Was das Gehirn an diesem Punkt macht, ist ein Suspendieren und Sondieren der normalen Kategorien und ein – sagen wir mal – Abweichen von dem Konzept und den normalen Annahmen und Vorgaben; und es sagt sich: Also, beginnen wir nochmal von vorne.

Das Gehirn beginnt, ein ganz neues Bild der Wirklichkeit aufzubauen.

Das Gehirn beginnt, ein ganz neues Bild der Wirklichkeit aufzubauen, um zu erkunden, was das sei, was sich da als unbekanntes Objekt darstellt, und wie es sich neue Informationen beschaffen kann. Es muß alle Vorurteile beiseite legen. Dann kann es neue Informationen verarbeiten, ein neues Interaktionsmuster bilden mit neuen Kategorien. Darin liegt menschliche Kreativität. Und es ist genau das, was wir im Dialogprozeß erfahren, weil wir zum Dialog mit einem Bündel von fertigen Konzepten und Annahmen kommen. Wenn Sie mit anderen Menschen reden, stellen Sie fest, daß diese auch bestimmte Ansichten und Meinungen haben, und das führt – wenn sie unvereinbar sind – zu einem Zusammenstoß.

Wenn Sie einen guten Dialogprozeß machen wollen, ist es Voraussetzung, Ihre ursprünglichen Meinungen und Ansichten zu erkennen. Sie müssen für eine Weile völlig reinen Tisch machen. Erst dann sind Sie offen für – was auch immer auf Sie zukommt, was immer als Information aufgenommen wird. Sie entwickeln eine neue Meinung, neue Konzepte und Kategorien, um mit der Dialogsituation umzugehen. Und das ist es, was daran so kreativ ist, und es ist genau das, was Ihr Gehirn macht, wenn es neu wahrgenommene Informationen verarbeitet.

Offen für alles, was kommen mag. Entwickeln neuer Konzepte und Kategorien im Gehirn

Wenn wir verstehen, wie das Gehirn Informationen verarbeitet, erkennen wir, daß der Dialog für den Menschen etwas Natürliches ist. Das Potential dafür sind kompliziertere Beziehungen, als wir sie normalerweise benötigen.

Was bedeutet der Begriff Dialog als soziales Phänomen? Ist dieser Prozeß in der Lage, unsere Wahrnehmungspotentiale grundlegend zu verändern?

Zohar: Der Begriff Dialog geht zurück auf die ursprünglich griechische Bedeutung des Wortes. Die alten Griechen pflegten die Kommunikation auf dem Marktplatz, ihrer *Agora*. Auf dieser Grundlage hielten sie ihre ursprüngliche Demokratie lebendig. Die Bürger von Athen kamen auf der *Agora* zusammen und unterhielten sich den ganzen Tag, sie lösten scheinbar keine Probleme, sie suchten keine Kompromisse, sie suchten keinen Konsens, sie wählten nicht. Sie redeten, bis etwas entstand, das als gemeinsame Übereinkunft verstanden wurde, die sich aus ihren verschiedenen Anschauungen entwickelte. Und das war es, was sie unter »Demokratie« verstanden. Mit der Zeit waren die Bürger von Athen immer stärker

Die altgriechische Demokratie: reden, bis eine Übereinkunft entsteht.

beschäftigt, es wuchs die Zahl der Einwohner, und dieses Verfahren erschien ihnen zu zeitaufwendig und zu komplex. Sie nahmen sich bezahlte Anwälte, die ihre Meinungen für sie vertreten sollten, und dann wählten sie. Ein griechischer Philosoph sagte: Die Wahlen waren das Ende der Demokratie. Weil die Menschen aufhörten zusammenzukommen, einander zuzuhören und eine aus dem gemeinsamen Verständnis erwachsene Übereinkunft zu erreichen.

Afrikanisches »Amaphakathi«

Meine späteren Vorstellungen von Führerschaft wurden grundlegend beeinflusst durch meine Beobachtungen des Regenten und seines Hofes. Ich verfolgte die Stammestreffen, die regelmässig im Grossen Platz stattfanden, und lernte daraus. Der Zeitpunkt dafür war nicht von vornherein festgesetzt, die Versammlungen wurden anberaumt, wie es die Ereignisse erforderten. Man hielt sie ab, um nationale Angelegenheiten zu erörtern, etwa eine Dürre, eine Epidemie, das Aussondern von Merzvieh, Direktiven von seiten des Magistrates, neue Gesetze, welche die Regierung erlassen hatte. Jedem, der ein Thembu war, stand es frei zu kommen – und sehr viele kamen auch, zu Pferde oder zu Fuss.

Bei solchen Gelegenheiten war der Regent umgeben von seinen »Amaphakathi«, einer Gruppe von hochrangigen Beratern, die das Parlament des Regenten bildeten und die Rechtsprechung ausübten. Es waren weise Männer, die sich gründlich in der Stammesgeschichte und in den Sitten auskannten und deren Meinungen grosses Gewicht hatten. Wenn ein Treffen stattfinden sollte, verschickte der Regent Briefe an diese Häuptlinge und Headmen, und bald wimmelte es im Grossen Platz von Besuchern und Reisenden aus dem ganzen Thembuland. Die Gäste versammelten sich vor dem Haus des Regenten, und er eröffnete die Versammlung, indem er allen für ihr Kommen dankte und ihnen erklärte, aus welchem Grund er sie zusammengerufen hatte. Danach äusserte er kein einziges Wort, bis zu dem Zeitpunkt, da die Versammlung sich ihrem Ende näherte. Es sprach jeder, der sprechen wollte. Es war Demokratie in ihrer reinsten Form. […]

Zunächst erstaunte mich die Heftigkeit – und der Freimut –, mit der Leute den Regenten kritisierten. Er war keinesfalls über Kritik erhaben – vielmehr war er sogar häufig die Zielscheibe von Kritik.

Aber mochte die Attacke auch noch so gefühlsbetont sein, der Regent hörte einfach zu, ohne sich zu verteidigen, ohne seinerseits irgendeine Emotion zu zeigen.

Die Zusammenkünfte dauerten so lange, bis irgendeine Art von Konsens erreicht war. Ein Treffen konnte nur in Einstimmigkeit enden oder überhaupt nicht. Einstimmigkeit konnte allerdings auch darin bestehen, dass man darin übereinstimmte, nicht übereinzustimmen und zu warten, bis die Zeit günstiger war, um eine Lösung vorzuschlagen. Demokratie bedeutete, dass alle Männer angehört werden mussten und dass eine Entscheidung gemeinsam getroffen wurde, als ein Volk. Herrschaft einer Mehrheit war eine fremdartige Vorstellung. Eine Minderheit würde nicht durch eine Mehrheit erdrückt werden.

Erst am Ende des Meetings, wenn die Sonne im Untergehen begriffen war, sprach der Regent wieder, und er unternahm es, das zusammenzufassen, was gesagt worden war, und versuchte, zwischen den verschiedenen Meinungen einen Konsens herzustellen. Konnte ein solcher Konsens nicht erreicht werden, so würde es ein weiteres Meeting gegeben. Schliesslich trug ganz am Ende ein Lobsänger oder Poet eine Lobpreisung auf die Könige in uralten Zeiten vor sowie eine Mischung aus Kompliment und Satire auf die gegenwärtigen Häuptlinge, und die Zuhörer, der Regent miteingeschlossen, brüllten vor Lachen.

In meiner eigenen Rolle als Führer bin ich stets diesen Prinzipien der Führerschaft gefolgt, wie sie seinerzeit der Regent demonstrierte. Ich habe immer versucht, mir das anzuhören, was jeder einzelne in einer Diskussion zu sagen hatte, bevor ich meine eigene Meinung vortrug. Oft wird meine eigene Meinung einfach den Konsens dessen repräsentieren, was ich in der Diskussion gehört habe.

(Nelson Mandela, *Der lange Weg zur Freiheit.* Autobiographie, Frankfurt a. M.: ©S. Fischer Verlag 1997, S. 34–37.)

Würden Sie dies bereits als »Dialogprozeß« bezeichnen?

Zohar: Wir verwenden »Dialog« heute für das Miteinanderreden, um zu einer Art kollektiver Intelligenz zu gelangen. Er bringt Möglichkeiten hervor, die zwar jeder von uns individuell besitzt, die aber nur in derartigen Gruppen zum Vorschein kommen.

Es kommt nicht darauf an, wie man es nennt. Ich nehme an, daß die Indianer es in ihren Tipis taten, und wahrscheinlich nannten sie es nicht »Dialog«. Es war eben einfach die Art, wie die Jäger-und-Sammler-Gesellschaften ihre Schwierigkeiten lösten. Sie saßen zusammen und redeten so lange, bis jeder wußte, was zu tun war.

Es ist eine natürliche Fähigkeit, die wir nachweislich immer wieder benutzten, seitdem wir von den Bäumen heruntersteigen. Es ist eine Fähigkeit, die wir zu verlieren scheinen in unserer mechanistischen Kultur der Trennung und Vereinzelung, der Individualisierung und des individualistischen Blickpunktes.

Nichts davon trägt zu einem guten Dialog bei.

Für einen guten Dialog muß man bereit sein zu sagen: »Ich weiß es nicht« und: »Ich bin nicht sicher« und: »Vielleicht bin ich ja nicht die wichtigste Person hier«, »Vielleicht ist meine Ansicht nicht heilig«. Verfestigte Meinungen stehen unserer Fähigkeit, einen guten Dialog zu führen, im Wege.

Ich denke, daß dies heute mit der neuen Dialogbewegung zurückkehrt. Die Menschen machen sich bewußt, daß eine Kultur des Fragens wichtig ist, und sie wollen diese alten Fähigkeiten kultivieren.

Der Dialog ist wahrscheinlich das praktikabelste Werkzeug, um seine Gedankenwelt neu zu strukturieren. Wenn wir die Gesellschaft ändern wollen oder uns selbst, dann müssen wir unsere Art zu denken ändern.

Denkfallen liegen in unseren Verhaltensweisen und in den Beziehungsmustern, deren Sklaven wir werden. Der einzige Weg, um die Gedanken zu ändern, liegt darin, einen Weg zu finden, uns von unseren Annahmen zu verabschieden, sie neu anzuschauen, sie neu zu strukturieren, und zwar auf eine Weise, die für uns heute nützlich und hilfreich ist.

Das, worüber wir beim Dialog nachdenken müssen, ist, daß er sehr gut in kleinen Gruppen funktioniert. Aber es ist noch nicht klar, wie wir dieses Prinzip in großen Organisationen oder großen Bevölkerungsgruppen anwenden können. Es kann sein, daß es noch etwas anders gibt, das auf der Dialogtechnik aufbaut und sich in großen Organisationen anwenden läßt. Aber für eine Gruppe von 25 bis 30 Menschen ist der Dialog kraft-

> *Jede neue Generation, jedes neue Menschenwesen muß, indem ihm bewußt wird, daß es zwischen eine unendliche Vergangenheit und eine unendliche Zukunft hineingestellt ist, den Pfad des Denkens neu entdecken und mühsam bahnen.*
>
> Hannah Arendt

voll und fähig, kollektive Intelligenz in Gang zu setzen und Denken neu zu strukturieren, sozusagen frischen Wind in die Köpfe zu bringen.

Welche Erfahrungen machten Sie, die Ihr Denken veränderten?

Zohar: Nun, wir sind alle in unseren Annahmen und Meinungen gefangen. Kehren wir zur Physik des Bewußtseins zurück und dazu, wie das Gehirn funktioniert: Wir stellen uns vor, das Gehirn ist ein sich selbst organisierendes System, es nimmt seine Daten und formt daraus ein entsprechendes Bild. Das Gehirn verfährt so ständig mit der aufgenommenen Information, und wir machen es ebenso mit komplexeren Informationen über die Natur, über unsere Mitmenschen, über Erfahrungen, Werte und Moral. Wir wollen ein logisches Weltbild entwickeln, und das Gehirn macht das auch. Es kann gar nicht anders, wie Wasser in einem Strom nicht anders kann, als den Wasserfall herabstürzen – da es ein selbstangetriebenes, sich selbst organisierendes System ist.

Das Gehirn ist ein sich selbst organisierendes System.

Das Phantastische an einem guten Dialog ist, daß er deutlich macht, was unser Weltbild ist. Es ist so, als schaue man in einen Spiegel und könne dabei in seinen eigenen Kopf sehen. Man denkt plötzlich: »Mein Gott, das habe ich gedacht – hatte ich solche Vorurteile – mein Gott, das ist mir nie aufgefallen (zum Beispiel, daß ich antisemitisch bin).«

Das wird im Dialog deutlich. Es fallen Ihnen plötzlich die unterschiedlichsten Meinungen auf. Wenn Sie sich über Ihre Meinungen im klaren sind, die Sie nicht mögen, dann ändert das schon viel, denn das ist ein wichtiger Schritt auf dem Weg dahin, daß diese Meinungen ihre Macht über Sie verlieren. Sie beginnen, ein neues Weltbild aufzubauen. So können Sie buchstäblich als eine veränderte, neue Person aus einem Dialog hervorgehen.

Als eine veränderte, neue Person aus einem Dialog hervorgehen

Es kann manchmal Wochen dauern, bis sich nach so einem Dialog der »aufgewirbelte Staub« gelegt hat und ein logisches, konsistentes Weltbild neu entsteht. Es kann sein, daß Sie für einige Zeit aufgewühlt sind. Einige Menschen werden durch einen Dialog verunsichert. Es ist eine verwirrende Erfahrung, aber andererseits auch befriedigend.

Welche Regeln waren für Sie im Dialogprozeß wichtig?

Zohar: Wenn ich an die Gruppe in Athen denke, an der ich zum erstenmal teilnahm, so würde ich sagen, daß es eine Grundbedingung ist, daß Sie entschlossen sein müssen durchzuhalten. Ich weiß, daß es vielen anderen ging wie mir, weil wir uns hinterher darüber unterhielten. An den ersten ein, zwei Tagen dachte ich: »Oh Gott, hier kann ich nicht bleiben. Ich halte das nicht aus, diesen selbstherrlichen Menschen zuzuhören, die da auf mich einreden – und keiner hört dem anderen zu.« Das war wie eine sich ernsthaft dünkende politische Radiosendung.

Ich denke dies, und ich denke das … und es ist einfach langweilig. Ich suchte alle möglichen Entschuldigungen, die ich vorbringen könnte, um aus diesem Raum herauszukommen und mir die griechischen Inseln mit meinen Kindern anzuschauen. Andere berichteten auch davon, daß ihre ersten Erfahrungen mit dem Dialog frustrierend und langweilig waren. Also muß es eine Form von Übereinkunft geben, so daß man dort bleibt. In Athen hieß es einfach: Also sehen Sie, dies müssen Sie mitmachen. Es gibt keine Entschuldigungen, niemand kommt hier heraus, es sei denn auf einer Bahre ins örtliche Krankenhaus. Es gibt keine Ausrede, seine Gruppe zu verlassen. Es muß etwas geben – entweder eine Vorschrift oder einen inneren Vorsatz –, etwas, das Sie dazu bringt, während dieses anfänglichen Prozesses von Frustration und Langeweile dort auszuharren. Es ist ein anstrengender, aber lohnender Prozeß. Natürlich sollten Sie aufgeschlossen dorthin gehen, aber nicht jeder kann völlig offen sein, und in gewisser Weise können Sie nicht überprüfen, wie offen Sie sind. Sie können sich vornehmen: »Nun, ich werde dort sehr aufgeschlossen sein.« Aber das ist auch eines der Dinge, die Sie in einer Dialoggruppe entdecken werden, wie wenig aufgeschlossen Sie sind.

Es tut weh, und es tut wahrscheinlich deshalb weh, weil sich tatsächlich physisch etwas im Gehirn ändert. Das Gehirn legt ein neues Muster an und benötigt dafür eine enorme Menge an Energie. Sie bauen sich physisch neu auf – in einem guten Dialog.

Sie bauen sich physisch neu auf.

4 Die zehn Kernfähigkeiten im Dialog

Wir haben fast alle Gesprächssituationen erlebt, in denen Elemente eines »Dialogs« vorhanden waren (gegenseitiger Respekt, Vertrauen, Zuhören und Gehörtwerden). Doch nur wenige Menschen, die wir kennen, sind der Meinung, sie könnten einen Dialog bewußt anwenden oder gar bestimmen, wann er stattfinden soll. Dialogische Erlebnisse wurden von vielen als Glücksfall oder sogar mit dem – gemeinhin für religiöse Anliegen reservierten – Begriff »Gnade« beschrieben.

Der Dialog ist erlernbar.

Es ist das Anliegen dieses Buches und der Sinn des weltweiten Projektes Dialog, den Dialog als Disziplin erlernbar zu machen. Den Dialog wollen wir eben nicht dem Zufall überlassen, und wir wollen nicht warten, bis er »vom Himmel fällt«.

Für uns haben sich eine Reihe von Kerneigenschaften herauskristallisiert, die den Dialog als Disziplin kennzeichnen. Wir gehen auf die zehn für uns wichtigsten Punkte näher ein.

1. Die Haltung eines Lerners verkörpern

In den Zeiten des Wandels werden die Lernenden die Welt erben, während die Belehrten sich wunderbar an eine Erde angepaßt haben, die es nicht mehr gibt.
Erich Hoffer

Unsere kulturelle Konditionierung legt uns nahe, als *Wissende* aufzutreten. Die Haltung eines Lerners dagegen erfordert Offenheit von uns, Anfängergeist und die Bereitschaft, sich einzugestehen, daß ich nichts wirklich weiß. Eine solche Lernerhaltung ermöglicht es uns, genug offenen Raum zu schaffen, um unsere alten Denk- und Verhaltensmuster in Frage zu stellen. Der Zen-Meister *Shunryu Susuki* hat es so formuliert: Im Anfängergeist gibt es viele Möglichkeiten. Im Geist des Experten gibt es wenige.

2. Radikaler Respekt

Respekt heißt für uns, die andere Person in ihrem Wesen als legitim anzu-
erkennen. Diese Anerkennung des anderen kann so weit führen, daß wir
uns vorstellen können, wir würden genau so denken und handeln wie er
– wenn wir genau sein Leben hätten leben müssen, sein Schicksal erfahren
hätten. Respekt ist für uns aktiver als Toleranz. Er hat ein wesentliches
Element der Empathie: Ich akzeptiere nicht nur, wer du bist. Ich versuche
auch, die Welt aus deiner Perspektive zu sehen.

   Der amerikanische Klassiker Longfellow geht so weit zu sagen, daß
wir, wenn wir die verborgene Geschichte unserer Feinde lesen könnten,
in dem Leben eines jeden genug Trauer und Leid fänden, um alle Feindseligkeit beiseite zu legen.

3. Offenheit

Der Dialog braucht Offenheit. Das Neue – neues Verständnis, neue Einsichten, neue Nähe – das im Dialog entstehen kann, braucht einen offenen
Raum. David Bohm schrieb, Offenheit entstehe, wenn zwei oder mehrere Personen bereit seien, sich voreinander von ihren eigenen Überzeugungen zu lösen. Sie seien dann bereit, einander ihre Denkweisen mitzuteilen, und seien offen dafür, ihr Denken vom anderen beeinflussen zu
lassen.

   Wenn die Menschen, die zu einem Dialog kommen, keine Bereitschaft
mitbringen, offen zu sein – offen für neue Ideen, offen für andere Perspektiven, offen dafür, lang gehegte Annahmen in Frage zu stellen –, dann
wird der Dialog in sich zusammenbrechen. Die Offenheit der Beteiligten
bestimmt in großem Maß den Erfolg des Prozesses.

   Wie kann dies erreicht werden? Um mich zu öffnen, muß ich Vertrauen
zu meinen Gesprächspartnern haben, zumindest so viel, daß ich glaube, in
dem Gespräch weder körperlich noch emotional, noch psychisch verletzt
zu werden. In der Atmosphäre von Diskussion oder Disput gibt es diese
Sicherheit nicht. Dort gehen wir stärker in die Polarisation von Angriff
und Verteidigung, versuchen, unsere Positionen auszubauen und als
Überlegene, als Sieger von der Bühne zu gehen.

   Peter Senge bringt es in seinem Buch *Die fünfte Disziplin* auf den
Punkt: Nur echte Offenheit gebe Menschen die Kapazität, mit divergie-
renden Problemen produktiv umzugehen (S. 346).

4. »Sprich von Herzen«

»Sprich von Herzen« – so heißt es in der alten Tradition der Indianer Amerikas als Leitsatz für ihre Zusammenkünfte (»councils«). Die Fortsetzung lautet: »… und fasse Dich kurz!«, denn lange, intellektuelle Wortspielereien können durchaus geeignet sein, ehrliche, »von Herzen« kommende Gefühle und Gedanken zu verschütten oder zu verstecken.

Die Aufforderung, »von Herzen zu sprechen«, soll allerdings nicht dazu verleiten anzunehmen, daß der Kopf oder das Denken keinen Platz im Dialog hat. Im Gegenteil: Das Denken steht sogar im Mittelpunkt unserer Aufmerksamkeit. Nicht die Gedanken, sondern der Prozeß des Denkens – wie wir Bedeutung, das heißt unsere phänomenale Welt, so, wie sie uns gegeben ist, schaffen.

Unsere Erfahrung hat uns gezeigt, daß es in Dialogen immer wieder Menschen gibt, die überwiegend »aus dem Kopf«, das heißt aus dem Intellekt – abstrakt, mit wenig Bezug zu sich selbst – reden, von »man« lieber als von sich. Und ebenso sicher werden dadurch wiederum andere in der Gruppe ungeduldig und artikulieren ihre Schwierigkeit, dem Betreffenden folgen oder gedanklich im Prozeß präsent bleiben zu können. (»Du langweilst mich mit deinen politischen Statements«, ist dann noch schmeichelhaft.)

Von »Herzen« sprechen, das könnte heißen: ich rede von dem, was mir wirklich wichtig ist, was mich wesentlich angeht. Ich rede nicht, nur um mich bemerkbar zu machen oder um rhetorisch zu brillieren, und vor allem nicht, um, im Buberschen Sinne, zu »scheinen«. Ich versuche, den Mut zu fassen, mich wirklich zu zeigen. *Sheldon Kopps* Worte beschreiben den Mut der persönlichen Wahrheit im dialogischen Sinne:

»Zeige ich mich offen, ohne mich darum zu sorgen, wie der andere darauf reagiert, werden einige sich angesprochen fühlen, andere nicht. Aber wer wird mich lieben, wenn keiner mich kennt? Ich muß es wagen oder allein leben. Es genügt schon, daß ich allein sterben muß. Wie groß das Risiko auch ist, ich bin entschlossen, die Maske fallenzulassen, wenn das bedeutet, daß ich vielleicht alles bekomme, was für mich da ist.« (Sheldon B. Kopp, *Triffst du Buddha unterwegs…*, Psychotherapie und Selbsterfahrung, Frankfurt a. M.: Fischer Taschenbuch Verlag 1984, S. 27 f.)

5. Zuhören

Wenn ich mit dem Herzen höre, werde ich den Sinn entdecken.
Wie das Auge das Licht wahrnimmt und das Ohr den Klang,
ist das Herz das Organ für den Sinn.
David Steindl-Rast

Es ist eine grundlegende Erfahrung, von einer anderen Person vorbehaltlos gehört zu werden. Sie gleicht einer Einladung in ein weites, generatives »Feld«, in dem wir uns selbst dabei entdecken können, wie wir mit einem Ausmaß von Einsicht, Kreativität, Frische und Tiefe sprechen, von dem wir nicht einmal wußten, daß wir es besaßen. Die Auswirkung des Dialogs wird um ein Vielfaches verstärkt, wenn die Teilnehmenden einander mit offenen Herzen und offengelegter Bewertung zuhören. Dies wird im Gegenzug Offenheit und Vertrauen stärken, weil die Sprechenden erfahren, daß sie keine Energie dafür aufwenden müssen, ihre Zuhörer auf versteckte Hinweise des Mißbehagens oder Urteilens hin zu beobachten.

Mitfühlendes Zuhören ist also aktiv. Wenn ich, als Zuhörer, aktiv zuhöre, lerne ich wahrzunehmen, welche reflexartigen Urteile und Annahmen durch das Gehörte hervorgerufen werden. Indem ich wahrnehme, wie ich alte, ausgetretene Wege vorgefertigter Gedanken gehe, um einen Sinn in das Gehörte zu bringen, verändert sich mein Prozeß des Antwortens auf natürliche Weise, ohne die Notwendigkeit, mich *selbst in Frage zu stellen* oder bewußt den Entschluß zu fassen, kritische Einstellungen zu verändern.

Empathisches Zuhören bedeutet, auch zwischen den Zeilen, zwischen den Worten auf die tiefere Bedeutung meines Gesprächspartners zu horchen. Zuzuhören kann, wie *B.C.J. Lievegoed* beschreibt, überraschende Kreativität freisetzen:

»... eine echte Lebensfunktion! Zuhören bedeutet, daß man so zuhört, daß der andere Mensch Dinge aussprechen kann, die er sonst nicht ausgesprochen hätte oder nicht hätte aussprechen können. Man kann vor einem gewissen Publikum Dinge aussprechen in einem Vortrag, die man vorher – vor ein paar Minuten noch – nicht gewußt hat. Mir ist das sehr gründlich widerfahren, meine wichtigsten Erkenntnisse sind entstanden einfach in einem Gespräch, einem Gruppengespräch oder in einem Vortrag, wo plötzlich mehr durch das Zuhören der anderen eine Sache sich abrundet und man zu seinem eigenen Erstaunen den Schluß zieht, daß man sagt: das muß ich schnell aufschreiben, damit ich es nicht vergesse.« (B.C.J. Lievegoed, *Soziale Gestaltung am Beispiel heilpädagogischer Einrichtungen*, Frankfurt a. M.: Info 3-Verlag 1990, S. 31)

Der Romancier und Märchenerzähler Michael Ende hat die verändernde Kraft des Zuhörens in seiner Figur Momo brillant herausgearbeitet:

»So kam es, daß Momo sehr viel Besuch hatte. Man sah fast immer jemand bei ihr sitzen, der angelegentlich mit ihr redete. Und wer sie brauchte und nicht kommen konnte, der schickte nach ihr, um sie zu holen. Und wer noch nicht gemerkt hatte, daß er sie brauchte, zu dem sagten die anderen: ›Geh doch zu Momo!‹ [...]

Aber warum? War Momo so unglaublich klug, daß sie jedem Menschen einen guten Rat geben konnte? Fand sie immer die richtigen Worte, wenn jemand Trost brauchte? Konnte sie weise und gerechte Urteile fällen? [...]

Nichts von alledem.

Was die kleine Momo konnte wie kein anderer, das war: Zuhören. Das ist doch nichts besonderes, wird nun vielleicht mancher Leser sagen, zuhören kann doch jeder.

Aber das ist ein Irrtum. Wirklich zuhören können nur ganz wenige Menschen. Und so wie Momo sich aufs Zuhören verstand, war es ganz und gar einmalig.

Momo konnte so zuhören, daß dummen Leuten plötzlich sehr gescheite Gedanken kamen. Nicht etwa, weil sie etwas sagte oder fragte, was den anderen auf solche Gedanken brachte, nein, sie saß nur da und hörte einfach zu, mit aller Aufmerksamkeit und aller Anteilnahme. Dabei schaute sie den anderen mit ihren großen, dunklen Augen an, und der Betreffende fühlte, wie in ihm auf einmal Gedanken auftauchten, von denen er nie geahnt hatte, daß sie in ihm steckten.

Sie konnte so zuhören, daß ratlose oder unentschlossene Leute auf einmal ganz genau wußten, was sie wollten. Oder daß Schüchterne sich plötzlich frei und mutig fühlten. Oder daß Unglückliche und Bedrückte zuversichtlich und froh wurden. Und wenn jemand meinte, sein Leben sei ganz verfehlt und bedeutungslos und er selbst nur irgendeiner unter Millionen, einer, auf den es überhaupt nicht ankommt und der ebenso schnell ersetzt werden kann, wie ein kaputter Topf – und er ging hin und erzählte alles das der kleinen Momo, dann wurde ihm, noch während er redete, auf geheimnisvolle Weise klar, daß er sich gründlich irrte, daß es ihn, genauso wie er war, unter allen Menschen nur ein einziges Mal gab und daß er deshalb auf seine besondere Weise für die Welt wichtig war.

So konnte Momo zuhören!« (Michael Ende, *Momo*, S. 14–16, © 1973 by K. Thienemanns Verlag, Stuttgart–Wien–Bern)

Im Dialog versuchen wir, über die verändernde Kraft des Zuhörens hinaus, uns dabei zu beobachten, wie wir das Gehörte in Schubladen einordnen. Kann ich versuchen, mich dabei von der metakognitiven Ebene her zu betrachten? Und dann dem Unbekannten, Neuen gegenüber offen zu sein?

Genauso wichtig, wie dem anderen zuzuhören, ist es, vom anderen wirklich *gehört zu werden* – denn das heißt so viel wie: geachtet und anerkannt zu werden. Wir haben die Erfahrung machen können, daß der Dialog für viele Menschen sogar in einem therapeutischen Sinn eine Art innere Heilung bedeuten kann. Wenn sie nach langem Suchen einen Ort finden, an dem sie das Gefühl haben, sie würden gehört – sichtbar im Sinne von anerkannt –, dann ist der Raum eines Dialogs für solche Menschen ein Erlebnis der Heimkehr: »*Ich gehöre hierher.*« (Vgl. die Berichte von Annie Mc Donough und Kathleen Hayes im 8. Kap.)

Dieses Gehörtwerden bildet einen wesentlichen Bestandteil der Atmosphäre des Respekts und der Offenheit, die einen Dialog charakterisieren. Eine Teilnehmerin faßte ihr Empfinden in die Worte: »Ich hatte zum erstenmal das Gefühl, ich muß keine *Rolle* spielen, sondern kann mich so geben, wie ich bin.«

6. Verlangsamung

Wir leben in einer Kultur, in der Geschwindigkeit und Effizienz herausragende Bedeutung erlangt haben; doch Computer, Fax, Modems und virtuelle Sofort-Dienstleistungen haben in vielen Fällen die bedrückende Dichte und Gedrängtheit unseres Lebens verstärkt. Der Dialog kann im Gegensatz dazu den Prozeß unserer Kommunikation verlangsamen und uns dadurch die Möglichkeit geben, wieder einen anderen Rhythmus zu entwickeln.

Es liegt schon in der Natur des Dialogs, in dem Menschen einer nach dem anderen und nicht alle durcheinander sprechen, den Kommunikationsprozeß zu verlangsamen. Doch hat auch jede(r) Teilnehmende das Recht, den Dialog zusätzlich zu verlangsamen, sich zum Sprechen so

»*Die Hasenschlinge benötigt man zum Fangen des Hasen. Wenn du den Hasen gefangen hast, kannst du die Schlinge vergessen. Worte kann man benutzen, um den Sinn zu erfassen. Hast du ihren Sinn verstanden, kannst du die Worte vergessen. Wo finde ich einen Menschen, der die Worte vergessen hat, damit ich mit ihm reden kann?*«

Chuang Tzu

lange Zeit zu lassen, wie er oder sie braucht, sich Zeit zum Nachdenken über das Gesagte zu erbitten, nach Punkten zu fragen, die der Klärung oder Erklärung bedürfen, einen *Redestein* zu benutzen oder eine *Klangschale* einzusetzen, um sich Raum zu schaffen. Statt von der Annahme auszugehen, daß schneller besser ist, verlangsamt der Dialog die Handlung, um das Verständnis und die Wirksamkeit zu erhöhen.

Wenn wir das Denken beobachten wollen, müssen wir versuchen, es zu verlangsamen. Es ist ein wichtiger Aspekt des Dialogs, zu erkennen, wann wir was aus dem Gedachten, aus dem alten »Wissens«vorrat heraus, blitzschnell abrufen, welche Impulse in uns hochkommen, und dies zu thematisieren. Ohne diesen Verlangsamungsprozeß sind wir kaum in der Lage, die Bedeutung des Gedachten und seine Wirkung im Kontext unseres Verhaltens aufzuspüren. Und es ist ja ein wesentliches Ziel im Dialog, unabhängig zu werden von den dominierenden Programmen und sich kreativer neuen Aspekten der Welt öffnen zu können.

7. Annahmen und Bewertungen »suspendieren«

> *Wann auch immer Sie jemanden über kulturelle oder gar menschliche Probleme reden hören, sollten Sie nie vergessen sich zu fragen, wer dieser Sprecher wirklich ist. Je genereller das Problem, das jemand aufwirft, desto mehr von seinen eigenen persönlichen Bewertungen schmuggelt er hinein.*
>
> C.G. Jung

> *Wenn du
> zu verstehen beginnst,
> was du bist,
> ohne zu versuchen,
> etwas zu ändern,
> veränderst du dich
> bereits.*
>
> J. Krishnamurti

Sehr viele von unseren Verhaltensmustern sind schon frühkindlich »programmiert« worden. Das heißt, die gegenwärtige Welt wird interpretiert durch ein Muster aus alten, vielleicht *veralteten* Daten. Sie gehören zu unseren »Selbstverständlichkeiten«, ähnlich wie die psychophysiologischen Koordinationen bei unseren Bewegungsabläufen. Gewöhnlich ist dies sehr praktisch und erleichtert unser Leben außerordentlich, wie wir schnell erkennen können, wenn es zu Störungen der Muskelkoordination kommt. Das »Abspulen« von gewußtem Wissen geht »vollautomatisch« und äußerst schnell. Wir beobachten uns ja in der Regel nicht selbst beim Gehen, Tanzen oder Denken.

Annahmen über die Welt sind notwendig und nützlich, sie ermöglichen es uns, zu handeln und unsere Handlungen mit anderen abzustimmen. Wenn wir jedoch die Tatsache aus den Augen verlieren, daß unsere Annahmen subjektive Interpretationsfolien von Situationen, Ereignissen und dem Universum als Ganzem sind, werden sie problematisch. Unsere individuell unterschiedlichen Glaubenssätze, Interpretationen und Annahmen liefern den Zündstoff für endlose Mißverständnisse und Konflikte. Aus diesem Grunde schlug Bohm vor, wir sollten im Dialog üben, unsere Annahmen offenzulegen und sie zu suspendieren, in der Schwebe zu halten, sozusagen sichtbar zu machen.

Der erste Schritt einer solchen Übung ist die Wahrnehmung dessen, welche Annahmen wir haben. Wenn wir entdecken, was wir denken, können wir damit anfangen, unsere Annahmen mit der Einstellung leichter zu nehmen: »*Das ist es, was ich denke, aber ich könnte mich irren. Ich bin bereit, meine Gedanken weiter zu hinterfragen und zu überprüfen, ob sie entweder bestätigt werden oder nicht.*«

Es fällt uns im Alltag kaum auf, wie selbstverständlich die »Brille« ist, die unsere Wahrnehmung prägt und begrenzt, weil uns diese Art des Wahrnehmens während unseres Lebens, unserer Sozialisation, gewissermaßen in »Fleisch und Blut« übergegangen ist. Schnelle *Bewertungen*, schnelles Abschätzen und Einordnen schaffen uns vermeintliche Sicherheiten. Erst wenn wir begreifen, wie abhängig wir uns davon gemacht haben, sind wir in der Lage, neu zu denken und unsere alten Muster und Denkfallen aufzulösen.

Ständig setzen wir uns in Beziehung zu unserer Umwelt. Bewerten unablässig – ist das besser/schlechter als …, größer/kleiner …, sieht er/sie schöner aus als …?

Was ist gefährlicher als …? Fährt jener schneller/langsamer als …? Ist das billiger/teurer als …? Wie wirke ich …? Eine unablässige Folge von Tausenden von Bewertungsschritten begleitet uns am Tag. Wir entscheiden bewußt oder unbewußt in einem unendlichen Datenstrom, wählen aus, konstruieren eine für uns bedeutsame Interpretation von »Wirklichkeit« und merken kaum, daß sie unsere eigene, einmalige Konstruktion ist. Unsere Entscheidungen, Handlungen werden bestimmt von den Weltbildern und persönlichen Bewertungen, die hinter den scheinbar objektiven Fakten stehen.

Ein zentrales Ziel im Dialog ist es, diese automatisierten Kettenreaktionen, entstehend aus unseren unbewußt gespeicherten Mustern, abzubrechen – durch Verlangsamung und geübte Achtsamkeit. Dann kann ein natürlicher Wandlungsprozeß entstehen, und frischer Wind durch neue *Einsichten* anstatt schon »Gedachtes« kommt auf.

Sobald dir ein Gedanke einfällt – lach darüber.
Lao Tzu

Der Mensch existiert durch seinen Glauben. Sobald er glaubt, existiert er.
Bhagavad Gita

Die »Leiter der Schlußfolgerungen«

Der Geist des Abstrahierens nährt das totalitäre System.
Gabriel Marcel

1. Stufe: Wahrnehmung von Fakten, Auswahl von Daten

2. Stufe: Interpretation des Beobachteten

3. Stufe: Hinzufügen von Bedeutung

Das Bild der »*Leiter der Schlußfolgerungen*« kann uns helfen, in einer plastischen Art und Weise nachzuvollziehen, wie unser Denken zu Abstraktionssprüngen und Vorurteilen kommt. Ihre Brauchbarkeit liegt nicht darin, daß sie die äußere Wirklichkeit exakt widerspiegelt, sondern darin, deren Entstehung in unserem Kopf zu erläutern.

Die imaginäre Leiter, die wir uns vorstellen, hat fünf Sprossen oder Stufen. Auf der *ersten Stufe* wählen wir beobachtbare Daten aus. Sie sind insofern »real«, als sie unter unseren biologischen oder kulturellen Bedingungen für alle als unbestreitbar gelten. Diese Daten sind also eher Beobachtungen als Bewertungen: sie sind »Fakten«, die von jedem wahrgenommen werden können – wie etwa ein Foto sie festhält, ein Tonband oder ein Videorecorder.

Stellen Sie sich zum Beispiel folgende Szene auf einem Foto vor, das in Großbritannien wohlbekannt ist:*

Zwei Männer rennen in gleicher Richtung um eine Straßenecke. Der Mann links hat eine helle Hautfarbe; er trägt eine dunkle Uniform und hat einen Helm mit einem Abzeichen auf dem Kopf. Rechts, einige Schritte vor ihm, läuft ein Schwarzer in Zivil. Wer dieses Foto sieht, wird akzeptieren können, daß diese Fakten korrekt wiedergegeben sind.

Die *nächste Stufe* der Leiter der Schlußfolgerungen entspricht einer Interpretation. Auf dieser Ebene entwickeln wir eine Hypothese (Annahme) über das, was sich aufgrund dieser beobachtbaren Daten ereignet haben könnte. Auf dem Foto sehen wir offenbar, daß der Weiße ein Polizist ist und der Schwarze offenbar nicht. An diesem Punkt schließen wir leicht, daß die beiden Menschen auf verschiedenen Seiten stehen. Wir könnten also denken, daß der Polizist den schwarzen Mann verfolgt.

Auf der *dritten Stufe* fügen wir dem Foto aus unseren Erfahrungen etwas hinzu und versuchen zu interpretieren, mit welcher Situation wir konfrontiert sind. Auf dieser Stufe konstruieren wir eine Fragestellung über die Bedeutung der Szene aus den Beziehungen, die wir in das Bild hineingedacht haben. Hier entwickeln wir Meinungen auf der Basis der Annahmen, die wir auf der zweiten Stufe gemacht haben. Diese können für verschiedene Menschen, die das gleiche Foto betrachten, sehr unter-

---

* Das folgende Beispiel zur Erläuterung der Leiter der Schlußfolgerungen stammt aus Fred Kofmans Artikel »The Ladder of Inference« in dem Reader *Essays in Transformational Learning.*

schiedlich sein, je nach ihren Erfahrungen, der politischen Einstellung, sozialen Faktoren und anderen Hintergründen, entwickelt nach dem sehr subjektiven persönlichen mentalen Modell.

Angesichts des Fotos könnte jemand zu der Bewertung kommen: »Der Schwarze ist wahrscheinlich ein Krimineller. Ich hoffe, daß der Polizist ihn einfängt und einsperrt«. Ein anderer könnte zu der Meinung kommen: »Dies ist sicher wieder einmal ein Beispiel für die Brutalität der Polizei.« Oder: »Der Schwarze wird typischerweise von einem weißen Polizisten verfolgt.« Es sind nahezu unbegrenzt Beifügungen und Interpretationen möglich, wenn wir erst einmal diese Stufe der Leiter erreicht haben.

Auf der *vierten Stufe* ziehen wir Schlüsse aus unseren Bewertungen über die Art und Weise, wie das Problem, das wir in unserem Kopf entwickelt haben, zu lösen ist.

4. Stufe: Schlußfolgerungen

Wenn ein besorgter Bürger das Bild betrachtet, könnte er zu der Ansicht kommen, daß mehr Polizei auf den Straßen eingesetzt werde sollte, oder er schreibt einen Leserbrief, in dem er mehr Gefängnisse fordert und strengere Bestrafungen. Auf der anderen Seite könnte es Menschen geben, die sich vielleicht für weniger Brutalität durch die Polizei einsetzen wollen, eben abhängig davon, was für Annahmen auf der ersten Stufe der Leiter bereits entwickelt worden sind.

Auf der *obersten Stufe* der Leiter handeln wir. Wir haben in unserem Kopf ein Bild entwickelt, das wir für eine plausible Wiedergabe der Realität halten und handeln entsprechend den Schlußfolgerungen, die wir entwickelt haben. Aus dieser Haltung schreiben wir den Brief an die Zeitung, in dem wir mehr Polizei auf den Straßen fordern, oder wir organisieren einen Protestmarsch gegen Polizeibrutalität; wir verlegen unseren Wohnort aus der City in die Vorstädte; wir empfehlen unseren Kindern, nicht mehr mit den schwarzen Nachbarn zu spielen, oder unseren schwarzen Bekannten, die Weißen zu meiden.

5. Stufe: Handeln

Alles hat seinen Ursprung in einem einzigen Foto. Aber was wissen wir wirklich über die Szene, die abgebildet ist? Nur, daß ein weißer Mann, der in etwas gekleidet ist, das wie eine Uniform aussieht, sich in einigen Schritten Abstand hinter einem schwarzen Mann in Zivil befindet. Tatsächlich sind beide Männer Beamte der London Metropol Police (Scotland Yard), und beide zusammen verfolgen nach einer Straftat eine dritte Person, die sich außerhalb des Bildes befindet. Scotland Yard benutzte dieses Foto für ein Plakat einer Werbekampagne, die schwarze Polizeibewerber gewinnen sollte. Scotland Yard rechnete damit, daß viele Betrach-

ANOTHER EXAMPLE (

OR ANOTHER EXAMPL

Do you see a policeman chasing a criminal? Or a policeman ha
both times. It's two police officers, one in plain clothes, chasing
tion of why we are looking for more recruits from ethnic minoriti

POLICE PREJUDICE?
OF YOURS?

ng an innocent person? Wrong
ird party. And it's a good illustra-

hotograph by Don McCullin

PREJUDICE, from the Latin *pre-judicare*, means to pre-judge. To make up our minds before we've examined the facts. White, black, brown – we all do it.

You've just done it yourself. And if you think it was unfair of us not to give you the whole picture – not to show you the men the two policemen were chasing – remember that in reality you rarely get more than a fleeting glimpse of an incident.

Yet if you're a police officer you have to act instantly.

This is why it's so important to keep an open mind. Particularly in sensitive situations. Especially where issues of race are involved.

In the Metropolitan Police we are opposed to all forms of prejudice, be it racist, sexist, anti-black or anti-white.

Unfortunately, as the following story demonstrates, we don't always live up to our own ideals.

A police constable came across a young black man waiting in a car outside a house in a well-to-do neighbourhood.

The following conversation then took place: ▶▶

ter dieses Foto nicht korrekt interpretieren würden, und entschied sich für das »offensichtlich« herausfordernde Bild. Dieses Poster wurde überall in Großbritannien verbreitet mit der Schlagzeile: »Ein weiteres Beispiel für ein Vorurteil der Polizei? Oder ein Beispiel für Ihre Vorurteile?«

Welche Daten wählen wir aus?

Dieses Beispiel illustriert, wie bereits die Wahrnehmung auf der ersten Stufe der Leiter alle folgenden beeinflußt. Wenn das Foto die dritte Person gezeigt hätte, könnten wir andere Annahmen über die Szene entwickeln. Wie wir die Daten auswählen – was wir weglassen, und genauso, was wir hinzufügen –, hat eine enorme Bedeutung dafür, wie wir ein Ereignis oder Umstände bewerten und wie wir im Endeffekt handeln.

Der Sprung von der untersten zur obersten Sprosse kann manchmal sehr schnell ablaufen. Es reicht ein kurzer Blick auf das Polizeifoto – wir schlußfolgern und handeln. Die Geschwindigkeit, mit der wir die Leiter erklimmen, ist so groß, daß ein Händeschütteln oder ein Blick auf die Person, die gerade zur Tür hereinschaut, ausreicht, um sich ganz oben wiederzufinden.

Wenn wir die *Leiter der Schlußfolgerungen* hochklettern, werden die mittleren Sprossen nicht immer ausdrücklich genutzt. Nur die ersten Stufen (die Ebene der beobachtbaren Daten) und die letzte (die Handlungen, die wir aus unserem Sprung ableiten) sind offensichtlich. Die Zwischenstufen entsprechen einem inneren Prozeß der Bewertungsentwicklung auf der Basis vorhergehender Annahmen und sind für andere unsichtbar. Mit jedem Schritt und jeder Stufe wird dieser Prozeß abstrakter.

Wir können die Sprossen der Leiter als Sprünge verstehen:

Von Daten, Fakten
zu Annahmen,
über Meinungen und Bewertungen
und Schlüsse
zu Handlungen.

Worüber würden die Menschen nachdenken, wenn ihnen nicht beigebracht würde, worüber sie nachdenken sollten?
Arthur Morgan

Symbolisieren die Sprossen abstrahierende Entwicklungsschritte, können wir die Seitenteile der Leiter als Grenzes unseres Weltbildes sehen. Die Grenzen unseres mentalen Modells halten die Leiter in unserem Kopf zusammen und machen uns die Weltsicht, die wir entwickelt haben, plausibel.

8. Produktives Plädieren

Für den Dialog spielt das *produktive Plädieren* eine zentrale Rolle, denn es ermöglicht gegenseitiges Lernen und Verstehen.

Ich mag vom Recht einer Frau überzeugt sein, sich für eine Abtreibung zu entscheiden, *und* ich kann gewillt sein, meine Einstellung zu überprüfen, indem ich anderen, gegensätzlichen Meinungen zuhöre. Ich kann sehr engagiert und dennoch bereit sein, die Annahmen zu hinterfragen, die meinem eigenen Standpunkt zugrunde liegen. Dazu gehört zunächst meine Bereitschaft, die eigenen tieferen, versteckten oder unbewußten Annahmen zu entdecken, mir bewußtzumachen und sie zu »suspendieren«. Dann erst kann ich sie anderen Annahmen gegenüberstellen, so daß etwas Neues entstehen kann.

Früher habe ich meine Annahmen vehement verteidigt. Ich gestattete ihnen nicht, sich mit dem »Feind«, ihrem Gegenteil, abzugeben. Im Dialog bemühe ich mich darum, gerade das Gegenteil zu tun. Ich stelle meine Annahmen ihren »Gegnern« gegenüber und schaue mir beide an. Es wird nicht über sie entschieden, nicht abgestimmt, nicht nach Unterstützung gefragt. Meine Ansichten werden lediglich »draußen sein«, neben anderen Glaubenssätzen und Meinungen.

Erstaunlicherweise geschieht es oft, daß meine Ansichten und die der anderen eine Veränderung erfahren, ohne daß jemand dies beabsichtigt hätte. Vielleicht verlasse ich den Dialog lediglich mit einer weniger gefühlsmäßig beladenen Ansicht. Vielleicht fühle ich mich weniger mit einer Position verhaftet, offener. Ich kann reflektierter, häufig bescheidener, ja demütiger und mitfühlender in Beziehung zu anderen und zu mir selbst treten.

> *Was immer du zu sagen hast, laß die Wurzeln dran, laß sie hängen. Mitsamt der Erde, um klarzumachen, woher sie kommen.*
>
> Charles Olson

Stufen des produktiven Plädierens

- Lege deine Annahmen und Vorurteile offen. Sei dir klar darüber, daß die Bewertungen, Schlüsse und Hinzufügungen aus deiner Sichtweise stammen.
- Wenn du Zweifel an deinen Beobachtungen oder Schlüssen hast, teile sie den anderen mit.
- Wenn du einen Sachverhalt darstellst, ist es hilfreich, wenn du konkrete Beobachtungen zur Unterstützung deiner Argumentation hast. Wenn du Bewertungen vornimmst, zeige deutlich, woher sie stammen. Beteilige die anderen an deinem Denk*prozeß*, anstatt sie ausschließlich mit deinen »Denk*produkten*« zu konfrontieren.
- Ermutige die anderen, deine Sichtweise kennenzulernen und zu über-

*Denk*prozeß *statt* Denk*produkte*

prüfen: »Hast du etwas anderes gesehen? Siehst du Lücken in meiner Begründung? Bewertest du den Sachverhalt anders?«
- Denke daran, daß sowohl du selbst als auch andere völlig falsch liegen können.

Mentale Modelle: Tief verankerte Annahmen, Verallgemeinerungen, Bilder, Vorstellungen oder Geschichten, die unser Verständnis der Welt prägen und Einfluß darauf nehmen, wie wir handeln.

Die wesentliche Botschaft eines produktiven Plädierens liegt in folgender Haltung: »Ich kann die Situation nur aus meiner Perspektive sehen, die begrenzt ist durch meine Filter und mein ›mentales Modell‹. Ich glaube nicht, daß meine Sichtweise die einzig mögliche ist, um das zu erklären, was los ist. Ich lade euch ein, teilzuhaben an meinen Beobachtungen, Gedanken und Interessen, und möchte eure mit berücksichtigen. Gemeinsam werden wir sicher ein Bild über die Situation gewinnen, das vollständiger ist als das, zu dem ich allein in der Lage wäre.«

Das Plädieren kommt in einem strategischen Dialog häufiger vor als in einem generativen Dialog, aber es kann in beiden Formen »produktiv« gemacht werden – produktiv nicht im Sinne des Beschleunigens einer Entscheidung, sondern zur Vertiefung des Dialogprozesses. Der Prozeß gewinnt durch dieses konkrete Vorgehen, und das kann zu tieferem Verständnis führen.

9. Eine erkundende Haltung üben

Viele erleben im Dialog, wie wichtig es sein kann, eine einfache, aufrichtige Frage zu stellen. Wir sind offenbar nicht gewohnt, solche Fragen häufiger zu stellen, was mit daran liegen mag, daß in unserer Kultur sehr viel Wert auf »Wissen« gelegt wird und Fragen als Zeichen von Dummheit oder schlechten Manieren gelten könnte.

Die einfache Aussage: »Ich weiß nicht – aber ich möchte gern etwas darüber erfahren« – in einer Haltung von Neugierde, Achtsamkeit und Bescheidenheit, ja Demut –, kann optimale Lernmöglichkeiten eröffnen. Dies steht im starken Kontrast zu künstlichen, rhetorischen Fragen, die eher Feindseligkeit verbergen sollen oder aber oberflächlich verschleierte Behauptungen. Und die eher der Suche nach Möglichkeiten eines schnellen Einverständnisses dienen, statt der Suche nach dem wirklichen Verständnis oder neuen Informationen.

Wenn ich im Dialog in der Lage bin, meine Rolle als Wissender aufzugeben für das Interesse an dem, was anders ist, als ich es bereits kenne, kann ich »unschuldige« Fragen stellen, aus dem Bedürfnis, etwas wirklich zu verstehen.

Eine unschuldige Frage: Parzivals Dilemma

In dem siebenhundert Jahre alten Klassiker »Parzival« von *Wolfram von Eschenbach* wird auch dargestellt, wie es immer wieder dazu kommt, daß echte Fragen so selten gestellt werden. Ob Parzival Gralkönig wird, hängt davon ab, daß er zur rechten Zeit eine einfache Frage stellt.

Parzivals Mentor Gurnemanz erzog den jungen Ritter in dem höfischen Geist, den viele Eltern über Jahrhunderte gepredigt haben: »Frag nicht so viel!« So beherzigte Parzival – wie manche von uns vielleicht heute noch – den damals gültigen Verhaltenskodex und lernte seine Lektionen. Sein »höfliches« Benehmen verhinderte fast, daß er Gralkönig wurde. Nach vielen Abenteuern, die er als Ritter bestehen mußte, fand Parzival schließlich den Weg zur Gralsburg, die von dem schwer kranken König Anfortas regiert wurde.

Als Parzival die Gralsburg betrat, schienen dort alle auf irgend etwas sehr Wichtiges zu warten. Der schwer verwundete, leidende König wurde auf einer Bahre hineingetragen, und Parzival wagte aus Höflichkeit nicht, ihn anzusprechen.

Am folgenden Morgen erwachte Parzival und fand das Schloß verlassen vor, nur ein Wachposten war noch dort, der ihn verfluchte, weil er seine Chance vertan hatte.

Parzival wurde in den folgenden Jahren ein angesehener Ritter, aber er blieb beständig auf der Suche nach seiner eigentlichen Erfüllung. Schließlich fand er noch einmal den Weg zur Gralsburg und wurde dort wieder mit freudiger Erwartung empfangen. Als er auf den Gralkönig Anfortas traf, den Parzival dieses Mal als seinen Onkel erkannte, ließ er sein Herz anstelle seiner guten Erziehung sprechen. Er beugte sich zu dem offenbar leidenden König herab und fragte ganz einfach: »Oheim, was fehlt dir?«

Diese echte, mitfühlende Frage heilte seinen Onkel und ermöglichte es Parzival, seiner Bestimmung gemäß König des Heiligen Gral zu werden.

10. Den Beobachter beobachten

*Zeichen für hervor-
ragende Intelligenz ist
es, gleichzeitig zwei
gegensätzliche Ideen im
Kopf zu haben und
trotzdem klar denken zu
können.*

F. Scott Fitzgerald

Es ist Zweck und Ziel des Dialogs, Denkprozesse so zu verlangsamen, daß sie im gemeinsamen Gedankenraum beobachtet werden können. Diesen inneren Beobachter zu entwickeln ist eine unserer zentralen Aufgaben im Dialog. Eine bewußte Betrachtung körperlicher Reaktionen, zum Beispiel bei Entspannungsübungen, fällt uns im allgemeinen leichter, als die Wege unserer Gedanken zu beobachten oder gar deren Irrwege aufzuspüren. Wir sind uns selten bewußt, daß unsere Haltung zu einem anderen Menschen beispielsweise davon bestimmt sein kann, welche Gefühle und Bilder seine Stimme bei uns auslöst, die aus dem Zusammentreffen mit völlig anderen Menschen und aus anderen Erfahrungen bei uns verankert worden sind. Gewöhnlich gehen wir davon aus, daß unsere Reaktion sich direkt aus dem konkreten Verhalten des Gegenüber ableitet. Selten machen wir uns die möglichen Widersprüchlichkeiten bewußt.

*Erleuchtung, der Platz
bedingungsloser Liebe,
kann nicht erlangt
werden, wenn man sich
nicht mit Paradoxien und
Verwirrung anfreundet.*

Ralph Walker

Es geht im Dialog darum, Überzeugungen und Haltungen auf den Grund zu gehen, die unterschwellig unsere Interaktionen und Handlungen bestimmen. Die geheimen Schlüssel für Erfolge und Störungen in der Kommunikation sollen offengelegt werden, um zu erkennen, warum häufig bestimmte Meinungen wider alle Vernunft beharrlich verteidigt werden und kreative Lösungen im Ansatz erstickt werden. Unser Verhaftetsein mit unserer Überzeugung ist oft so stark, daß wir uns existenziell angegriffen fühlen, wenn unsere Meinung in Frage gestellt wird.

Beobachten, wie wir aufeinander reagieren – möglicherweise mit Urteilen, Kritik, Zorn, Furcht und automatisierten Reflex-Reaktionen –, kann wichtiger sein als die Konzentration auf ein Thema. Der Dialog ermutigt eine solche Wahrnehmung und lädt uns dazu ein, diese Wahrnehmungen unseres Denkens und Fühlens mitzuteilen.

Indem ich wahrnehme, wie ich alte, ausgetretene Wege vorgefertigter Gedanken gehe, um einen Sinn in das Gehörte zu bringen, verändert sich mein Prozeß des Antwortens auf natürliche Weise, ohne die Notwendigkeit, mich herabzusetzen oder den Entschluß zu fassen, kritische Einstellungen zu verändern. Beobachtete Gedanken verändern sich, wie Bohm annahm.

Wenn Menschen diese Disziplin gemeinsam üben, vertieft sich der Gruppenzusammenhalt, und die Teilnehmenden beginnen, eher gemeinsam zu denken, als Einzelideen oder wohlverteidigte Ansichten gegeneinanderzustellen. Unsere Umgebung genauso wahrzunehmen wie die Themen kann ein erster Schritt zur Freiheit von automatischen und destruktiven Reaktionen auf andere sein.

Wenn wir das Denken beobachten wollen, müssen wir es enorm verlangsamen. Es ist ein wichtiger Aspekt des Dialoges zu erkennen, wann wir was aus dem Gedachten, aus dem alten »Wissens«vorrat heraus blitzschnell abrufen, welche Impulse in uns hochkommen, und dies zu beobachten. Ohne diesen Verlangsamungsprozeß werden wir kaum in der Lage sein, die Bedeutung des Gedachten und seine Wirkung im Kontext unseres Verhaltens aufzuspüren. Und es ist ja ein wesentliches Ziel im Dialog, unabhängig zu werden von den eingefleischten Programmen und sich neuen Aspekten der Welt kreativer öffnen zu können.

Durch Verlangsamen und Beobachten die Bedeutung des Gedachten aufspüren

Diese Öffnungsmöglichkeit, die sich sonst als Chance häufig nur in persönlichen Krisen ergibt, ist auch im Dialogprozeß enthalten. Er schafft den Raum zur Beobachtung des individuellen und kollektiven Denkens und Verhaltens.

5 Der Dialogprozeß

Dialoge werden mit verschiedenen Zielsetzungen geführt. Zum einen kann der Dialog ein Prozeß zur Erkundung unseres Denkens sein, ein Versuch, unsere Wahrnehmung der Welt zu verändern; und eine andere – einfache, aber wirksame – Art des Dialogs kann es sein, so miteinander zu reden, daß wir einander besser verstehen. Der Dialog kann strategisch genutzt werden, um kreativere Arten des Denkens zu entwickeln, wenn wir uns gemeinsam – zielgerichtet – mit einem Thema beschäftigen, und kann als Methode dienen, generell besser zu verstehen, wie wir miteinander reden.

In diesem Kapitel wollen wir verschiedene Arten des Dialogprozesses vorstellen, abhängig von dem Umfeld, in dem der Dialog stattfindet, und von der Gruppe, die einen Dialog führt. Der Dialog im Unternehmen unterscheidet sich von dem Dialog in einem öffentlich ausgeschriebenen Seminar. Aber es gibt einige Kernelemente, die sich in allen Dialogrunden wiederfinden.

Zunächst wollen wir diese Kernelemente vorstellen und anschließend die Dialogformen, mit denen wir Erfahrungen gesammelt haben, sowie Möglichkeiten für praktische Anwendungen aufzeigen.

Der »einfache« Dialog

Zwei wesentliche Elemente finden sich in jedem Dialog – wie wir ihn verstehen – wieder:
- *offenes,* unvoreingenommenes Zuhören,
- *generatives,* erkundendes Sprechen, das aus dem offenen Zuhören entsteht.

Offenes, unvoreingenommenes Zuhören basiert auf verschiedenen *Kernfähigkeiten,* die wir im vorhergehenden Kapitel erläutert haben: auf einer

Lernhaltung, auf *Offenheit* und *Zuhören, Suspendieren* und einer erkundenden Haltung.

Wenn wir wirklich offen sind, sind wir voller Neugier und Lernbereitschaft. Wenn wir offen zuhören, klammern wir uns nicht so sehr an unsere Sicherheiten und Annahmen. Wir können sie leichter in der Schwebe halten und auch die Meinungen anderer respektieren, so daß wir uns selbst gestatten können, das, was wir hören, auf uns wirken zu lassen. Dieses offene, interessierte Zuhören ermöglicht es uns, echte erkundende Fragen zu stellen.

Neugier

Generatives Sprechen basiert auf anderen *Kernfähigkeiten (radikaler Respekt, »von Herzen« zu sprechen* und *produktives Plädieren).* Generatives Sprechen wird durch offenes Zuhören ermöglicht. Wenn wir unseren Gesprächspartnern mit Respekt und Offenheit zuhören, werden wir die Grenzen unseres eigenen *voreingenommenen* Denkens überschreiten können und offener sein für das, was wir gehört haben. Das bedeutet nicht, den eigenen Standpunkt aufzugeben, aber wir werden ihn dann so vertreten können, daß auch die Integrität des Gegenüber gewahrt bleibt.

Diese beiden Kernelemente des Dialogs finden wir auch in spontanen Gesprächssituationen. Wir haben aber die Erfahrung gemacht, daß diese dialogischen Grundqualitäten selten in Gruppen auftauchen, die aus mehr als vier bis sechs Menschen bestehen. Es scheint so, daß in einer größeren Gruppe Dynamiken wirksam sind, die einen spontanen Dialog nur schwer entstehen lassen. Es ist aber durchaus möglich, auch eine größere Menschengruppe (von über 20 Personen) mit dem Geist des Dialogs vertraut zu machen und ihr die Qualität dieser Grundlagen und Kernfähigkeiten deutlich zu machen.

Die folgende Geschichte aus einem unserer Einführungsseminare zeigt, wie das vor sich gehen kann:

Auf zwei verschiedenen Konferenzen haben wir einen 80minütigen Workshop mit dem Titel »Einführung in den Dialog« für 40–50 Personen angeboten. Nach einer kurzen Begrüßung baten wir die Teilnehmer, sich zu Gruppen von jeweils acht Personen zusammenzusetzen. Sie sollten sich vorstellen, daß sie in einer Stadt als Beratungsgremium zusammengerufen worden seien, um über einen tragischen Vorfall zu beraten:

Auf einer Säuglingsstation hatte eine Krankenschwester einem zu früh geborenen Säugling versehentlich eine falsche Medizin gegeben. Das Baby war daraufhin gestorben. Die Anwälte der Krankenschwester, des Krankenhauses und der Eltern des Babys hatten sich hoffnungslos zerstritten. Ein Konfliktberater hatte vorgeschlagen, eine Gruppe von Bürgern hinzuzuziehen, um die Situation von Außenstehenden reflektieren zu lassen.

Diese Gruppe sollten die Seminarteilnehmer jetzt darstellen. Sie erhielten die Aufgabe, kurz über den Fall zu diskutieren. Weitere Instruktionen gab es zunächst nicht. Nach 15 Minuten wurden die Gruppen gebeten, von ihren Erlebnissen zu erzählen. Typischerweise berichteten viele Teilnehmer von Frustrationen über das, was sie in ihren Gruppen erlebt hatten:
- wenig gegenseitiges Zuhören,
- Dominanz von ein oder zwei Anwesenden,
- sehr gegensätzliche Meinungen.

Anschließend an diese kurzen Berichte aus den Gruppen stellten wir die Unterschiede zwischen Dialog, Diskussion und Debatte vor.

Die Wurzeln des Wortes »Dialog« liegen in dem griechischen »dialogos«: dia (durch) und logos (Bedeutung). *Dialog* bedeutet also hier nicht »Zwiegespräch«, sondern: der »Fluß von Bedeutung« (mit und durch das Wort zwischen den Menschen).

Das Wort »Diskussion« hat die gleiche Wurzel wie englisch »percussion« oder gar »concussion« (Gehirnerschütterung). *Diskussion* hat eine enge sprachliche Verwandtschaft mit *Debatte* (lat. »bat(t)uere«, »schlagen, stoßen«, engl. »to beat down«), was so viel bedeutet wie »niederschlagen«. Das einer Diskussion zugrundeliegende Motiv ist nicht, voneinander zu lernen, sondern zu gewinnen.

Nach dieser Unterscheidung zwischen »Dialog« auf der einen, »Diskussion« und »Debatte« auf der anderen Seite führten wir die beiden Kernelemente des Dialogs ein: *offenes Zuhören* und *generatives Sprechen*. Die Aufgabe der Teilnehmer war es dann, in ihre Gruppen zurückzukehren und das begonnene Gespräch im Geist des Dialogs weiterzuführen. Nach weiteren 20 Minuten baten wir die Teilnehmer, aus ihren Gruppen zu berichten. Die Beiträge klangen jetzt völlig anders:
- »Wir haben uns tatsächlich zugehört.«
- »Wir haben sehr viel langsamer miteinander geredet.«
- »Niemand hat Monologe gehalten.«
- »Wenn jemand etwas gesagt hat, sind andere darauf eingegangen.«
- »Ich konnte nahezu fühlen, wie ein Fluß des Gesprächs in unserer Gruppe entstand.«
- »Der Unterschied zwischen unserer ersten ›Diskussionsrunde‹ und dieser zweiten ›Dialogrunde‹ war wie der zwischen Tag und Nacht!«

Viele Teilnehmer verließen die Workshops mit dem Eindruck, daß es möglich ist, anders miteinander zu reden: eine Erfahrung, die darauf basierte, daß sie sich anders zugehört und dadurch auch anders miteinander gesprochen hatten. Sie hatten einen »Geschmack« von Dialog bekommen.

Den »Geschmack« von Dialog in einem Workshop bekommen: Das klingt fast so, als sei der Dialog etwas ganz Einfaches. Aber es ist *eine* Sache, die Erfahrung eines Dialogs in einem Seminar mit anderen Menschen zu machen, die sich gemeinsam aus diesem Grund – nämlich, um den Dialog zu lernen – zusammengefunden haben, und es ist etwas anderes, den Dialog in den Alltag zu integrieren, wo wir häufig von automatischen Reaktionen bestimmt werden. Das soll wiederum nicht so klingen, als sei der Dialog unglaublich schwer zu praktizieren. Denn die Kernelemente eines jeden Dialogs, *offenes Zuhören* und *generatives Sprechen,* können überall dort praktiziert werden, wo es dafür genügend Aufmerksamkeit und ein gemeinsames Anliegen gibt.

Kritische Punkte sind zum einen die Frage nach der Bedeutung, dem Gewicht des gemeinsamen Anliegens der Gruppe und zum anderen die Fähigkeiten der Begleiter.

Prozeßphasen im Dialog

Der Dialogprozeß zeigt trotz seiner Unvorhersehbarkeit auch typische Phasen, Probleme und Krisen. In Anlehnung an die Erfahrungen des Projektleiters *William Isaacs* vom MIT werden nachstehend vier Phasen als typisch herausgestellt.

1. Labiler Container

Die Tatsache, daß unterschiedlichste Erwartungen und Weltanschauungen in der Gruppe zusammenkommen, ist die erste Herausforderung. Diese Tatsache darf im ersten Prozeßabschnitt nicht unter den Tisch fallen, sondern es muß ein Weg gefunden werden, die Unterschiede zu erforschen.

Wie in jedem neuen Gruppenprozeß findet zunächst eine *Balancierungsphase* statt, in der jeder sich fragt: Wer hat welche Meinungen? Wo liegen meine Sympathien? Mit wem möchte ich mich eigentlich unterhalten?

Balancierungsphase

Dieser Prozeß gewöhnlicher selektiver Wahrnehmung, die wir auch im Alltag pflegen, ist das erste Problem für die Gestaltung eines gemeinsamen »Behälters«. Trotz der guten Absichten der Gruppenmitglieder tritt – wie auch im Alltagsdenken – das Problem in den Blickpunkt: Wie können wir trotz unserer unterschiedlichen Anschauungen in den Dialogprozeß kommen?

Es zeigt sich, daß dieser Schritt nur gelingt, wenn wir zu hören beginnen, ohne gleichzeitig den selektiven Filter der Wertung zu benutzen.

2. Instabilität im Container

Loslassen von Vorannahmen oder Diskussion?

Nachdem im ersten Schritt der Container selbst als Faktor der Labilität und Unsicherheit im Vordergrund des Prozesses steht, beginnt nun die Suche nach etwas Neuem. In dieser Phase springt der Prozeß häufig zwischen dem Loslassen von Vorannahmen und ihrer inhaltlichen Diskussion hin und her. Anstatt den Vorgang der Wahrnehmung selbst zu thematisieren, fällt auch hier der Prozeß noch häufig auf die gewohnten Diskussionsstile und -strukturen zurück. Dies kann der Auslöser für Frustration sein.

Dazu kann auch der erste Erkenntnisschritt beitragen, in dem etliche Gruppenmitglieder zu erkennen beginnen, wie abhängig ihre Einstellung vom Denken und Verhalten anderer Gruppenmitglieder ist. Das ist insofern frustrierend, als in gewöhnlichen Konversationssituationen diese Tatsache unter der Oberfläche der Konvention versteckt bleibt.

Dieser Bewußtwerdungsprozeß führt zur Erforschung der Bedeutung und Rangordnung von Annahmen nach dem Motto: *Was ist denn nun wirklich richtig oder falsch?* Das bringt erneut Unsicherheit in den Prozeß, weil die Fragmentierung unseres Wissens sichtbar wird und bestehende Annahmen als falsche Sicherheiten erkannt werden. Diese Verunsicherung kann sich zu einer Prozeßkrise auswachsen – vor allem, wenn die persönliche Desorientierung nicht von der Prozeßrichtung der Gruppe getrennt werden kann. Um diese Krise der Suspendierung und Verdeutlichung von Annahmen zu überstehen, ist es wichtig, daß jeder erkennen kann, was sich gerade in der Gruppe ereignet. Die komplizierte Aufgabe des Facilitators ist es in diesem Moment, sichtbar zu machen, was sich gerade ereignet und wie vielleicht eine größere Einsicht in die aktuelle Denk- und Wahrnehmungskonstellation zu gewinnen ist. *Was verspüre ich warum in mir? Was höre ich?*

3. Neue Fragehorizonte im Container

Wenn die Mehrzahl der Dialogteilnehmer in ihrer Aktivität bis zu diesem Stadium vorgedrungen ist und eine »kritische Masse« erreicht hat, besteht die Chance einer neuen Art des »Ideenflusses«. Das Überraschende ist, daß die Menschen in der Lage sind, die üblichen Statusschranken zu überschreiten, und sich selbst in einer kritischen Weise während des Denkens zu beobachten lernen.

Eine neue Art des »Ideenflusses«

Aber auch in dieser Phase besteht noch die Gefahr einer Krise. Die Menschen beginnen, die unzulängliche Art des konventionellen Denkens zu spüren, welches ihren Alltag, den Arbeitsplatz, die Kultur prägt. Sie fühlen sich einsam und spüren die selbstverursachten Grenzen, Begrenzungen menschlicher Erfahrung. Und eine solche Erkenntnis bringt Schmerzgefühle mit sich, die sich in der Gruppe ausbreiten können und die zur Weiterentwicklung einen sicheren Container erfordern.

4. Durchbruch zu neuer Kreativität

Wenn die Gruppe in der Lage ist, diese Krise konstruktiv zu bearbeiten, besteht die Chance zur Entwicklung einer kreativen Achtsamkeit. Die Teilnehmer können fühlen, daß sie wirklich an dem Pool eines gemeinsamen Gedankenfeldes partizipieren, und sie können neue Gedanken und Denkzugänge erforschen, selbst wenn sie damit nicht übereinstimmen. Sie beginnen, Wahrnehmung von Bewertung zu trennen.

Wahrnehmung von Bewertung trennen

Häufig wird jetzt die Begrenzung des bisherigen sprachlichen Repertoires empfunden. Das kann dazu führen, daß die Teilnehmer zu schweigen beginnen, die sich nicht in der Lage sehen, sich adäquat auszudrücken. Aber dies ist nicht eine unbeteiligte Art der Schweigsamkeit, sondern eine Phase der Selbsterforschung, in der die Erfahrung gemacht werden kann, daß unsere Sprache nicht in der Lage ist, den Reichtum der gedanklichen Welt zu fassen und auszudrücken. Die Bedeutung und die Inhalte von Begriffen beginnen sich zu ändern, und eine neue Qualität des Gruppendenkens und der kollektiven Intelligenz ist erreichbar.

Phasen des Dialogs
(nach William Isaacs
dt. Hartkemeyer/Dhority)

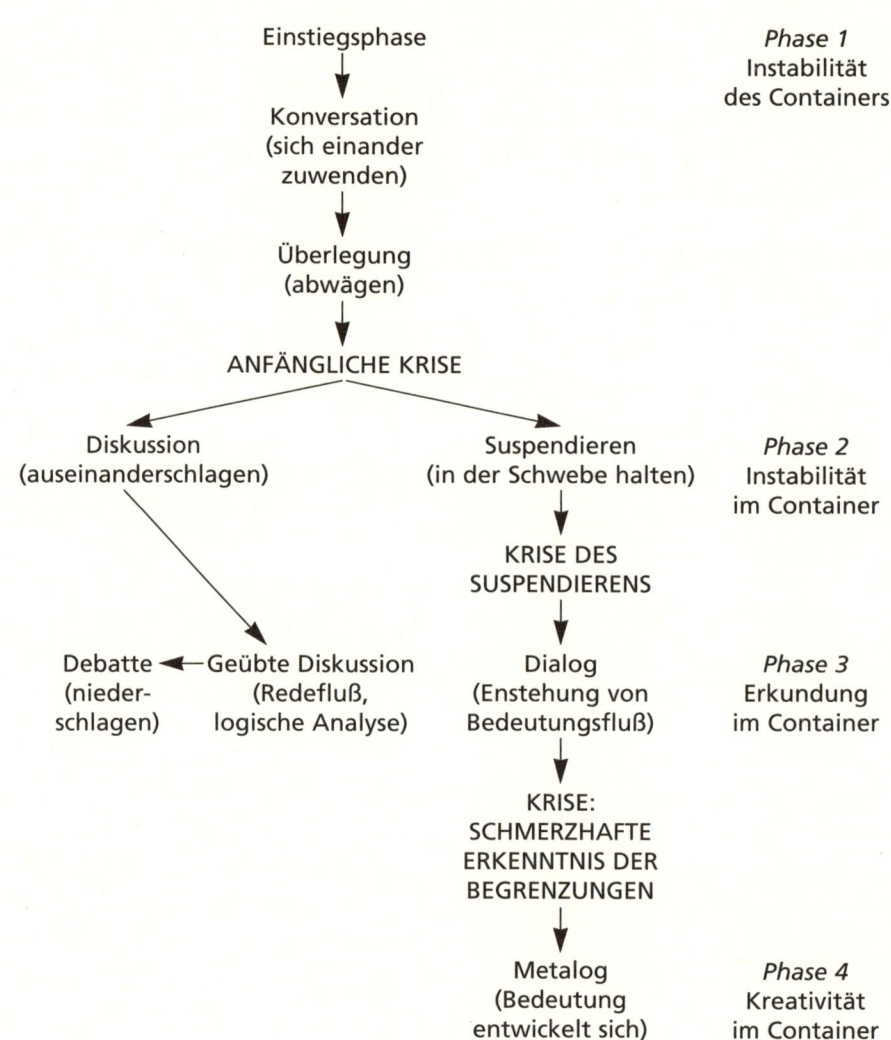

Was fördert einen Dialog?

Die Meinungen darüber, was es heißt, einen Dialog zu fördern, sind unterschiedlich. Einige sind der Meinung, daß es überflüssig sei, eine Unterstützung oder Begleitung zu haben, oder daß höchstens eine kurze Einführung in die Dialogprinzipien erfolgen sollte. Andere, wie wir selbst, haben gute Erfahrungen mit einer etwas aktiveren Rolle eines Dialogförderers oder Prozeß-Begleiters gemacht, vor allem dann, wenn es darum geht, die ersten Schritte in den Dialogprozeß zu erleichtern.

Das »Minimalförderungsmodell«

David Bohm schlägt in seinem Modell eines Dialogprozesses vor, auf einen Prozeß-Begleiter (Facilitator), bis auf eine kurze Einführung, ganz zu verzichten. Seine Rolle könne sehr schnell überflüssig werden, sobald die Gruppe den Prozeß selbständig entwickelt habe. Aber Bohm hat auch nicht herausgearbeitet, was ein Dialog-Begleiter tun kann, um den Dialog in seinen frühen Phasen zu unterstützen. Er war begeistert von der Vorstellung eines völlig unhierarchischen Kreises von Gleichen, die zusammenkommen, um gemeinsam die »Natur des Denkens« zu erforschen. Dieses nichtautoritäre Dialogmodell hat vor allem in den USA großen Anklang gefunden. Dem Dialgo-Begleiter bleibt dabei eigentlich nur die Rolle des Einladenden, eventuell des Gastgebers und Zeitnehmers.

Nach unserer Erfahrung kann diese Form von Dialogarbeit vor allem in kleinen Gruppen mit 5–10 Personen gut funktionieren. Bei größeren Gruppen hat sich herausgestellt, daß das völlige Fehlen einer Prozeßunterstützung zumindest in den ersten Phasen zu einer solchen Unsicherheit führen kann, daß sie von der Gruppe kaum noch konstruktiv aufgefangen werden kann. Es kann dadurch zu einer Form von Starrheit und Inflexibilität oder gar zu allgemeinem Widerstand gegenüber alternativen Vorschlägen der Prozeßgestaltung kommen.

Aufgrund dieser Erfahrungen haben wir es als sehr hilfreich erlebt, klare Leitlinien für den Einstieg in den Prozeß und auch eine gewisse Unterstützung durch die Begleiter zu haben.

Das Modell sukzessiv abnehmender Unterstützung

Das Modell, das wir favorisieren, bietet eine Orientierungsphase zu Beginn des Prozesses an, die der Klärung und Entwicklung von Hilfsmöglichkeiten für den Prozeß dient und von einem erfahrenen Prozeßbegleiter angeleitet wird. Zu Beginn werden sowohl die grundlegenden Prinzipien des Dialogs theoretisch und praktisch vorgestellt als auch spezielle Übungen durchgeführt, um den Prozeß »ins Fließen« zu bringen (s. Anhang: Dialog-Werkstatt, S. 255 ff.). Nach dieser Phase der gemeinsamen Entwicklung dialogischer Fähigkeiten greifen die Dialog-Begleiter im wesentlichen nur ein, wenn sie den Eindruck haben, daß die Gruppe die eigenen Leitlinien verletzt oder der Intention des Dialogs nicht mehr gerecht wird.

Nach unserer Erfahrung gibt es typische und vorhersagbare Herausforderungen und Probleme, mit denen sich jede Dialog-Begleitung in unterschiedlicher Weise, zumindest in den frühen Phasen des Prozesses, konfrontiert sieht. Eine erfahrene Dialog-Begleitung, die die Erlaubnis der Gruppe hat, die erste Phase des Prozesses zu gestalten, kann helfen, das Auseinanderbrechen des »Containers« zu verhindern und der Auflösung des Gruppenprozesses in besonders instabilen, dynamischen Phasen vorzubeugen – ein solcher »Schutz« des Containers ist in einer Gruppe ohne Begleitung nicht möglich.

Die Rolle des Dialog-Begleiters

In unserem Modell der graduellen Unterstützung übernehmen Dialog-Begleiter im wesentlichen drei Aufgaben:

- *Vorbereitung des »Containers«:* Die Teilnehmenden werden in die Kunst und Praxis des Dialogs eingeführt. (Siehe im »Anhang« den »Überblick über eine zweieinhalbtägige Einführung«, S. 256 f.).
- *Aufrechterhalten des Containers:* Die Gruppe wird im Prozeß unterstützt, durch die konkrete Anwendung und Umsetzung der Kernfähigkeiten im Dialogprozeß einen tragfähigen Container zu schaffen.
- *Den Prozeß mehr oder weniger aktiv begleiten:* Eine Meta-Reflexion des Prozesses wird angeregt, durchgeführt und unterstützt, und die Gruppe wird durch gezielte Strategien in schwierigen Prozeßphasen begleitet. (Beispiele dafür gibt das nächste Kapitel.)

6 Grundformen des Dialogs

Wir beschreiben im folgenden Kapitel einige Formen und Settings für »einfache« Dialoge: die traditionelle indianische »Council«-Runde, strategische Dialoge in Organisationen und generative Dialoge in offenen Gruppen.

Die »Council«-Runde

Wenn es noch kein Vertrauensverhältnis, keinen »Container« unter den Teilnehmern gibt, ist es oftmals schwierig, den Dialog als eine Disziplin im Sinne David Bohms zu verstehen und zu praktizieren. Wir arbeiten daher mit einigen Elementen traditioneller Stammesrunden, um die Dialogfähigkeiten zu üben und einen Container zu schaffen.

Die sogenannten »Council«-Runden waren Bestandteil der Stammeskultur vieler amerikanischer Indianerstämme. Sie sprachen nach einem einfachen Ritual über das, was besprochen werden mußte:

- Die Gruppe saß im Kreis.
- Es gab zwei Regeln:
  1. Sprich von Herzen!
  2. Fasse dich kurz!
- Wer sprach, hielt einen Redestein, bzw. einen Stock oder eine Pfeife – und wurde nicht unterbrochen, solange er den Gegenstand in Händen hielt.
- Wenn der Sprecher fertig war, gab er den Redestein an die Person neben sich, und der Prozeß ging in der Runde weiter.
- Jeder bekam die Gelegenheit zu sprechen, konnte aber den Redestein auch schweigend weitergeben.

In unserer Arbeit mit Gruppen, die einen Dialog beginnen wollen, hat sich dieses Ritual als sehr sinnvoll erwiesen.

- Die Runde stellt die Basis des Containers dar. Sie schafft Gleichheit unter den Anwesenden, jede Stimme hat Gewicht, jeder tritt in Erscheinung.
- »Sprich von Herzen« – also, sprich über das, was dir wichtig ist. Es fällt leichter, jemandem zuzuhören, der von etwas spricht, das ihn bewegt.
- Die Regel »Fasse dich kurz« kann verhindern, daß lange Reden geschwungen werden.
- Die Verwendung eines Redesteins unterbricht das übliche ping-pongartige, schnelle Hin und Her von Argumenten, Gegenargumenten und Unterbrechungen. Wer den Redestein in Händen hält, hat Zeit, zu überlegen und seine Gedanken zu ordnen, ohne Angst, daß er unterbrochen wird. (Während eines Dialog-Prozesses wird der Redestein anschließend in die Mitte der Runde zurückgelegt, und die nächste Person, die sprechen möchte, kann ihn sich holen und zu sprechen beginnen. Bei einer »Check-in«- oder »Check-out-Runde« wird der Stein an den nächsten weitergegeben.) Dieses Vorgehen kann einen enormen Einfluß auf den Verlauf und die Qualität des Gesprächs haben. Für viele ist es eine Erleichterung, während des Sprechens einfach in Ruhe Atem zu holen, ohne befürchten zu müssen, daß jemand diese Atempause nutzt, um ihr oder ihm ins Wort zu fallen. Es wird Raum geschaffen, um besser zuzuhören und nachzu-

denken. Menschen, die rhetorisch nicht so schnell und geschickt sind, können sich am Gespräch beteiligen, sie können sich ganz auf das Hören konzentrieren, weil sie sich das Gerangel um den nächsten Wortbeitrag ersparen können, wohl wissend, daß sie auch zum Zuge kommen.

Statt eines Redesteins können – je nach Setting – auch andere Objekte benutzt werden. Wir bringen normalerweise für diesen Zweck eine Steinkugel mit, aber Gruppen haben auch schon mit Kugelschreibern und Coca-Cola-Dosen gearbeitet.

Als wir diese Elemente bei Hewlett-Packard-Managern in Deutschland einführten, wollten einige dies sofort am nächsten Tag in ihren Teams anwenden. Sie stellten fest, daß es die Entstehung einer impulsiven Dynamik nach dem Motto »Anlegen – Feuer! – Zielen!« (»ready, fire, aim«) verhindern konnte, die sie teilweise in den Arbeitsgruppen beobachtet hatten.

- Im Lauf der Zeit wird es den Teilnehmern immer besser möglich, sich auf das Zuhören zu konzentrieren, statt schon eigene Beiträge zu formulieren. So kann sich ein organischer »Fluß der Bedeutung« entwickeln statt einer bloßen Ansammlung einzelner Statements.

Das Check-in

Die Kreisform der *Runde* lädt geradezu ein, mit einem Check-in zu beginnen – beispielsweise mit der Frage: »Was liegt mir für die Zeit, die wir hier miteinander verbringen wollen, wirklich am Herzen?«

Die Check-in-Runde kann die Kraft haben, die Kommunikation zu verlangsamen, gegenseitiges Vertrauen zu entwickeln und den Container zu entwickeln. Ihr Zweck besteht darin, alle Anwesenden auf den gemeinsamen Prozeß einzustimmen. Mit dem Check-in laden wir die Teilnehmer ein, sich authentischer als in gewöhnlichen Gesprächsrunden einzubringen, indem sie der Gruppe das mitteilen, was normalerweise unausgesprochen bleibt, aber den Prozeß entscheidend prägen kann.

Der Verlauf eines Check-in
- Nach der Beschreibung des Vorgehens geben die Dialog-Begleiter einen Zeitrahmen für die Dauer des Check-in vor. Fünfzehn bis zwanzig Minuten sind je nach Gruppengröße ausreichend, um die Gruppe aufnahmefähig zu machen und den Container vorzubereiten. Die Dialog-Begleiterin kann zur Einhaltung der vorgegebenen Zeit beispiels-

weise vorschlagen, nach eineinhalb oder zwei Minuten den Arm zu heben, so daß der Sprechende seinen Beitrag in Ruhe zu Ende führen kann. Ein vorgegebener Zeitrahmen erweist sich für die Arbeit in Organisationen häufig als sinnvoll. Manchmal verhindert er aber auch den natürlichen »Fluß« der Gedanken in der Runde. Wenn es für jeden eine begrenzte Redezeit gibt, wird es weniger wahrscheinlich, daß sich einzelne intensiver einbringen. Je nach Situation können die Dialog-Begleiter unterschiedliche Vorgehensweisen wählen.

- Die Dialog-Begleiterin oder eine andere Teilnehmerin kann das Check-in beginnen, indem sie den Redestein als gegenständliches Symbol für das Gewicht ihrer Stimme in die Hand nimmt: »Ich habe jetzt das Recht zu sprechen«. Nach ihrem Beitrag reicht sie den Redestein weiter.
- Jeder nimmt sich Zeit, das zu sagen, was er möchte. Wenn jemand den Stein erhält, aber im Moment nichts sagen möchte, kann er oder sie den Stein weitergeben und – wenn er oder sie es wünscht – am Ende der Runde als letzte(r) noch einmal den Stein holen.
- Wer den Stein hält, wird von niemandem unterbrochen.

Die Vorteile des Check-in

Das Check-in ermöglicht den Teilnehmern, auch innerlich »anzukommen«, präsent zu werden. Sie werden eingeladen, sich als Person auf den Prozeß einzulassen und nicht nur als Funktionsträger oder Repräsentanten von Organisationen anwesend zu sein. Wenn ich beispielsweise abgehetzt bei einer Sitzung erscheine, nachdem ich die Nacht am Bett meiner kranken Tochter verbracht habe, und den anderen davon erzählen kann, daß ich gedanklich noch abgelenkt bin, kann ich die Chance haben, weniger als funktionalisierte Rolle und mehr als Person anwesend zu sein.

Das Check-in kann helfen, eine menschliche Umgebung zu schaffen, einen lebendigen Kontext und eine offene Atmosphäre – sinnvoll nicht nur für einen Dialog, sondern für viele andere Formen, Sitzungen und Gesprächsrunden.

Check-ins können die Selbstreflexion unterstützen. Wenn wir anderen zuhören, kann uns die Frage begleiten: »Was bewegt mich dazu, einigen Beiträgen intensive Beachtung zu schenken und andere kaum wahrzunehmen?«

Das Check-in gibt jedem die Chance, sich einzubringen. Auch wer es nicht gewohnt ist, in Gruppen zu sprechen, kann in Ruhe und ohne unterbrochen zu werden seine Gedanken formulieren.

Was bewegt mich dazu, einigen Beiträgen intensive Beachtung zu schenken und andere kaum wahrzunehmen?

Das Check-out

Die Struktur der Check-out-Runde gleicht der eines Check-in. Alle Stimmen werden noch einmal gesammelt, um einen gemeinsamen Abschluß zu erarbeiten. Die Check-out-Runde kann der gesamten Gruppe helfen zu sehen, wo der Prozeß angelangt ist. Wenn ein Dialog beendet wird und die Teilnehmer die Runde verlassen, ohne daß sie gehört haben, wie andere den Prozeß erlebt haben, besteht die Gefahr, die »eigene Geschichte des Dialogs« zur »Geschichte der Gruppe« zu erheben. Durch die Check-out-Runde wird deutlich, daß dies ein Trugschluß ist. Wie auch immer ich einen bestimmten Dialog erlebt habe und wie sehr ich auch annehmen mag, daß es allen anderen auch so gegangen ist wie mir, so wird durch ein Check-out deutlich, wie viele andere Fragen, Erlebnisse, Gedanken, Reaktionen und Gefühle es darauf gibt, so daß eines ganz klar wird: mein Erlebnis dieses Dialogs ist *mein* Erlebnis. Eine Erfahrung, die sowohl demütig und bescheiden stimmt als auch erhellend sein kann und die uns hilft, mit Verallgemeinerungen, die wir häufig über ein Erlebnis machen, vorsichtig zu sein.

Mein Erlebnis ist mein Erlebnis.

Der Zweck eines Check-out ist nicht, von der Gruppe eine Entscheidung oder Abstimmung darüber zu bekommen, was nun die »richtige« oder »wahre« Bedeutung dieses Dialogs war. Nach einem Check-out sind die Menschen vielmehr in der Lage, ein Gefühl von Respekt gegenüber unserer Verschiedenheit und Individualität zu entwickeln, und die Fähigkeit, sich mit solchen Unterschieden anzufreunden, wird größer.

Wie wir weiter sehen werden, können einige Elemente der »Runde« andere Dialog-Formen unterstützen.

Der strategische Dialog in Organisationen

Strategische Dialoge in Organisationen können unterschiedliche Formen haben. (In den Gesprächen mit Ron Kertzner und Juanita Brown im 9. bzw. 7. Kapitel werden verschiedene Möglichkeiten beschrieben.)

Immer häufiger beschäftigen sich Menschen in Organisationen mit dem Dialog als einem Schritt auf dem Weg zu einem größeren Ziel, als Teil der Entwicklung zu einer »lernenden Organisation«. Die Arbeit von Peter Senge und anderen hat zu wachsendem Interesse am Dialog geführt. Dialogische Qualitäten gelten als wichtiger Bestandteil des »Team-Lernens« von Organisationen und als grundlegende Basis für Lernen zwischen Menschen.

Zwei Merkmale des Dialogs in Organisationen

Zwei Merkmale sind charakteristisch für den Dialog in Organisationen:

- *Es gibt ein strategisches Ziel:*

Wenn sich Organisationen auf so etwas wie den Dialog einlassen, haben sie normalerweise ein strategisches Ziel. Sie möchten in ihrer Arbeit effektiver, effizienter, kreativer werden und die Zufriedenheit ihrer Kunden oder Mitarbeiterinnen erhöhen – so daß letztlich die Organisation erfolgreicher wird und sich besser auf dem Markt behauptet. Bislang hatten wir noch mit keiner Organisation zu tun, die Geld und Zeit investieren wollte, um einen »generativen« Dialog zu fördern, ohne die Erwartung zu haben, daß sich diese Arbeit auf ihre Effektivität auswirken werde. Diese pragmatische Ergebnisorientierung hat dazu geführt, daß viele Dialog-Puristen grundsätzliche Zweifel daran hegen, ob der Dialog im Profitsektor überhaupt durchzuführen sei.

In privaten Gesprächen hat David Bohm Zweifel daran geäußert, ob es möglich wäre, den Dialog – so wie er ihn verstand – in Organisationen einzuführen, die auf rein materielle Ziele – den Profit – hin orientiert sind. Peter Senge dagegen plädiert für eine Art von Dialog, die es einem Team oder einer Organisation ermöglicht, über die engen Grenzen von Diskussionen hinaus bestimmte Fragen oder Themen dialogisch zu vertiefen und dadurch tatsächlich im Team zu lernen:

Team-Lernen: Fähigkeiten der Konversation und des kollektiven Denkens transformieren, so daß Gruppen von Menschen tatsächlich Intelligenz und Fähigkeiten entwicklen können, die mehr sind als die Summe ihrer individuellen Talente.

»Zur Disziplin des Team-Lernens gehört, daß die Beteiligten die Techniken des Dialogs und der Diskussion beherrschen [...]. Kennzeichnend für den Dialog ist, daß man frei und kreativ komplexe und subtile Fragen erforscht, einander intensiv zuhört und sich nicht von vornherein auf eine Ansicht festlegt. Im Gegensatz dazu werden in einer Diskussion unterschiedliche Meinungen präsentiert und verteidigt, und man sucht nach den besten Argumenten für gerade anstehende Entscheidungen. Dialog und Diskussion können sich potentiell ergänzen, aber die meisten Teams verfügen nicht über die Fähigkeit, zwischen den beiden zu unterscheiden und bewußt zwischen beiden hin- und herzuwechseln.« (Peter Senge, *Die Fünfte Disziplin*, S. 287–288)

Senges Ansatz der »lernenden Organisation« hat eine Brücke geschlagen zwischen Bohms eher theoretischem Modell kognitiver Transformation und der möglichen Transformation von Organisationen durch dialogische

Gespräche. Durch den Trend der Verflachung vertikaler hierarchischer Strukturen, der in vielen Organisationen zu beobachten ist, gewinnt die Entwicklung einer gemeinsamen Vision aller Mitarbeiterinnen und Mitarbeiter innerhalb der Organisation an Bedeutung. Damit gerät auch das Konzept des »Team-Lernens« zunehmend in den Brennpunkt der Aufmerksamkeit, und Firmen experimentieren mit neuen Gesprächsformen, um kreative Prozesse in Teams zu unterstützen. Von dialogischen Gesprächen versprechen sich viele Manager positive Veränderungen, denn das Konzept ist einfach, aber in der Praxis nicht so leicht umzusetzen. Viele Organisationen benötigen daher zu Beginn Unterstützung.

• *Externe Hilfe wird in Anspruch genommen:*
Ohne die Unterstützung und Begleitung von Dialog-Begleitern scheitert oftmals der Versuch, in Organisationen einen Dialog zu führen.

In vielen traditionell strukturierten Organisationen wird wenig Wert auf die Entwicklung von Kompetenzen in Gesprächsführung gelegt, denn in hierarchischen Machtstrukturen sind Menschen eher daran gewöhnt, Anweisungen zu erteilen, als daran Mitarbeiter zu überzeugen oder sich mit anderen Sichtweisen anzufreunden. Ein weiteres Hindernis für produktive Gespräche bilden die herrschenden, vielfach unausgesprochenen mentalen Modelle, die es nicht zulassen, das geheime Leitbild der Organisation in Frage zu stellen.

Dialog-Begleiter nehmen in Organisationen im allgemeinen eine aktivere Rolle ein als anderswo. Sie werden dafür bezahlt, in die Gruppe nicht nur ihre eigenen Fähigkeiten einzubringen, sondern auch die Dialogfähigkeiten der Teilnehmer zu unterstützen und zu entwickeln.

In Organisationen fallen den Dialog-Begleitern zwei Aufgaben zu:
1. den Dialog und seine Grundlagen vorzustellen
2. den Dialogprozeß aktiv zu begleiten, indem sie sowohl das Verständnis für den Prozeß fördern als auch ihre Funktion als »Coach« wahrnehmen.

»Setting the stage« – wie geht es los?

Es ist unbedingt anzuraten, sich ausreichend Zeit für die Grundlagen der Dialogarbeit zu nehmen. Dazu gehört es, Vertrauen herzustellen, den gemeinsamen »Container« zu schaffen. Obwohl es ja durch den Arbeitszusammenhang häufig schon einen irgendwie gearteten Container in Organisationen gibt, kann auf dieser Basis meist kein fruchtbarer Dialog

Gutes Zuhören heißt nicht so sehr, anderen zuzuhören, als sich selbst.
Eine gute Sicht zu haben heißt nicht so sehr, andere zu sehen, sondern sich selbst.
Denn die, die sich nicht selbst zuhören, können die anderen nicht verstehen; und sie sind selbst blind gegenüber der Wirklichkeit anderer, wenn sie nicht in sich selbst eingedrungen sind.
Ein guter Zuhörer versteht selbst dann, wenn nichts gesagt wird.
Anthony de Mello

geführt werden. Unsere Erfahrung hat gezeigt, daß es sinnvoll ist, zwei Tage auf eine Dialog-Einführung zu verwenden, um die Grundlagen und Kernfähigkeiten des Dialogs vorzustellen, durch Übungen zu unterstützen und darüber hinaus Zeit für kurze praktische Dialoge einzuplanen, die von Reflexionsphasen begleitet werden.

Es ist ebenfalls wichtig, die Kernfähigkeiten/grundlegenden Kompetenzen im praktischen Prozeß einzuüben, wie das *Suspendieren von Annahmen*, die Unterscheidung von *Beobachtungen und Bewertungen*, die *produktive Nutzung von Bewertungen*, sowie die »*Leiter der Schlußfolgerungen*« kennenzulernen und sich mit der Balance von *Plädieren und Erkunden* vertraut zu machen. (Die praktischen Übungen dazu werden auf S. 259 ff. beschrieben.)

Vor Beginn des Prozesses sollte geklärt werden, daß die Organisationsleitung den Dialog nicht nur duldet, sondern unterstützt. Empfehlenswert ist dafür, daß nach Möglichkeit Vertreter aus den »oberen Etagen« anwesend sind und sich selbst aktiv am Prozeß beteiligen. Die Darstellung der Kernfähigkeiten sollte von der Dialog-Begleiterin dem im Organisationsmanagement üblichen Ton angepaßt werden. Normalerweise werden Geschäftsleute schnell ungeduldig, wenn langwierige theoretische Erklärungen vorgetragen werden, weil sie gewohnt sind, »wirklich etwas zu tun«. Ebenso tauchen häufig Aversionen gegenüber sogenannten »soften« Elementen und Konzepten auf (wenn es beispielsweise um die Bedeutung von Gefühlen geht). Es werden praktische Prozesse gefordert, die zu handfesten, »nützlichen« Produkten führen.

Dialog-Begleiter könnten entsprechend das *offene Zuhören* als die Bereitschaft charakterisieren, vorgefaßte Meinungen beiseite zu legen und neugierig darauf zu werden, wie andere denken. Sie könnten betonen, daß diese größere Vielfalt an Möglichkeiten zu einem wahren Fundus an Ideen zu werden und bessere Chancen zu bieten vermag, kreative Lösungen zu entwickeln.

Generatives Sprechen könnte beschrieben werden als das Erläutern unseres Standpunktes und unserer Ansichten, wobei wir den anderen respektvoll begegnen und neugierig bleiben auf ihre Erwiderung, ihnen die Möglichkeit geben, sich unsere Aussagen offen anzuhören. Diese Haltung könnte in Teams zu einer breiteren Palette an Lösungsmöglichkeiten führen, anstatt sich von vorherein in Verteidigungsposition zu begeben.

Die folgenden Leitlinien haben sich in Unternehmen und auch für andere Gruppen als hilfreich erwiesen:

Grundlagen des Dialogs

In der Vorbereitung:
- Achten Sie auf Ihre Art zu hören
  - Von wo hören Sie?
  - Mit welcher Absicht hören Sie zu?
  - Welche innere Stimme filtert das, was Sie hören?
- Achten Sie auf Ihre innere Haltung:
  - Wie beeinflußt und filtert Ihre innere Haltung Ihre Gedanken und Gefühle?
  - Wie beeinflußt und filtert Ihre innere Haltung das, was andere sagen?
  - Dient diese Haltung dem wesentlichen Zweck Ihrer Teilnahme an diesem Dialog?
  - Welche Wahlmöglichkeiten haben Sie, Ihre eigene Haltung zu verändern?

Während des Dialogs:
- Achten Sie darauf, wenn Sie etwas sagen wollen:
  - Woher kommt dieser Impuls: welche Motivation liegt dem zugrunde?
  - Wollen Sie eine Meinung äußern? Wie können Sie das so tun, daß sie offen bleiben für die Meinungen anderer? Können Sie sich und anderen deutlich machen, woher Ihre Meinung / Ihre Gedanken kommen?
  - Könnten Sie eine Frage stellen, die Ihr Verständnis oder das der anderen vertiefen könnte?
- Achten Sie darauf, wie Sie zuhören:
  - Könnten Sie das, was Sie hören, zunächst »betrachten«, ohne es gleich zu beurteilen?
  - Entscheiden Sie sich bereits zustimmend oder ablehnend, indem Sie sichtbar oder unsichtbar nicken oder den Kopf schütteln?
  - Erlauben Sie sich, offen für andere Ideen und Gedanken zu bleiben und nicht nur für die, denen Sie selbst gerne zustimmen?

Die Begleitung des Dialogprozesses

Zu Beginn des Dialogs kann es sinnvoll sein, daß die Dialog-Begleiter den Prozeß häufiger unterbrechen, um schwierige Dynamiken oder Kommunikationsstrukturen deutlich zu machen. Während dieser Lernphase können sie an bestimmten Sequenzen, in denen Teilnehmer aufeinander reagieren, beispielhaft aufzeigen, wie Dialogfähigkeiten entwickelt werden können.

Behandlung strategischer Themen

Für einen strategischen Dialog ist es wichtig, mit den Teilnehmern Übereinkunft darüber zu erzielen, daß es der Zweck des Prozesses ist, sich mit dem gegebenen Thema durch gemeinsames *Plädieren und Erkunden* dialogisch auseinanderzusetzen, aber ohne die Absicht, in dieser Sitzung zu einem Entschluß zu kommen. Es kann natürlich passieren, daß sich gegen Ende des Dialogs eine Entscheidung abzeichnet, aber erfahrungsgemäß blockiert es die kreative, freie Entfaltung des Ideenflusses im dialogischen Prozeß, wenn der Druck auf der Gruppe lastet, daß ein bestimmtes Ziel oder ein Konsens innerhalb der gesetzten Zeit erreicht werden muß.

Nahezu alle Themen können in einem strategischen Dialog besprochen werden. Typisch sind etwa folgende:

- Welche Art der Umstrukturierung/Reorganisation würde gut sein für unsere Organisation, für die Angestellten und die Kunden?
- Was fehlt uns in unserer Organisation bislang?
- Wo liegen unsere Stärken, was hat sich in der Vergangenheit bewährt und worauf können wir weiter bauen?
- Wo sind unsere »blinden Flecken«?
- Wohin wollen wir uns entwickeln? Was wollen wir wirklich tun?
- Was sind die »Leichen im Keller« – worüber wagt sonst niemand zu reden?

Wenn ein Thema festgesetzt wurde, kann es für den Prozeß hilfreich sein, daß die Dialog-Begleiter zu Beginn noch einmal kurz auf einige Grundlagen/Kernelemente des Dialogs eingehen und dabei ihre eigene Rolle ebenfalls sehr klar beschreiben. Ihre Aufgabe ist es, die Gruppe dabei zu unterstützen, die Dialogfähigkeiten der Teilnehmer zu entwickeln, und an entsprechenden Stellen in den Prozeß einzugreifen sowie einzelne Personen gegebenenfalls als »Coach« zu unterstützen.

Zur Einführung eines Dialogs haben sich zwei *Elemente* sehr bewährt, die aus den oben beschriebenen indianischen »Council«-Runden übernommen wurden: die Verwendung eines Redesteins, um den Prozeß zu verlangsamen, und die Praxis der Check-in- und Check-out-Runden, um die Stimmen aller Teilnehmer zu sammeln. Organisationen, mit denen wir gearbeitet haben, haben beides in den Ablauf ihrer Sitzungen integriert.

Besondere Anforderungen in strategischen Dialogen

Eine große Herausforderung an die Dialog-Begleiter sind in Organisationen oftmals die dort vorhandenen hierarchischen Strukturen. Wie bereits erwähnt, ist es sinnvoll, daß Vertreter der Firmenleitung am Dialogprozeß teilnehmen. Ihre Anwesenheit bedeutet aber zugleich die Präsenz einer gewissen Autorität, die dazu führen kann, daß einige sich nicht so frei zu äußern wagen, wie sie es sonst vielleicht täten.

Eines der Ziele eines strategischen Dialogs ist es, die sogenannten »nicht diskutierbaren« Themen ans Tageslicht zu holen: Verhaltensweisen und Strategien, die in der Organisation als nicht besprechbar gelten – weil diejenigen, die es wagen würden, davon zu reden, als »Nestbeschmutzer« beschimpft würden. Dialog-Begleiter können versuchen, solche Dynamiken durch Interventionen zu verschiedenen Zeitpunkten des Prozesses aufzudecken. Zum einen kann eine Dialog-Begleiterin erklären, was sie beobachtet. Als Außenseiter können Dialog-Begleiter so etwas einfacher tun, ja, es wird sogar von ihnen erwartet. Ein Tabu zur Sprache zu bringen könnte etwa in der folgenden Weise ablaufen:

»Ich habe in den Unterhaltungen, die wir vor diesem Dialog geführt haben, festgestellt, daß einige besorgt sind darüber, ob die Organisationsleitung wirklich bereit sein wird, sich von einigen althergebrachten Praktiken zu verabschieden.

Was ich beobachtet habe, ist, daß diese Besorgnis in den letzten zwei Stunden hier von niemandem geäußert wurde, während wir doch die ganze Zeit über notwendige Veränderungen gesprochen haben. Ich frage mich also, ob diese Besorgnis zu den Themen gehört, die niemand offen ansprechen möchte, weil es dafür hier nicht wirklich ›sicher‹ zu sein scheint. Könnte es vielleicht hilfreich für Sie sein, wenn wir unsere Aufmerksamkeit darauf konzentrieren, wie und ob wir über das sprechen, was uns wirklich unter den Nägeln brennt?«

Beobachtungen und Interpretationen mitteilen

Die Dialog-Begleiterin spricht in diesem Fall von dem, was sie gehört hat, sie teilt ihre Beobachtungen mit sowie mögliche Interpretationen, die sie mit der Gruppe gemeinsam entwickeln kann. Eine derartige Intervention kann sehr nützlich sein, weil die Dialog-Begleiter als Außenstehende nicht so schnell in die Rolle eines Anklägers geraten, was in der Regel auf Abwehr stoßen würde, sondern statt dessen ihre Beobachtungen mitteilen und ihr Interesse am gegenseitigen Verständnis herausstellen. Häufig ist es einfacher, den Denk*prozeß* eines anderen zu verstehen, als das *Produkt* oder die *Konsequenz* dieses Denkens zu akzeptieren.

Szene aus einem strategischen Dialog

Bestehende Machtstrukturen stellen große Herausforderungen für den Dialog in Organisationen dar. Wenn in einem Dialog der »Boß« anwesend ist, fühlt er sich oft verantwortlich und dazu verleitet klarzustellen, »wie die Dinge hier bei uns so liegen«. Das folgende Beispiel zeigt eine typische Szene aus einem Unternehmensdialog und verdeutlicht, wie Dialog-Begleiter dabei eingreifen können.

Die Szene spielt in einem großen Elektronikunternehmen, in dem wir einen Dialog mit 30 leitenden Angestellten begleitet haben, an dem auch der Geschäftsführer teilnahm:

Bob / Produktionsleiter: Wir vertun hier wirklich zu viel Zeit damit, darüber zu reden, wie wir miteinander reden. Ich habe in der Tat Wichtigeres zu tun. Mir brennen mindestens fünf Problemfälle auf den Nägeln, um die ich mich jetzt eigentlich kümmern müßte.

Jack / Geschäftsführer: Und ich gebe eine Menge Geld aus, damit wir hier miteinander reden können. Ich brauche Leute in der Firma, die neue Ideen mittragen. Wir haben uns vorgenommen, eine »lernende Organisation« zu werden, das kann man unterstützen – oder sich einen anderen Job suchen.

Dialog-Begleiter: Jack, ich möchte Sie fragen, ob es Ihnen recht ist, wenn wir uns diese Situation einmal genauer anschauen. Wir könnten versuchen, ob Sie Ihre Bedenken so mitteilen könnten, daß sie besser verstanden werden. Vielleicht erreichen Sie dann eher das, was Sie wollen.

Jack: Ja klar, dafür bezahle ich Sie ja schließlich.

Dialog-Begleiter: Sie haben sehr klar dargestellt, daß Sie eine neue Art von kooperativer Verantwortung und Leitung in Ihrer Firma erreichen wollen. Wir könnten also diesen Dialogprozeß als ein Praxisfeld nutzen, um so eine Kooperation zu ermöglichen.

Lassen Sie uns noch einmal rekonstruieren, was Sie gesagt haben, nachdem Bob gesprochen hatte. Als Bob davon sprach, wie ungeduldig es ihn macht, hier sitzen zu müssen, hat er uns etwas über seine mentalen Modelle wissen lassen. Er hat uns etwas gesagt, worauf wir entweder reagieren können, indem wir es gleich beurteilen oder verurteilen, oder aber wir könnten neugierig darauf werden, was er meint, und versuchen, ihn zu verstehen. Wenn wir uns für seine Annahmen, Werte und seine Sorgen interessieren, die seinen mentalen Modellen zugrunde liegen, und tatsächlich neugierig darauf sind, mehr von ihm zu erfahren, könnten wir mit Bob ein neues Lernfeld betreten. Und wenn es so etwas wie »gemeinsames« Lernen gibt, entsteht auch gegenseitiges Verständnis. Durch dieses Verständnis könnten Sie eher auf Bobs Kooperationsbereitschaft zählen, als wenn sie seine Zustimmung nur durch Angst vor Repressalien erreichen würden. Stimmen Sie dem zu?

Jack: Ja, ich glaube, ich habe meine Autorität ihm gegenüber ausgespielt.

Dialog-Begleiter: Ich möchte Sie, Bob, auch gerne fragen, ob Sie an einem Coaching interessiert sind.

Bob: Ja.

Dialog-Begleiter : Bob, Sie haben gesagt, daß »*wir hier zu viel Zeit damit vertun, darüber zu reden, wie wir miteinander reden.*« Ist Ihnen klar, daß Sie das so formuliert haben, als ob es sich um eine Tatsache handele, und nicht als Ihre persönliche Meinung?

Bob: Na ja, wenn Sie das so sagen …

Dialog-Begleiter: Vielleicht erinnern Sie sich daran, daß wir während der Einführung einige Zeit auf die Unterscheidung von Beobachtungen und Bewertungen verwandt haben und auch darauf, wie wichtig es sein kann, Bewertungen als unsere persönliche Meinung zu erkennen zu geben und nicht als Fakten hinzustellen, wenn wir sie nachvollziehbar und akzeptabel machen wollen.

Bob: Ich erinnere mich.

Dialog-Begleiter: Wenn Sie Ihre Meinung so vorbringen, wie Sie es eben getan haben, kann es schnell passieren, daß jemand sie als Angriff auffaßt – in diesem Fall fühlte sich Jack angegriffen, der diesen Prozeß hier für wichtig hält. Jack, haben Sie sich durch Bobs Äußerung angegriffen gefühlt?

Jack: Ja, und deshalb habe ich auch entsprechend reagiert.

Dialog-Begleiter: Ganz genau, und von da an kann es ganz schnell eskalieren. Jack, könnten Sie sich jetzt im nachhinein vorstellen, daß es sinnvoller gewesen wäre, Bob etwas zu fragen, vielleicht etwa so: »*Bob, was veranlaßt Sie dazu anzunehmen, daß wir hier zu viel Zeit vertun?*« Wenn

Sie diese Frage aus echtem Interesse stellen, haben Sie die Möglichkeit, das zu erfahren, was Bob tatsächlich am Herzen liegt.

Jack: Jetzt, im nachhinein, klingt das sehr vernünftig. Ich habe aber in dem Moment nicht darüber nachgedacht.

Dialog-Begleiter: Um dieses Nachdenken zu ermöglichen, nehmen wir uns solche Reflexionspausen, um rückblickend aus unserem Prozeß lernen zu können. Bob, ich würde Sie gerne etwas fragen: Können Sie sich vorstellen, daß Sie auch die Chance hätten, etwas über Jacks Vorstellung zu erfahren, daß wir hier etwas Wichtiges tun, anstatt davon auszugehen, daß dies hier völlig unsinnig ist?

Bob: Wie meinen Sie das?

Dialog-Begleiter: Ich könnte mir vorstellen, daß es Ihnen etwa so erging – Sie können mich ja korrigieren, wenn es nicht stimmt –: Nachdem Sie hier schon über eine Stunde gesessen haben, beginnen Ihre Gedanken um die Probleme zu kreisen, mit denen Sie momentan zu tun haben. Es scheint Ihnen sonnenklar, daß Sie Ihre Zeit sinnvoller mit Ihren eigentlichen Aufgaben verbringen könnten, anstatt hier zu sitzen und zu reden. Ihre Bemerkung zielte darauf ab, daß wir uns hier im Unternehmen zu viel Zeit zum Reden nehmen. Stimmt das so ungefähr, wie ich es darstelle?

Bob: Ja, das war etwa so.

Dialog-Begleiter: Nun, ich sage nicht, daß Sie unrecht hatten, und ich möchte auch Jacks Geschichte nicht als falsch oder richtig bewerten. Was ich Ihnen beiden aber anbieten möchte, ist meine Geschichte von der Situation. Ich denke, daß Sie beide eine Gelegenheit versäumt haben, etwas voneinander zu erfahren und voneinander zu lernen, anstatt nur aufeinander zu reagieren. Ich könnte mir beispielsweise vorstellen, daß Sie, Bob, gefragt hätten: »*Kann mir irgend jemand erklären, warum es für mich wichtiger sein soll, hier mehr als eine Stunde herumzusitzen und darüber zu reden, wie wir miteinander reden, anstatt mich um die Probleme zu kümmern, um die ich mich anschließend kümmern muß, wenn sie womöglich noch schlimmer geworden sind?*« Dann wäre es vielleicht dazu gekommen, daß sie begonnen hätten, voneinander zu lernen, anstatt aufeinander zu reagieren.

Bob: Das klingt ja ganz gut, aber in dem Moment habe ich eben nur gesagt, was ich gerade dachte.

Dialog-Begleiter: Und das ist sehr wichtig für den Dialog hier in unserer Gruppe, denn wir wollen in diesem Prozeß ja daraus lernen, wie wir von unseren automatischen Annahmen gesteuert werden, wie sie sozusagen durch uns hindurch sprechen, ohne daß wir uns dessen bewußt sind.

Wenn wir den Prozeß verlangsamen und einmal Atem holen können, bevor wir reagieren, haben wir die Möglichkeit zu erkennen, daß wir nicht unbedingt mit einem Gegenargument reagieren *müssen*, sondern uns statt dessen dafür interessieren können, was unser Gegenüber gemeint hat. Ich möchten Ihnen beiden dafür danken, daß Sie bereit waren, mit uns diese Situation noch einmal durchzugehen. Ich denke, daß wir einiges daraus lernen konnten, denn es geht hier nicht darum, daß jemand etwas *richtig oder falsch* macht. Sie haben schließlich das getan, was wir alle die meiste Zeit über tun: direkt aus unseren mentalen Modellen heraus reagieren, bevor wir darüber nachdenken, was wir eigentlich erreichen wollen. So, ich denke, wir können unseren Dialog jetzt wieder fortsetzen.

Dies Beispiel zeigt, wie ein Dialog-Begleiter in den ersten Phasen eines Dialogs den Prozeß durch Unterbrechungen und Reflexion des Geschehenen unterstützen kann, um Lernmöglichkeiten zu schaffen, von denen die ganze Gruppe profitiert.

Der generative Dialog: Eine erste Bestimmung

Die Zahl der Menschen, die sich für den Dialog interessieren und nicht nur theoretisch mehr darüber erfahren, sondern ihn auch praktisch erleben möchten, wächst. Der generative Dialog bietet andere Lernmöglichkeiten als der Dialog in Unternehmen oder anderen Organisationsstrukturen. Während der Zweck des Dialogs in Firmen normalerweise darin liegt, die Effektivität des Unternehmens zu erhöhen, geht es im generativen Dialog stärker um grundsätzliche Fragen nach Kommunikationsstrukturen und die Art unseres Denkens. Im generativen Dialog können wir die individuellen Grenzen der eigenen Wahrnehmung überschreiten und mit anderen an einem neuen, kreativen Erkundungsprozeß teilnehmen – nicht um einem vereinbarten Ziel oder strategischen Zweck zu dienen, sondern um unsere Denk- und Kommunikationsmöglichkeiten zu verbessern.

Es gibt in offenen Seminaren andere Herausforderungen und Klippen für Dialoge als in Organisationen. Die folgenden Beispiele charakterisieren diese besonderen Situationen und zeigen einige der Probleme und Schwierigkeiten.

Beispiel eines städtischen Dialogs in den USA:
Die »Boston Urban Leaders Dialogue Group« (BUD)*

Die über zwei Jahre fortgesetzten Dialoge mit verantwortlichen Führungskräften der Stadt Boston gehörten zu den vielversprechendsten, anstrengendsten, lohnendsten und frustrierendsten, die wir erlebt haben. Die Mitglieder dieser Gruppe von etwa dreißig führenden Vertretern des Bostoner Stadtlebens hatten von Anfang an den Wunsch, den Anforderungen, die das Leben in einer Großstadt an sie stellte, anders zu begegnen. Viele von ihnen suchten nach neuen Wegen über die Grenzen von Kulturen, Gruppen und Hautfarben hinweg. Es war trotz dieser hohen Motivation für viele nicht einfach, die Zeit und Ausdauer aufzubringen, die notwendig sind, um den Dialog als eine Disziplin zu erlernen und im Alltag anzuwenden.

Einige waren bereit, sich trotz der Anfangsprobleme und Schwierigkeiten, die während der ersten Dialoge unvermeidlicherweise auftraten, auf den Prozeß einzulassen. Sie berichteten später, daß sich ihre Mitarbeit im Dialog auf ihren Alltag spürbar auswirkte und vieles in ihrem Leben nachhaltig veränderte. Andere gaben ihre Mitarbeit aufgrund äußeren Drucks auf – was einen Verlust für die Gruppe bedeutete.

Kontext und Hintergrund
Die BUD traf sich von September 1992 bis Juni 1994. Sie bildete einen der drei Forschungsschwerpunkte innerhalb des MIT-Dialogue-project (s. auch in Kap. 3 »Das ›Dialogue-project‹ des MIT«, S. 60 f.). An die späteren Teilnehmer wurde ein Einladungsschreiben verschickt, in dem der Zweck des Projekts beschrieben wurde als »eine Gelegenheit für Menschen verschiedener ethnischer und kultureller Hintergründe zusammenzukommen, um die Möglichkeiten tiefer, generativer Kommunikation zu erkunden. So können die individuellen Grenzen überschritten werden, die jeder von uns unweigerlich mit sich bringt«.

Bei der Auswahl der Teilnehmer hatte sich das Projektteam des MIT mit führenden Persönlichkeiten beraten und zum Beispiel Menschen aus sozialen Einrichtungen, Wohltätigkeitsverbänden, aus der Wirtschaft, dem Bildungs- und Gesundheitswesen sowie aus Beratungsunternehmen eingeladen. Die Teilnehmer sollten:
1. Vertreter verschiedener repräsentativer Institutionen sein;
2. Interesse am Dialogprozeß haben;

---

* Im Rahmen des MIT-Dialog-Projekts begleitete Freeman die BUD.

3. bereit sein, an dem Prozeß in einem Geist von Offenheit und gegenseitigem Respekt teilzunehmen.

Die Gruppe wurde mit 30 Personen begonnen, und in der Praxis nahmen etwa 15 bis 20 an den jeweiligen Sitzungen teil. Anfangs traf sich die
Gruppe für ein Einführungsseminar, dann fanden im 1. Jahr zwei- bis
dreimal pro Monat Treffen von 19.30–22.00 Uhr statt, während des
zweiten Jahres am ersten und dritten Montag von 19.30–21.30 Uhr, und
anschließend wurden die Teilnehmer eingeladen, noch eine halbe Stunde
(von 21.30 bis 22.00 Uhr) an der Reflexion über den Prozeß teilzunehmen. Etwa dreißig Prozent der Teilnehmer sind dieser Einladung
gefolgt.

Einige denkwürdige Momente

Ein denkwürdiges Ereignis fand bereits nach wenigen Sitzungen statt, als
wir uns in einem Raum der »Harvard School of Government« trafen und
eine schwarze Frau sich über die Porträts ärgerte, die an der Wand hingen:
frühere US-Präsidenten, alle weiß und männlich, die meisten von ihnen
Sklavenbesitzer. Einige stimmten ihr spontan zu, während andere versuchten, die Situation zu relativieren. Da wandte sich ein schwarzer Mann
an die Frau, die sich so aufregte, und sagte etwa folgendes: »Ich beneide
diese Männer an der Wand, weil sie deine ganze Aufmerksamkeit in
Anspruch nehmen, und ich möchte auch etwas von deiner Aufmerksamkeit für mich. Ich bin hierher gekommen, mit viel gutem Willen, und ich
bin bereit, mich auf diesen Prozeß hier einzulassen. Ich will mit dir reden
und dies hier gemeinsam angehen – und da ist es mir egal, wer hier an der
Wand hängt.«

Durch diese Bemerkung änderte sich die Stimmung plötzlich völlig,
und das Thema »Rassismus« wurde abgelöst von der anspruchsvollen und
ungewöhnlichen Frage, wie wir in unserer Gesellschaft tatsächlich so
einem Anspruch wie dem der Nächstenliebe gerecht werden können. Wir
hatten erwartet, daß das Thema »Rassismus« zentral sein würde für die
»Boston Urban Leaders Dialogue Group«, aber es kam nach diesem Vorfall nie mehr zur Sprache.

Andererseits wurde Antisemitismus in vielen Dialogrunden thematisiert. Auslöser war die Aussage einer Teilnehmerin, daß sie sich selbst
während eines Telefonats bei Interpretationen ertappt hatte, die auf anti-
semitischen Vorurteilen beruhten. Ein jüdischer Mann in der Gruppe rea-
gierte darauf sehr aufgebracht und sagte, daß er schon lange mißtrauisch
gewesen sei gegenüber den nicht-jüdischen Teilnehmern. Für ihn sei klar,
daß ihm niemand hier helfen würde, wenn es in diesem Land einmal so

etwas wie eine Nazi-Gesellschaft geben würde. Er zitierte seine Groß-
mutter, die gesagt hatte: »Wenn du an einem Goj (Nicht-Juden) kratzt,
findest du darunter einen Antisemiten.« Die Gruppe nahm diesen Affront
als Herausforderung an ihre dialogischen Fähigkeiten des Hörens, Sus-
pendierens von Annahmen und Erkundens wahr.

Interessanterweise bemerkte derselbe jüdische Mann einige Sitzungen später, daß ihm dieser Prozeß geholfen habe, sein Mißtrauen abzule-
gen. Er könne sich jetzt sogar vorstellen, daß ihm die Frau, auf deren
Bemerkung er so impulsiv und ablehnend reagiert hatte, in einer Nazi-
Gesellschaft beistehen würde. Ihre Bereitschaft, die Entdeckung ihrer
eigenen Vorurteile anzusprechen und daran zu arbeiten, um die darunter-
liegenden mentalen Modelle und Annahmen aufzudecken, hatte ihm geholfen, sie mit anderen Augen zu sehen: ein Beispiel für den gemeinsamen
Sinn, *shared meaning,* der durch den Dialog entstehen kann und heilsam
wirkt.

Bei einem späteren Treffen sprachen wir über Bosnien. Fast 20 Minuten lang wurden Beispiele und Perspektiven erläutert, die den Einsatz von
Gewalt zu Verhinderung von Völkerkriegen »legitimierten«, wurde der
Massenmord im nationalsozialistischen Deutschland unterschieden von
den qualvollen Leiden in Hiroshima und Dresden. Das Gespräch führte
bis zur Frage unserer eigenen kulturellen Geschichte. Da bemerkte
jemand, daß die ganze Zeit über nur Männer gesprochen hatten, sehr zu
unserer Überraschung, da doppelt so viele Frauen anwesend waren. Die
Männer hatten sich engagiert über Krieg, Interventionen und Gewalt
unterhalten. Und als sich schließlich eine Frau zu Wort meldete, fragte sie:
»Ist es nicht genau das, was Männer immer tun? Sie reden über Krieg oder
kämpfen mit Worten. Es könnte auch noch eine andere Geschichte geben
– die Geschichte der Frauen.«

Was ist die Geschichte der Frauen?

Das führte zu dem, was Bohm eine Veränderung des Denkens der
Gruppe (»group mind shift«) nennt, ein allgemeines »Aha«. Es wurde uns
klar, wie sehr wir in unseren eigenen kulturellen Mustern gefangen waren,
begründet in unserer Kulturgeschichte, und die Gruppe schien sich auf
die Suche nach einer neuen »Geschichte« zu begeben.

Fragen und Herausforderungen

Viele Fragen beschäftigten uns am Ende des zweijährigen Dialogs, die sich
in den folgenden drei Gesichtspunkten zusammenfassen lassen:
* Wie kann man Menschen, deren Terminkalender bereits mehr als aus-
  gefüllt sind, zu einer Gruppe zusammenführen? Dieses organisatorische Problem ist für solche Gruppen wie die BUD eine Herausfor-

derung. Während sich andere Gruppen in ihrer Arbeitszeit in beruflichen oder organisatorischen Zusammenhängen treffen, bedeutete die Teilnahme an der Dialoggruppe für die Teilnehmer aus Boston, daß sie monatlich an zwei Wochentagen diese zusätzliche Verpflichtung nach ihrer Arbeitszeit auf sich nahmen. Diese Belastung war offenbar so groß, daß einige nicht bis zum Ende dabeiblieben.

- Veränderungen in der Gruppe basieren auf Veränderungen von Individuen. Wir wurden uns dessen bewußt, wie wichtig es ist, die Teilnehmer während der kritischen Phasen von anfänglicher Verunsicherung und *Inkohärenz* zu unterstützen. Wir haben daher in späteren Seminaren mehr Zeit auf Übungen verwandt, um die Dialogfähigkeiten zu stärken.

- Als eine Gruppe von Teilnehmern, die sich nicht kannten (»stranger group«), war die »Boston Urban Leaders Dialogue Group« in besonderem Maße damit konfrontiert, sich eigene Themen und Ziele zu setzen – anders als Organisationen, die sich mit dem Dialog beschäftigen, um sich mit speziellen Problemen und Anforderungen auseinanderzusetzen, die ihre Zukunft ganz konkret betreffen.

Der Dialog in einer offenen Gruppe: Die Hauptfaktoren für einen erfolgreichen generativen Dialog

Die zwei Jahre, in denen sich die BUD regelmäßig traf, boten die Chance, viel darüber zu lernen, wie generative Dialoge unterstützt und begleitet werden können. Wir begannen, andere Formen als die zweiwöchigen, zweieinhalbstündigen Treffen auszuprobieren, weil diese regelmäßigen Termine für viele Menschen schwer in ihren Alltag zu integrieren sind. Eine dreitägige Dialog-Einführung wurde zur Basis für die Arbeit in Deutschland.

Mit diesen Einführungs-Seminaren begannen die ersten generativen Dialoge, die Freeman mit seiner Frau Rosalind 1993* in Deutschland anbot. Anschließend wurden drei Blöcke von je drei Tagen angeboten, so daß eine Grundlage für intensive Dialogarbeit entstand. In den Gruppen wurde viel Zeit darauf verwandt, den Container zu stärken, und zugleich an der Vertiefung der dialogischen Kernfähigkeiten gearbeitet. In diesen Dialogrunden fanden für uns einige der intensivsten Erfahrungen statt.

---

* Skill-Seminare in Bammental bei Heidelberg

Gewöhnliches Licht wird »inkohärent« genannt, was bedeutet, daß es in alle möglichen Richtungen strahlt und die Lichtwellen nicht phasengleich sind, so daß sie nicht einschwingen. Aber ein Laser baut einen sehr konzentrierten Lichtstrahl auf, und der ist kohärent. Die Lichtwellen gewinnen an Kraft, weil alle in dieselbe Richtung gehen. Dieser Strahl kann alle möglichen Dinge bewirken, die gewöhnlichem Licht nicht möglich sind.

Nun könnte man sagen, daß unser normales Denken in der Gesellschaft inkohärent ist – es geht in alle möglichen Richtungen, und die Gedanken widersprechen sich und heben sich gegenseitig auf. Aber wenn Menschen gemeinsam auf kohärente Weise dächten, hätten die Gedanken eine ungeheuerliche Macht.

David Bohm

Brisante Themen wie unsere ökologische Verantwortung, Wut, Macht oder Diskriminierung hatten genug Energie, um sich über längere Zeit in den Gruppen zu halten. Auf einige Aspekte wollen wir später in diesem Kapitel noch eingehen.

Entwicklung eines tragfähigen Containers

Während es in Unternehmen und Organisationen bereits irgendeinen Arbeitszusammenhang gibt, der so etwas wie einen Container darstellen oder zumindest vorbereiten kann, fehlt dieser Zusammenhalt in frei ausgeschriebenen Seminaren völlig. Um dies in der Einführung zu berücksichtigen, führen wir die Gruppe während der ersten Tageshälfte in Kleingruppen oder mit Übungen und Check-in-Runden zusammen und vertiefen die Dialogfähigkeiten. Auch durch solche scheinbar »peripheren« Elemente wie Kreistänze wurde in den Gruppen Offenheit und Begegnung möglich. Eine eindrucksvolle Erfahrung, die viel Zusammenhalt in der Gruppe schafft, kann es auch sein, in Kleingruppen seine »Geschichte« von entscheidenden Lebenssituationen zu erzählen.

Vertiefung der Dialogfähigkeiten

Nach unserer Erfahrung ist es wichtig, in solchen offenen Gruppen ein gemeinsames Verständnis der grundlegenden Dialogfähigkeiten zu entwickeln. Auch wenn es im Dialog nur wenige »Regeln« gibt, existieren einige wichtige Prinzipien, und wenn sich die Teilnehmer nicht darüber verständigen, welche das sind, und kein gemeinsames Bild davon entwickeln, sind Krisen unvermeidlich. Nur wenn ein solches gemeinsames Verständnis existiert, können die Dialog-Begleiter in schwierigen Situationen eingreifen und auf diese Kernelemente und -fähigkeiten hinweisen.

Es fällt den meisten Gruppen nicht schwer, sich mit den zehn Kernfähigkeiten, die wir in Kapitel 4 vorgestellt haben, anzufreunden. Schwierig wird es erst, wenn es darum geht, unsere Reaktivität zu erkennen und damit zu arbeiten. Wir führen deshalb einige elementare definitorische Unterscheidungen und praktische Übungen ein, die sich sehr bewährt haben, um Aufmerksamkeit und Kompetenz zu schulen.

An dieser Stelle wollen wir nur kurz darauf eingehen (im Anhang S. 259 ff. werden die Übungen und Modelle ausführlicher dargestellt): zu nennen wären etwa die sogenannte *Linke-Spalte-Übung*, die *Unterscheidung zwischen Beobachtungen und Bewertungen*, das Bild von der *Leiter der Schlußfolgerungen,* das Gleichgewicht zwischen *Plädieren und Erkunden* sowie unsere Form der sogenannten *Dilemma-Übung.* Zweck dieser Bilder und Übungen ist es, den Teilnehmern zu helfen, ihre inneren mentalen Modelle zu erkennen, die das, was wir denken, hören und sagen, beeinflussen.

Mit wachsender Aufmerksamkeit können wir aufgrund der Erfahrungen durch diese Übungen die automatisch ablaufenden Reaktionen unterbrechen und neue Wege des Denkens einschlagen sowie eine andere Art zu sehen, zu hören und zu sprechen lernen. Für viele Teilnehmer ist diese wachsende Fähigkeit, sich selbst, andere und die Welt »mit anderen Augen zu sehen« (wie es ein Teilnehmer formulierte), das wichtigste Ergebnis der Arbeit im Dialog. Sie eröffnet uns neue Kommunikationsmöglichkeiten und eine bewußtere Wahrnehmung. Nach unserer Erfahrung entwickeln die meisten Menschen diese Fähigkeiten durch bewußte prakische Übung und Begleitung *(coaching).* Dafür ist eine anfängliche Phase des *Lernens/Praktizierens/Coaching* hilfreich.

Die Rolle des Dialog-Begleiters im generativen Dialog

Die Hauptaufgabe des Dialog-Facilitators liegt darin, möglichst von Anfang an ein positives, vertrauensvolles Klima in der Gruppe zu schaffen. Für die Dialog-Begleiter ist es unverzichtbar, ihre eigenen Dialogfähigkeiten zu entwickeln. Vielfach werden Autoritätserwartungen auf Leitungs- oder Führungspersonen projiziert. Häufig wird erwartet, daß Führungskräfte als »Wissende« auftreten anstatt als Lernende. Die Rolle des Facilitators unterscheidet sich in unserem Verständnis aber wesentlich von der traditionellen Rolle einer Diskussionsleitung. Es geht vielmehr um die Qualitäten von *Aufmerksamkeit* und *Präsenz* und um die Fähigkeit, sich als *Lernende* zu verstehen, anstatt eine traditionelle Lehrhaltung einzunehmen, die auf einem bestimmten Wissensfundus und Sachkenntnis basiert.

Folgende Geschichte aus Freemans Erfahrung mit der »Boston Urban Leaders Dialogue Group« verdeutlicht die Schwierigkeiten, die auftreten können, wenn Dialog-Begleiter noch wenig Erfahrung haben und die gemeinsamen Ziele der Gruppe sowie die Rolle der Dialog-Begleiter nicht klar sind.

Während eines der ersten Treffen beklagte eine Dialog-Begleiterin, daß Teilnehmer häufig zu spät kamen. Das löste die Reaktion einer Teilnehmerin aus, die sich mit dem Gegenangriff wehrte, daß die Dialog-Begleiter zwar von Offenheit und Gleichheit redeten, daß sie aber die Gruppe zugleich mit unausgesprochenen Regeln, Erwartungen und Ansprüchen unter Druck setzten. Als Begleitungsteam reagierten wir auf diesen Vorwurf zunächst defensiv. Das vorhandene Mißtrauen wurde dadurch aber offenbar noch verstärkt, denn anschließend verließen zwei Teilnehmer die Gruppe mit der Erklärung, sie würden sich hier nicht »sicher« fühlen. Wir haben das sehr bedauert, doch auch viel daraus gelernt.

Diese Erfahrung machte uns deutlich, wie zerbrechlich und anfällig der Container in den frühen Phasen des Dialogs ist und wie wichtig es für die Dialog-Begleiter ist, die Aufgabe des Begleitens klar zu formulieren und mit der Gruppe die Erlaubnis für die Übernahme dieser Rolle abzustimmen.

Dies war nicht in der erforderlichen Klarheit geschehen, und die Teilnehmerin wurde teilweise in ihrer Behauptung bestätigt, daß wir unausgesprochene Regeln und Standards voraussetzten, die wir aber nicht deutlich gemacht hatten. Wären wir bereits erfahrener gewesen und hätten unsere eigenen Dialogfähigkeiten weiter entwickelt, hätten wir nicht so defensiv reagiert, sondern mit Interesse und Neugier nachgefragt, um mit der Gruppe von dieser Lernmöglichkeit zu profitieren. Jetzt im nachhinein empfehlen wir, daß die Dialog-Begleiter der Gruppe gegenüber ihre Rolle deutlich formulieren, daß sie:

- die einleitende Orientierung auf den Dialog vornehmen,
- die grundlegenden Regeln mit der Gruppe zusammen erarbeiten,
- den fortlaufenden Prozeß als Coach begleiten,
- die Treffen eröffnen und beenden.

Der entscheidende Unterschied zwischen einem erfahrenen Dialog-Begleiter und dem Teilnehmer eines Einführungsseminars ist ihre unterschiedliche Reaktivität. Eine erfahrene Dialog-Begleiterin hat die Fähigkeit entwickelt, die Spannung polarisierter Ideen, Gedanken und Gefühle zu »halten« – die sie in sich oder in der Gruppe spürt. Sie hat gelernt, ihre eigenen Urteile und die Annahmen der Gruppe wahrzunehmen, und ist in der Lage, sie zu suspendieren, in der Schwebe zu halten. Das kann im Dialogprozeß wichtig sein, wenn gegensätzliche Meinungen zu Spannungen und Konflikten in der Gruppe führen. Vor allem in solchen Situationen sollte der Dialog-Begleiter ruhig und zentriert seine inneren Reaktionen und die der Gruppe beobachten. Es kann in solchen Situationen manchmal sinnvoll sein, daß die Gruppe selbst durch ihre Reaktionen hindurchfindet, oder es kann den Prozeß verständlicher machen, wenn Hinweise gegeben oder Fragen gestellt werden wie:

- »Ich möchte Sie einladen, auf die Reaktion zu achten, die Sie bei sich in dieser Situation beobachten.«
- »Welche Annahmen könnten Ihrer Reaktion zugrunde liegen?«
- »Welche mentalen Modelle filtern Ihr Verständnis oder Ihre Sicherheit?«
- »Wollen Sie etwas über eventuelle ›blinde Flecken‹ Ihrer Wahrnehmung erfahren?«
- »Was könnte Ihnen helfen, die andere Person, die andere Seite besser zu verstehen?«

Die Grundhaltung der Dialog-Begleiter ist die von Lernenden. Sie werden eher neugierig als reaktiv oder kritisch sein, etwa in dem Sinn: *»Es ist etwas passiert ... lassen Sie uns doch einmal anschauen, was das bedeutet, was es für uns bedeutet.«* Meist befinden wir uns in der Position von Wissenden und beurteilen, wie die Dinge sind und was sie nach unseren mentalen Modellen bedeuten. Wenn ich beispielsweise einer Kollegin im Dialog zuhöre, kann es sein, daß ich sofort darauf reagiere: *»Wie dumm! Die weiß wirklich überhaupt nicht, wovon sie redet.«* Und ich bin sofort mit einem Gegenargument zur Hand: *»Also, ich denke aber... (das Gegenteil).«* Der entscheidende Unterschied zwischen dem Urteilenden, Wissenden und dem Lerner wurde von *Fred Kofman*, einem sehr erfahrenen Coach, in Seminaren so dargestellt:

»Zwei Menschen erleben die gleiche schwierige Situation. Der Wissende ruft aus: ›So ein Mist!‹ (Oh, shit!) Der Lernende ruft: ›Was für ein wunderbarer Dünger!‹ (Oh, fertilizer!)«

Diese Lernhaltung hat immensen Einfluß darauf, was wir wahrnehmen. Sie eröffnet uns Möglichkeiten, die eine Wissende, die immer im Recht sein möchte, »scheinen« möchte, etwas darstellen möchte, nie wahrnehmen kann. Die Lernende ist neugierig, möchte verstehen, etwas erkunden, in Frage stellen und weitersuchen.

Dialog-Begleiter, die sich als Lerner verstehen, werden den Fluß des Dialogs in zahllosen Situationen allein durch ihre erkundende, fragende Haltung unterstützen. Anstatt Regeln oder Richtlinien braucht die Dialog-Begleiterin hauptsächlich ihre aufmerksame Präsenz als ihr wichtigstes Handwerkszeug.

Nun sind auch die erfahrensten Dialog-Begleiter keine perfektionierten Wundermenschen, sondern in ihren Wahrnehmungen und Sichtweisen ebenfalls begrenzt. Und es kann für den Prozeß des Dialogs fruchtbar sein, wenn sie ihre Grenzen offenlegen und zu einem Teil des Prozesses machen. Dies kann z. B. folgende Geschichte aus unserer Erfahrung zeigen.

Ein Beispiel aus unserer Erfahrung

Auf einem von Freeman und Martina begleiteten mehrtägigen Dialog kam es in einer Runde zu folgender Szene:

Nach einigen Wortbeiträgen in einer Council-Runde steht ein Teilnehmer nach seinem Beitrag auf und verläßt die Runde und den Raum. Kurze Stille und offensichtliche Irritation und Verwunderung bei einigen anderen. Freeman beugt sich zu Martina und flüstert ihr zu: »Kannst du mal eben hinterhergehen und klären, was passiert ist, ob er wiederkommen will oder eine Pause oder Hilfe braucht, oder was los ist?«

Martina nickt wortlos, steht auf und geht hinaus. Sie kommt kurz darauf zurück und setzt sich wieder in die Runde. Der Stein ist währenddessen weitergegeben worden. Das Thema des hinausgegangenen Teilnehmers ist noch im Raum, Reaktionen und Fragen werden laut.

Martina und Freeman sehen diesen Vorfall als Gelegenheit für die Gruppe, anhand eines lebendigen Beispiels aus dem Prozeß die dahinter verborgenen Geschichten, Muster, Interpretationen aufzudecken. Freeman fragt: »Was ist eure Geschichte von dem, was eben passiert ist?« Nicht, was *ist* geschehen – sondern was hast *du* und *du* und *du* in den letzten Minuten erlebt? Auch Freeman und Martina erzählen ihre Geschichten dieses Erlebnisses.

Martina: Als du, Freeman, mich gebeten hast nachzuschauen, wie es Franz geht, habe ich gemerkt, daß ich mir keine Chance gelassen habe, über diese Frage bewußt nachzudenken, sondern statt dessen sofort reagiert habe. Es war in mir sofort die Stimme des *braven Mädchens* da, das folgsam die geäußerte Bitte erfüllen wollte. Was du nicht wissen konntest, war, daß ich bereits in der Pause mit Franz gesprochen hatte und er mir gesagt hatte, daß er vielleicht einfach für einige Zeit die Runde verlassen müßte. Ich hätte dir das mitteilen können – aber ich habe mir selbst keine Zeit gelassen, das zu überlegen, sondern fand mich zu schnell in der Rolle des folgsamen Mädchens, das der geäußerten Bitte sofort nachkommen wollte.

Freeman: Ich glaube zu sehen, daß in mir sehr stark der *verantwortliche Vater* gesprochen hat, der selbst zu wichtig ist, um die Runde zu verlassen.

Diese Mitteilungen von Freeman und Martina können helfen, den Prozeß zu verstehen, sollen aber auf keinen Fall den Beigeschmack einer Belehrung haben. Sie entspringen vielmehr dem gerade erlebten persönlichen Prozeß.

Dieses Beispiel zeigt, daß Dialog-Begleiter immer auch Teilnehmende im Dialog sind und zugleich daran arbeiten, den Raum für Fragen und Erkundungen zu schaffen. Wenn beide Facilitatoren in einen solchen Vorfall verwickelt sind, besteht die Gefahr, daß niemand mehr da ist, der die Verantwortung übernimmt, um diesen »Container zu halten«. Die Dialog-Begleiter sollten in solchen Fällen selbst einschätzen können, ob sie bei dem Versuch, ihre eigene Geschichte zum Gegenstand der Erkundung zu machen, genügend präsent und zentriert im Gruppenprozeß bleiben können.

Verschiedene Muster können an dieser Szene zu Tage treten, und sehr unterschiedliche Interpretationen sind bei mehr als 20 Personen wahrscheinlich:

Mögliche Vor-Annahmen, die im Raum standen:

- Von Freeman: *Ich sollte hier in der Runde bleiben, Martina sollte sich daher um den einzelnen Teilnehmer kümmern.*
- Von Martina: *Es soll hier ein guter Dialog laufen, um die Runde möglichst wenig zu stören, gehe ich schnell und unauffällig raus.*
- Von den Teilnehmern vor dem Offenlegen der unausgesprochenen Gedanken von Martina und Freeman:
  - *Gut, daß die beiden das so zügig regeln.*
  - *Warum muß hier ein Teilnehmer eine Sonderbetreuung bekommen?*
  - *Schon wieder der Franz, muß der so viel Aufmerksamkeit für sich haben?*
  - *Was würde ich als Facilitator in einer solchen Situation machen?*

Einige – mögliche – Reaktionen und Interpretationen der Teilnehmer nach dem Offenlegen von Martina und Freeman:

- *Ein typischer Mann-Frau Konflikt.*
- *So habe ich das vorher noch gar nicht sehen können.*
- *Wenn wir jetzt jedem Wortwechsel so lange nachgehen, was schaffen wir dann heute überhaupt?*
- *Aha, jetzt verstehe ich diese Idee der verschiedenen inneren Stimmen allmählich.*
- *Diese Facilitatoren sind völlig inkompetent. So was müßten sie doch im Griff haben.*

- *Wenn die beiden noch solche Reaktionen bei sich feststellen, obwohl sie schon so viele Dialoge gemacht haben, ist das ja noch ein langer Weg für mich ...*

Wenn es möglich ist, diese verschiedenen Annahmen und Reaktionen auszusprechen, wird verständlich, welches breite Spektrum an unterschiedlichen Geschichten es zu nur einer Sequenz geben kann. Dadurch, daß die Begleiter den übrigen Teilnehmern ihre Geschichten erzählen, wird es möglicherweise auch für diese einfacher, ihre Wahrnehmungen mitzuteilen, ohne sich in der Gefahr zu sehen, als arrogant, dumm oder begriffsstutzig zu gelten. Die Aufmerksamkeit wird in der gesamten Gruppe höher, die Bereitschaft, eigene Urteile zu hinterfragen, wächst.

Eigene Urteile hinterfragen

Was ist das Thema eines generativen Dialogs?

Die Frage nach dem Thema steht häufig am Anfang eines generativen Dialogs. Statements wie »Worüber reden wir hier eigentlich?«, »Was du gesagt hast, hat nichts mit dem Thema zu tun!«, »Wir haben ja kein richtiges Thema! – Ich weiß nicht, was wir hier machen«, »Ich bin nicht hier, um über sowas zu reden« gibt es häufig.

Es ist für die meisten Teilnehmer schwierig zu verstehen, daß das eigentliche Thema des Dialogs der Prozeß ist, wie wir über etwas reden und wie wir den Dingen einen Sinn geben. Das, worüber wir gerade reden, ist nicht so sehr das *Thema*, zu dessen Vertiefung wir etwas beitragen wollten, das Thema ist vielmehr das *Material*, mit dessen Hilfe wir erkunden, wie wir zusammen über etwas reden. Doch kann es zu einem faszinierenden neuen »Bedeutungsfluß« kommen, der entsteht, wenn ein Thema für die Gruppe so wichtig ist, daß sie sich damit intensiv auseinandersetzt. Der Anspruch allerdings, ein Thema zu finden, das sowohl die gesamte Gruppe interessiert als auch geeignet ist, uns deutlich zu machen, wie wir unsere »Welt der Bedeutungen« erschaffen, bewegt sich gewissermaßen »auf des Messers Schneide«. Wenn das Thema uns zu sehr fesselt, kann es sein, daß wir uns völlig auf den Inhalt konzentrieren. Wenn es uns langweilt, besteht die Gefahr, daß wir auch das Interesse am Prozeß verlieren. In dieser Spannung liegt eine der Paradoxien des generativen Dialogs.

Ein Thema finden

Während in einem strategischen Dialog für alle in der Gruppe klar ist, daß sie zusammenkommen, um sich mit einem bestimmten Thema auseinanderzusetzen, besteht in einem generativen Dialog unter Menschen, die sich nicht kennen, kein Konsens darüber, daß *ein* Thema wichtiger ist als *ein anderes*. Für einen ersten Einstieg in den Dialog ist es sinnvoll, ein Thema vorzuschlagen, das für alle interessant ist, um eine möglicherweise lange Diskussion darüber zu vermeiden, worüber geredet werden könnte. Solche Themen können sein:

• Welche Rolle spielt Ärger in meinem Leben?
• Wie erlebe ich Macht, und wie drücke ich sie aus?
• Was ist meine Verantwortung für den Zustand der Welt?

Wir haben die Erfahrung gemacht, daß durch das Check-in zu Beginn eines Dialogs häufig schon ein Thema entsteht. Eine hilfreiche Frage für das Check-in ist: »Was ist für euch/Sie jetzt im Moment wichtig?« Wenn die Menschen in dieser Runde davon sprechen, was sie wirklich gerade bewegt, entsteht dadurch bereits ein Thema, und die anderen klinken sich ganz selbstverständlich in das Gespräch ein.

»Ihr konntet nur mich gemeint haben.«

Erfahrungen und Erlebnisse: Geschichten aus offenen Dialog-Seminaren

1. »Ihr habt sicher mich gemeint...«
Eine Frau springt die »Leiter der Schlußfolgerungen« hinauf und klettert langsam wieder hinunter

Folgende Geschichte trug sich in einem Dialog-Seminar, das Freeman und Martina begleiteten, zu:

Während einer Dialogrunde machte Walter die Bemerkung, wie wichtig es sei, nicht auf Kosten der eigenen Gesundheit zu leben und zu arbeiten. Martina schmunzelte und schaute zu Freeman hinüber, der zurücklächelte. Martina schlug kurz die Klangschale an. Der Dialog ging weiter.

Bei der Check-out-Runde am Nachmittag hielt Frauke eine Weile inne, als der Stein bei ihr angelangt war. »Ich bin seit heute morgen ganz aufgebracht und weiß immer noch nicht, ob ich euch erzählen kann, was mich so furchtbar aufgeregt hat. Wahrscheinlich bin ich ganz oben auf der Leiter!« Pause, Seufzen. »Vielleicht geht es aber jetzt. Die Übung über die ›Leiter der Schlußfolgerungen‹, die wir eben gemacht haben, hat mir sehr gut getan, in unserer Gruppe hatten wir ein sehr intensives Gespräch. Ich denke, daß ich euch doch jetzt erzählen kann, wie es mir ergangen ist.« Wieder Pause. »Heute morgen hat Martina den Freeman angelächelt, als jemand von Gesundheit gesprochen hat – und dann hat sie auch noch die Klangschale geschlagen. Also, ich weiß ja wohl, daß ich viel zu dick bin – wie jeder sehen kann –, und außerdem rauche ich auch noch. Ja, als ihr euch so angesehen habt, war mir ganz klar: ihr konntet nur mich gemeint haben! – So, nun habe ich es euch wenigstens erzählt. Und inzwischen glaube ich schon selbst, daß ich vielleicht ziemlich weit oben auf der Leiter bin. Aber heute mittag war mir sonnenklar, daß ihr nur mich gemeint haben konntet.«

Freeman sah Frauke fragend an: »Möchtest du deine Annahme untersuchen? Ist es dir recht, wenn wir gemeinsam versuchen festzustellen, wie deine Interpretation begründet war?« Frauke nickte – ein wenig zögernd.

»In solchen Fällen, wenn wir ein ganz bestimmtes Bild von uns selbst und von unserer Wahrnehmung der Wirklichkeit haben, kann eine ganz einfache Frage Wunder wirken. Du könntest zum Beispiel Martina fragen, was sie mit dem Lächeln gemeint hat. Aber manchmal fällt uns gerade eine solche Frage schwer, weil wir ja die Befürchtung haben, daß unsere Annahme bestätigt werden könnte. Und um dem zu entgehen, fragen wir lieber nicht und ertragen eher unsere Angst und Unsicherheit. Frauke, wenn du möchtest, könntest du Martina fragen, was sie mit dem Lächeln gemeint hat.« Frauke anwortet zunächst nicht. Dann entschließt sie sich aber doch, die Frage zu stellen.

Martina: »Heute morgen hat Freeman noch vor Seminarbeginn einen Massagetermin wahrgenommen. Er hatte in den letzten Tagen ziemliche Probleme mit seinem Rücken und der Schulter. Und ich kann meinen linken Arm kaum bewegen, er ist von einer Allergie-Spritze, die ich gestern bekommen habe, noch ganz heiß und angeschwollen, trotzdem sitzen wir beide hier im Seminar.

Ich mußte wirklich über uns lachen, als Walter fragte, ob wir nicht alle viel mehr auf die eigene Gesundheit achten müßten. Wir haben schon im Wagen auf dem Weg hierher darüber gelacht, wie wir beide unsere armen Körper zum Seminar hinschleppen. Und als Walter gerade sagte, wir ›Bewußtseinskämpfer‹ seien unserem eigenen Körper gegenüber oft blind, traf das für mich den Nagel auf den Kopf.

Aber zu dir, Frauke, möchte ich sagen, daß ich deine Geschichte als ein mutiges und wichtiges Geschenk empfinde. Indem du uns deine Gefühle und deinen Denkprozeß mitgeteilt hast, wurde die automatische Reaktionskette durchbrochen, die in unterschiedlichen Formen in uns allen immer wieder abläuft. Und das ist ja genau das, was wir hier im Dialog tun wollen. Vielen Dank für deine Offenheit.«

2. »Warum bin ich so müde?«
Durch eine Frage entdeckt eine Teilnehmerin ein verstecktes Verhaltensmuster

In der Bostoner Frauen-Dialoggruppe, die sich seit einiger Zeit traf, war Jayna, die zuvor kein Treffen ausgelassen hatte, schon dreimal nacheinander nicht gekommen. Den anderen hatte sie mitgeteilt, daß es ihr nicht gut gehe und sie sehr erschöpft sei.

Eine andere Teilnehmerin, Ellie, der es merkwürdig erschien, daß Jayna mehrmals nicht gekommen war, versuchte, sich daran zu erinnern, was bei dem letzten Treffen, an dem Jayna teilgenommen hatte, geschehen war. Ellie fiel eine Szene gegen Ende des Dialogs ein, die für Jayna vielleicht schwierig gewesen sein könnte, und sie rief Jayna an.

Sie sprach mit ihr über diese Szene: »Kann es sein, daß du aus einem anderen Grund nicht mehr wiederkommst, und nicht nur, weil du müde bist und dich schlecht fühlst?« Jayna wurde nachdenklich und ging dem nach, was vielleicht noch unter ihrem Gefühl von Müdigkeit und Erschöpfung verborgen lag – da war tatsächlich so etwas wie eine unangenehme, schmerzliche Erinnerung an dieses letzte Treffen. »Ja, als Rosa um Ruhe bat, nachdem ich meine Geschichte erzählt hatte, fühlte ich mich, als hätte sie mich zum Schweigen bringen wollen.« Sie schwieg und fuhr nach einer Weile fort: »Es verunsichert mich etwas, wenn dieses Gefühl wieder hochkommt. Ich fühle mich wieder in meine Kindheit zurückversetzt. Wenn ich als Kind meine Meinung gesagt habe, haben sich meine Geschwister oft über mich lustig gemacht. Ich habe dann schnell den Mund gehalten und gar nichts mehr gesagt. Ich dachte, das wäre vorbei, aber offensichtlich bin ich wieder in genau dieselbe Falle getappt.« Pause. »Ich habe mich wirklich nicht gut gefühlt und war erschöpft – eigentlich bin ich es aber leid, daß ich mich durch dieses Muster immer wieder mundtot machen lasse. Schon allein dadurch, daß mir das jetzt klar wird, fühle ich mich besser. Vielen Dank, Ellie, für deinen Anruf und für die Frage! Ich bin am Montag wieder beim Dialog!«

3. »Meinem Antisemitismus auf der Spur«
Von der Chance, unbewußte Vorurteile auszugraben
In der folgenden Geschichte erzählt eine Teilnehmerin der »Boston Urban Leaders Dialogue Group«, wie sie durch die Dialogerfahrungen einem eigenen Vorurteil auf die Schliche kam und wie die Gruppe sich mit diesem Erlebnis auseinandersetzte:

»Während eines Dialogs in Boston machte eine Frau, die sich selbst als Jüdin vorstellte, die Bemerkung, sie habe zuvor ihre Meinung nicht geäußert, da sie nicht als ›Jewish bitch‹ gelten wollte.

Dadurch stieß ich auf ein Vorurteil, das mir zuvor nicht bewußt gewesen ist. Ich wuchs in Montana auf, wo es sehr wenige Juden gab, und glaubte, ich sei frei von Vorurteilen gegenüber jüdischen Personen. Ich versuchte, die Worte der jüdischen Frau zu verstehen und war mir nicht ganz im klaren darüber, was sie wohl gemeint hatte. Welche Vorstellung verband sie mit dem Bild, mit dem sie nicht identifiziert werden wollte?

Dann aber wurde mir deutlich, daß ich durchaus eine eigene, wenn auch vage Vorstellung von dem hatte, was sie meint. Ohne zu fragen, was die Vorstellung dieser Frau von einer ›Jewish bitch‹ sein mochte, stellte ich fest, daß ich durchaus ein Bild davon hatte. Überrascht dachte ich mir: ›Wenn ich weiß, was dieses Schimpfwort bedeutet, dann habe ich etwas von diesem Vorurteil irgendwo in mir.‹

Es fiel mir plötzlich eine Szene wieder ein: Vor einigen Wochen hatte meine vage Vorstellung – die nun den Namen ›Jewish bitch‹ trug – am Telefon meine Reaktion auf eine mir unbekannte Person beeinflußt. Ich hatte die Stimme meiner Gesprächspartnerin als klagend und aggressivjammernd empfunden und damit diesen Begriff verbunden. Lag darin die Spur eines mentalen Musters – eigene Vorurteile gegenüber jüdischen Frauen, die ich selbst zuvor nicht bewußt wahrgenommen hatte? Wie war ich zu so einem Vorurteil gekommen?

Eigene Vorurteile nicht bewußt wahrgenommen?

Ich nehme an, daß ich diese Vorstellung und das mentale Bild einer ›Jewish bitch‹ irgendwann zu der Zeit, als ich im Nordosten lebte, unbewußt aufgenommen habe. Es war gleichzeitig verwirrend, überraschend, irgendwie verunsichernd, und dennoch faszinierte mich die Entdeckung, daß ich selbst Bilder und Vorstellungen, ja Vorurteile hatte, die mir nicht bewußt gewesen waren.

Was bedeutete dieses Vorurteil? Und was bedeutete es für die anderen Menschen in unserem Kreis, die es auch gehört hatten und offenbar – vielleicht? – eine ähnliche Interpretation und ein ähnliches Bild davon im Kopf hatten? Denn die Bemerkung der Frau blieb von den anderen ziemlich unbeachtet, für mich ein Zeichen dafür, daß ihre Bedeutung allen klar war. – Warum war nur mir das aufgefallen? Konnte es sein, daß mein Vorurteil nicht ganz so tief saß und daß ich es einfacher bemerken konnte? Was hatten die anderen gedacht, als die jüdische Frau den Begriff ›Jewish bitch‹ benutzt hatte? Und was war mit der Frau, die diese Redensart im Hinblick auf sich selbst benutzt hatte – sicherlich spiegelte diese Aussage ebenfalls ein internalisiertes Muster wider. Welche Bedeutung gab sie diesen Worten unbewußt?

Diese Fragen beschäftigten mich sehr, und ich versuchte, den anderen meine Gedankengänge und diese für mich selbst überraschenden Fragen und Entdeckungen zu erklären, auf die ich gestoßen war. Allerdings war ich völlig unvorbereitet auf den Gefühlsausbruch, den ich damit in der Gruppe auslöste.

An diesem Abend verließ ich den Dialog völlig verwirrt und erschüttert über die Welle von Wut, Schmerz und Ärger, die ich bei einer Anzahl jüdischer Dialogteilnehmer und -teilnehmerinnen ausgelöst hatte. Besonders enttäuscht und traurig war ich darüber, daß mir niemand dabei half, meine eigenen Annahmen genauer zu untersuchen – wirklich in sie ›hineinzuschauen‹.

Wie blind und taub war ich nicht nur in meinen Vorurteilen, sondern in meiner kulturellen Identität gewesen. Mir wurde klar, daß die meisten unserer kulturellen Bilder uns nicht bewußt von unseren Eltern oder von unseren Schulen beigebracht werden, genauso wie wir die komplexe Sprache, die wir als Kinder lernen, eher unbewußt als bewußt aufnehmen.«

Woher kommen meine Reaktionen?

Diese Geschichte ist für uns ein Beispiel dafür, wie Schicht für Schicht die eigenen Annahmen und mentalen Modelle aufgedeckt werden können, indem immer wieder die Frage gestellt wird, woher die eigenen Reaktionen kommen.

4. Die Kraft des Zuhörens

Das Thema »Mann-Frau« tauchte in verschiedenen Treffen einer Dialoggruppe, an denen durchschnittlich etwa 10 Frauen und 6 Männern teilnahmen, auf, wurde aber immer wieder schnell fallengelassen. Es schien, als ob das Vertrauen zwischen Frauen und Männern noch nicht groß genug war für ein solches Thema. Bei dem achten Treffen sorgte die Bemerkung einer Frau für Wirbel: »Jedesmal, wenn ich mit *Männern* in einer Sitzung bin, habe ich das Gefühl, daß ich viel Energie darauf verwenden muß, *überhaupt* wahrgenommen zu werden. Es ist, als ob ich *unsichtbar* wäre.« Eine andere Frau fügte hinzu: »Also, ich fühle mich durchaus gesehen – weil sie sich meinen *Körper* schon recht genau anschauen, nur was ich *sage*, interessiert keinen.«

Wahrgenommen werden

Darauf ergriff eine Frau nach der andern das Wort. Sie sprachen sehr engagiert über ihre Erfahrungen mit Männern und über ihre gesellschaftliche Situation als Frauen, berichteten von Situationen, in denen sie Ungerechtigkeit, Mißbrauch und Erniedrigung erlebt hatten – sehr persönliche Geschichten aus unterschiedlichen sozialen Verhältnissen.

Bis eine Frau sagte: »Ich frage mich, wem ich das hier eigentlich erzähle? Es spricht doch wohl für sich, daß in der letzten Viertelstunde kein einziger Mann etwas gesagt hat.« Es war lange still im Raum, bis endlich ein Mann sprach: »Ich habe nichts gesagt, weil ich mein Leben lang in der privilegierten männlichen Position war. Ich dachte, jetzt sei es an der Zeit zuzuhören.« Die Erleichterung war spürbar, zugleich stieg die Spannung im Raum. Es begannen auch einige andere Männer zu sprechen. Einer sagte: »Es heißt immer, daß *Frauen* unterdrückt und mißbraucht werden. Ich wurde als Kind physisch *von einer Frau* mißbraucht, die *meine Lehrerin* war …«

Nach seiner Geschichte änderte sich die Stimmung, und die Frauen begannen nun zuzuhören. Es war eine vertrauensvolle Atmosphäre entstanden, und der Dialog wurde getragen von gegenseitigem Interesse, weil alle voneinander lernen wollten. Durch die Intensität des Zuhörens waren Ehrlichkeit und Offenheit möglich geworden.

7 Der Dialog im sozialen Alltag

Eine dialogische Haltung, die auf offenem Zuhören und generativem Sprechen basiert, kann überall praktiziert werden: unter Kollegen, Freunden und auch in der Familie.

Die Familie stellt wahrscheinlich das schwierigste Praxisfeld für den Dialog dar – aber der Einsatz lohnt sich. Die Familienmitglieder sind unter anderem in einem komplexen Netz eingefahrener Muster, unausgesprochener Annahmen und nicht besprechbarer Themen gefangen. Es ist ziemlich unrealistisch, von Familienmitgliedern, die sich in diesen tief verwurzelten Mustern sicher aufgehoben fühlen, zu erwarten, daß sie ihre Sicherheiten im dialogischen Sinn »suspendieren«. Denn wenn Licht und damit Veränderung in dieses Dickicht gebracht wird, kann das für die Beteiligten, die sich mit diesen Mustern identifizieren, zunächst eine tiefgreifende Verunsicherung bedeuten.

Dennoch gibt es in Familien auch Situationen, wo nichts so wichtig ist wie offenes Zuhören und generatives Sprechen. Wenn in solchen Momenten wenigstens einer da ist, der innehält, einmal tief durchatmet und sich in eine »dialogische Haltung« begibt, können daraus sehr fruchtbare Momente werden. Wir wollen von einigen solcher Situationen berichten.

Einmal tief durchatmen

Beispiele

Eine Mutter greift zur Spülbürste

Jane, die an der »Boston Urban Leaders Dialogue Group« teilnahm, erzählte davon, wie sie zu Hause ein Redeobjekt besonderer Art einführte, um einer schwierigen Situation eine Wendung zu geben. Sie nahm sehr engagiert und regelmäßig an der Dialoggruppe teil, war aber frustriert darüber, wie groß der Kontrast zu ihrem Familienalltag war, wo sie sich häufig in kräftezehrenden Diskussionen mit ihren heranwachsenden Kindern wiederfand.

Eines Abends kam beim Essen das Thema »Taschengeld« auf, und es entspann sich eine heiße Diskussion darüber. Jeder hatte eine andere Meinung und war von deren Richtigkeit und Wichtigkeit sehr überzeugt. Niemand hörte auf den anderen. Wenn jemand etwas sagte, gab es sofort Widerspruch, alle redeten gleichzeitig und durcheinander, möglichst laut und engagiert.

Schließlich versuchte Jane in ihrer Not, sich Gehör zu verschaffen. Sie stand auf, ging in die Küche, kam mit der Spülbürste in der Hand zurück, legte sie mitten auf den Tisch und sagte: »Es redet jetzt nur, wer dieses Ding in der Hand hat!« Zunächst begegneten ihr verwunderte Blicke, aber dann erklärten sich alle mit dem Versuch einverstanden.

Jane erzählte bei unserem nächsten Dialogtreffen: »Sie haben dann tatsächlich angefangen, einander zuzuhören!«

»Wir haben uns nicht getraut runterzukommen...« Teenager-Council am Küchentisch

Annette, eine Lehrerin aus einem unserer Dialog-Seminare, erzählte von einer denkwürdigen, festlichen Redesteinrunde beim Abendessen, mit der sie in ihrer Familie einen Konflikt bereinigt hatte. Sie war drei Wochen verreist gewesen und hatte ein befreundetes Paar gebeten, während dieser Zeit auf das Haus zu achten und den beiden Töchtern Sophie, sechzehn, und Steffi, siebzehn Jahre, ein wenig zur Seite zu stehen. Wie der Zufall es wollte, verliebte sich Steffi wenige Wochen vor der Abreise ihrer Eltern heftig in einen sechs Jahre älteren Mann. In einem ernsthaften Gespräch zwischen Mutter und Tochter bat Annette darum, daß die Entscheidung über eventuelle Übernachtungsfragen nicht zu einem Problem für die Freunde werden, sondern bitte nach ihrer Rückkehr besprochen werden sollte. Annette: »Ich fragte Steffi, ob sie es fair fände, damit bis zu meiner Rückkehr zu warten? ›Klar, Mama, das verstehe ich doch‹, hat sie geantwortet. Aber was passierte? Kaum war ich nach dem Urlaub wieder zu Hause, bemerkte ich gleich an der Stimmung, daß etwas nicht gut gelaufen war. Meine Freunde waren erleichtert, daß ich wieder da war. Sie waren eben doch in genau die Situation geraten, die hatte vermieden werden sollen. Steffi und ihr Freund hatten sich tagelang in ihrem Zimmer verkrochen, sich kaum in der Küche bei den anderen sehen lassen und teilweise nur mit unter der Tür hindurchgeschobenen Briefchen mit den anderen kommuniziert.«

Annette war empört. »Ich hatte soviel Vertrauen zu meiner Tochter. Ich verstand überhaupt nicht, wie sie so egoistisch sein konnte. Ich hatte das Gefühl, mich bei meinen Freunden für das Benehmen meiner Tochter entschuldigen zu müssen. Aber was nutzte das, wenn sie selbst nicht merkte, wie sich die anderen gefühlt haben mußten. Wir hatten im Dialog über den Wert von Einfühlungsvermögen und Empathie gesprochen – meine Tochter sollte sich jetzt wenigstens mit den anderen auseinandersetzen, die von ihrem Verhalten betroffen gewesen waren. Und ich wollte mir doch auch Mühe geben, sie zu verstehen. Also setzten wir einen gemeinsamen Abend dafür an. Steffi und ihr Freund haben ganz lecker für uns gekocht. Wir haben anschließend am Tisch eine kleine ›Council-Runde‹ abgehalten, wo jeder erzählte, wie er sich gefühlt hat.

Einfühlungsvermögen

Ich begann damit, daß mir wichtig sei, uns durch diese Situation nicht voneinander zu entfernen, sondern etwas daraus zu lernen. Ich würde mich enttäuscht fühlen, aber gerne die verschiedenen Geschichten hören. Steffi sagte, sie habe gar nicht das Gefühl gehabt, etwas Schlimmes getan zu haben. Sie habe sich nicht wohl gefühlt, und ihr Freund habe sie ein bißchen versorgt und getröstet, das wäre doch völlig in Ordnung – oder? Es sei ja nun wirklich sonst ›nichts‹ passiert…

Ihr Freund hatte wohl gemerkt, daß es nicht so ganz fair gewesen war, sich völlig aus dem Gemeinschaftsleben im Haus auszuklinken, aber er hatte dann gedacht: ›Jetzt bleiben wir besser oben in Steffis Zimmer, die anderen sind eh' schon sauer auf uns, weil wir uns den ganzen Tag nicht haben sehen lassen. Wir haben uns nicht mehr getraut runterzukommen …‹

Ich hatte das Gefühl, daß meine Tochter und ihr Freund wirklich erstaunt waren, als das mit uns befreundete Paar davon erzählte, wieviel Sorgen sie sich gemacht hatten. ›Ich habe dauernd daran gedacht, was mir deine Eltern erzählen würden, wenn du jetzt schwanger würdest. Wußte ich denn, ob du die Pille nimmst?‹ sagte Andreas, der während des Urlaubs auf Haus, Kinder und Katze aufgepaßt hatte. Seine Frau war tagsüber arbeiten gewesen, so daß er sich hauptsächlich verantwortlich gefühlt hatte.«

Annette berichtete erstaunt: »Steffi und ihr Freund hörten an diesem Abend wirklich zu und versuchten, diese Geschichte mit ›den Augen der anderen‹ zu sehen. Ich denke, es war aber auch wichtig, daß sich durch dieses Gespräch alle ernst genommen fühlten, und klar war, daß niemand dem anderen seine Version aufzwingen wollte. Steffi verteidigt sich sonst sehr heftig, wenn ich ihr Verhalten kritisiere, aber nach dieser kleinen Check-in-Runde, wo jeder von uns seine Geschichte erzählt hat, verstand sie auch, daß Andreas, dem ich ja die gesamte Verantwortung übertragen hatte, sich Sorgen gemacht hatte. Sie war sogar erleichtert, daß wir uns die

*Mit den Augen
der anderen sehen*

Zeit nahmen, in Ruhe über die Vorfälle zu reden, so daß kein schlechter Nachgeschmack zurückblieb und wir alle hinterher das Gefühl hatten, daß wir uns wieder ohne Groll in die Augen sehen konnten.

Diese Geschichte liegt ja nun schon zwei Jahre zurück – aber wir haben uns seitdem manchmal an dem großen Eßtisch zusammengesetzt, um Familienprobleme dort gemeinsam und in Ruhe zu besprechen.«

»Wie geht es denn dir?«
Ein Dialog mit mir selbst veränderte die Beziehung zu meinem Schwiegervater

Eine Teilnehmerin aus einer Dialoggruppe erzählte die folgende Geschichte:

»Mein Schwiegervater und ich hatten eine sehr ›zweckmäßige‹ Beziehung miteinander, das heißt, immer wenn wir uns sahen, waren wir freundlich zueinander, aber sonst gingen wir uns möglichst aus dem Weg. Wenn er anrief, hatte ich das Gefühl, daß wir uns wenig zu sagen hatten. Ich fand ihn recht hölzern und wenig lebendig. Jedes Mal, wenn er anrief, fragte er der Reihe nach alle Familienmitglieder ab: ›Wie geht es Sarah?‹, und ich erzählte ihm von ihr. ›Wie geht es Mark?‹, und so weiter, alle Namen durch.

Im Dialog war mir noch deutlicher geworden, wie oberflächlich solche Gespräche sind, und mir gefielen diese Telefonate immer weniger. Ich hatte das Gefühl, wir würden uns wieder und wieder durch ein altes Muster bewegen. Nach einem Dialogtreffen nahm ich mir vor, mir meine Annahmen über meinen Schwiegervater einmal genauer anzuschauen und zu überprüfen, ob das Bild, das ich von ihm hatte, tatsächlich auf nachvollziehbaren Daten beruhte oder nur in meiner Phantasie bestand. Ich war ein bißchen aufgeregt, weil es ja bedeutete, daß ich den ersten Schritt machen, also anders als nach unserem vertrauten Schema mit ihm reden mußte. Eigentlich hatte ich mir schon überlegt, daß es sich nicht lohnte, in diese Beziehung viel zu investieren.

Die erste Annahme, die ich bei mir entdeckte, war, daß ich davon ausging, mein Schwiegervater wolle sowieso eigentlich nicht mit mir reden, sondern seinen Sohn sprechen (meinen Mann). Denn wenn wir uns durch unser wohlbekanntes Fragemuster hindurchgearbeitet hatten, gab ich das Telefon in der Regel an meinen Mann weiter. Mir war nicht genau klar, warum wir immer die ganze Liste der Familiennamen durchgingen, aber ich nahm an (das war meine zweite Annahme), daß meinem Schwiegervater außer seinen gewohnten Routinefragen nichts einfiel, worüber er sich unterhalten konnte. Aber stimmte diese meine Annahme? Das wollte ich nun überprüfen und wurde eines Besseren belehrt.

Ich brach bewußt aus unserem alten Muster aus und fragte ihn, ob er einen guten Tag gehabt habe – er antwortete mir ausführlich; dann fragte ich ihn, wie weit seine Gartenpläne seien, und er freute sich, mir davon zu erzählen. Ich suchte nach weiteren persönlichen Fragen und befürchtete insgeheim, daß er wieder beginnen würde, die Liste unserer Familienmitglieder durchzugehen – aber er tat es nicht. Ich stellte ihm sieben oder acht Fragen darüber, wie es *ihm* ging, ohne daß wir über ein anderes Familienmitglied gesprochen hatten. Der Ton, in dem wir miteinander redeten, war ein völlig anderer als sonst. Ich hatte es nicht für möglich gehalten, anders mit ihm reden zu können, aber ich hatte mir nie die Mühe gemacht, meine Annahmen zu überprüfen. Erst jetzt, da ich merkte, daß es möglich war, über andere Dinge zu sprechen, konnte ich meinen Schwiegervater anders wahrnehmen. Es gab eine Wärme in unserem Gespräch, die ich nie für möglich gehalten hatte.

Dieses Telefonat hat unsere Beziehung zueinander geändert. Ich freue mich jetzt wirklich, von ihm zu hören.«

Zwei Gespräche über den Dialog im Alltag

Der erste Gesprächspartner über den Dialog im sozialen Alltag ist der Brasilianer *Paulo Freire*. Freire tritt für die radikale Überwindung des Lehrer-Schüler-Verhältnisses ein. Freire hat sein ganzes Leben als Pädagoge der Frage gewidmet, wie das Lernen den Menschen befreien kann. Sein Ziel war es, anstatt einer Art »Lerningenieurskunst« oder der üblichen Methode der »Einlagerung« von Wissensbeständen eine gleichberechtigte Beziehung von Lehrenden und Lernenden im Dialog zu entwickeln. Mit der Schaffung eines gleichberechtigten »Feldes«, der Erkundung von Schlüsselbegriffen und der Entdeckung der sozialen Beziehungen, die sie ausdrücken, revolutionierte er die Alphabetisierung. Neben der Sprachbildung wurden im Lernprozeß die sozialen Dimensionen der Wörter und Begriffe »zum Sprechen« gebracht. Ein wirklich demokratischer Lernprozeß kann sich nach Freire nur in der gleichberechtigten Begegnung von »Ich und Du« (Buber) ereignen.

Alphabetisierung

Juanita Brown wurde von ihren Erfahrungen mit der mexikanisch-amerikanischen Landarbeiterbewegung geprägt. Aufgrund ihrer Jugendzeit in Lateinamerika spricht sie nicht nur fließend Spanisch, sondern kam sie auch früh in Kontakt mit Paulo Freires Konzepten. In sozialen Bewegungen lernte sie den Ansatz schätzen, daß es beispielsweise im Sinne Freires zentral ist, die Beziehungen in der konkreten Umwelt zu entschlüsseln, in der die Menschen leben. Dies ermöglicht, die Bedeutung von Macht zu erkennen, und ist Voraussetzung dafür, andere Handlungsmöglichkeiten zu entwickeln.

Für Juanita Brown ist das Gespräch eine zentrale Veränderungsquelle. Das »gebärende« (maieutische) Gespräch erschafft etwas qualitativ Neues, für das Regeln aus ihrer Sicht nicht erforderlich sind. Sie setzt auf die verändernde Kraft des echten, menschlichen Gesprächs, das in sozialen Zusammenhängen familiären Klimas entsteht. Um diese Atmosphäre zu schaffen, arbeitet sie in ihren Seminaren mit entsprechenden Settings, schafft ein »Kaffeehaus«, in dem die Teilnehmer miteinander ins Gespräch kommen, oder nutzt zum Beispiel die Metapher einer »Seereise«, um eine Umgebung zu schaffen, in der Begegnung eher möglich wird.

»Kaffeehaus« oder »Seereise«

Juanita Brown entwickelte auch Strukturelemente für einen »strategischen Dialog«, worunter sie eine Dialog-Variante versteht, die in erster Linie neue Wege für ein vereinbartes Ziel erschließen soll. Dafür läßt sie beispielsweise prozeßbegleitende Wandzeitungen erstellen, auf denen die Teilnehmer das Entstehen ihres gemeinsamen Denkprozesses nachvollziehen können.

Der soziale Dialog braucht einen langen Atem und Gelassenheit

Ein Gespräch mit Paulo Freire, São Paulo

Der Brasilianer Paulo Freire gilt als bedeutendster Volkspädagoge der Gegenwart. Er wurde am 19. September 1921 in Recife geboren. Seine Bücher Pädagogik der Unterdrückten *und* Pädagogik der Solidarität *erschienen 1970 in Deutschland, 1974 folgte* Erziehung als Praxis der Freiheit. *Sie befruchteten die Erwachsenenbildung durch die Aktualisierung des dialogischen Prinzips der Gleichberechtigung und Freiheit im pädagogischen Prozeß. Freire konzipierte in Brasilien und Chile Alphabetisierungsprogramme, bis seine Tätigkeit durch die Militärdiktaturen unterbrochen wurde. Er war pädagogischer Berater beim ökumenischen Rat in Genf. Nach einer Lehrtätigkeit in Harvard wurde er Sekretär für Volksbildung in São Paulo.*

Er starb am 2. Mai 1997 in São Paulo an den Folgen eines Herzanfalls.

Paolo Freires Interpretation von Radikalität geht an die Wurzeln des jeweiligen Problemverständnisses. *Seine zentrale Kritik richtet sich gegen das herkömmliche Lehrer-Schüler-Verständnis. Die Auflösung dieses Widerspruchs durch ein Feld gemeinsamen Lernens geschieht im Dialog. Immer wieder erleben wir in Dialogrunden den Impuls,* soziales Engagement in qualitativ neuer Weise durch eine vertiefende Erkundungshaltung zu entwickeln. *Die Teilnehmenden bringen in der Regel Erfahrungen mit, die sie prägten, sei es »Aktivismus« oder das »Helfersyndrom«. Deutlich wird hierbei, daß es in der Regel besser ist, sich Zeit zu nehmen, um Dinge zu verlangsamen und genauer hinzuschauen, als Prozesse zu beschleunigen. Das führt zu der Chance, unsere eigene Motivation, unsere »unbewußten« mentalen Modelle kennenzulernen und anzuschauen, statt von ihnen regiert zu werden. Freires dialogischer Radikalismus gibt Anlaß, genauer zu erforschen,* warum wir etwas wollen.

Impressionen
Vom Fenster meiner Klause sah ich auf die Hauptverkehrsader der Metropole Südbrasiliens, die Avenida Paulista. Pater Albano hatte mir die Unterkunft in der Zentrale der Jesuiten an der Avenida Paulista besorgt.

São Paulo! Gestern abend hatte noch gegenüber von meinem Fenster ein älteres Haus aus der Jahrhundertwende gestanden, eingequetscht zwischen zwei Bürotürmen aus Glas und Stahl. Heute morgen waren an gleicher Stelle bereits die Betonfundamente für einen Neubau gegossen. Der durch das Fenster dringende Lärm der Stadt glich dem Rumoren und Stampfen einer ungeheuren Industriemaschine. An der Tür zum Eingang der Jesuitenzentrale lagen zwei Jugendliche und schnüffelten aus einer Plastiktüte. Mein Ziel war ein winziger Punkt auf der Karte, die an einer zehn Meter langen Wand befestigt ist und die nur einen kleinen Ausschnitt von São Paulo, nur das Stadtzentrum erfaßt.

Ich machte mich auf den Weg. Sechs-, acht- oder zehnspurig zog sich der Verkehr über die Asphaltpiste. Ein tropischer Wasserschwall brach los; und innerhalb von Minuten waren die Gullis überflutet; die Deckel sprangen auf.

Paulo Freire war ein zerbrechlicher Mann, Sekretär für Volksbildung in dieser wuchernden Stadt. Er wohnte in einem kleinen Haus an einer Seitenstraße, umzäunt von einem hohen, eisernen Stabgitterzaun. Das sei notwendig, sagte er, denn die Kriminalitätsrate in dieser Gegend wachse immens. Durch das vergitterte Fenster funkelte das abendliche Lichtermeer der Stadt.

Mit welchen Erwartungen war ich gekommen? Ich wollte den Mann kennenlernen, der Diktaturen in Brasilien und Chile getrotzt hatte, der die befreiende Kraft des Lernens entdeckt hatte, das dialogische Prinzip zwischen gleichberechtigten Partnern ernst nahm, Vorbild einer Generation von Pädagogen wurde und noch mit 65 Jahren das Bildungswesen von Sao Paulo zu reformieren versuchte.

Hartkemeyer: *Paulo Freire, als Pädagoge können Sie auf ein außerordentlich erfahrungsreiches praktisches und politisches Leben zurückblicken, das viele Menschen beeinflußt hat. Wie bewerten Sie aus heutiger Sicht ihre damaligen Postulate und Methoden?*

Freire: Die soziale Befreiung aus Armut und Unterdrückung ist auch in der heutigen historischen Situation von größter Aktualität. Ich glaube, daß die Methode des Dialogs, die »generativen Themen« und das Primat der »kulturellen Aktion« sogar an Bedeutung gewonnen haben. Wie anders können Menschen aktiv zu Mitgestaltern ihrer Geschichte werden?

> *Nur auf dem Glauben an das Wort beruht die Möglichkeit eines Einvernehmens unter den Menschen, wer die Worte verdreht, begeht ein Verbrechen an der menschlichen Gesellschaft. Unsere Sprache ist das einzige Mittel, wodurch wir uns unsere Wünsche und unsere Gedanken mitteilen; sie ist der Dolmetscher unserer Seele. Fehlt uns dieser, so ist keine Verbindung, kein gegenseitiges Kennenlernen möglich; täuscht er uns, so wird der Verkehr gehindert, und alle gesellschaftlichen Verhältnisse werden aufgelöst.*
> Michel de Montaigne

Sie haben in Ihren Werken die Begriffe »Kampf« und »Dialog« verwendet. Das scheint ein Widerspruch zu sein. Welche Bedeutungen und Beziehungen haben diese Begriffe für Sie?

Freire: Der Begriff »Kampf« ist eng mit dem Begriff »Widerstand«, mit unterschiedlichen Interessen und Machtungleichheiten verbunden. Ein »Dialog« ist unter gleichberechtigten Partnern relativ leicht möglich. Er funktioniert auch zwischen Menschen, die ein ähnliches Weltbild haben. Aber er ist fast unmöglich bei Menschen, die sich in direktem Kampf befinden.

Lebendiges Wort, gelassenes Hören

Im offenen Kampf ersterben das lebendige Wort und das gelassene Zuhören. Es scheint, daß ohne wirkliche Bewegung in der Realität, ohne Engagement, keine qualitative Änderung der Verhältnisse möglich ist. Die entscheidende Frage ist: Von welcher Grundauffassung vom Menschen wird sie getragen? Wir haben ja gesehen, daß der sogenannte Sozialismus auf dem Gebiet, wo er sich angeblich auskannte, der Ökonomie, scheiterte. Er hatte ein reduziertes Menschenbild – wie übrigens auch der Kapitalismus, deshalb wird er auch scheitern, schon in wenigen Jahren. Im sogenannten Sozialismus hatten die Menschen eine reduzierte Form marxistischen Denkens in Tablettenform zu schlucken. Im Kapitalismus dreht sich alles um das »goldene Kalb« des Wachstums, den Konsum, sogar wenn wir damit unsere gemeinsame Lebensgrundlage zerstören. Doch wie kommen wir weiter? Ist nicht deshalb der konkrete Mensch in seinem sozialen Lebensfeld so wichtig?

Wir bewegen uns im praktischen Leben auf unterschiedlichen Ebenen und in unterschiedlichen Entscheidungssituationen. Wer menschlich bleiben will, muß manchmal widerständig sein, um sich dem eigenen Selbst gegenüber offenzuhalten. Deshalb kann es in manchen Zeiten hilfreich sein, Positionen zu beziehen, und in anderen Zeiten, radikal offen zu sein. Denn eigentlich bringt nur Gutes Gutes hervor.

Insgesamt gesehen, habe ich Hoffnung, denn die geschichtliche Bewegung ist ein komplizierter Prozeß. Sie besteht aus konkreten Hoffnungen, Träumen, Wünschen und Möglichkeiten realer Menschen. Unsere prognostischen Möglichkeiten sind begrenzt. Häufig denken wir viel zu linear, aber ich habe Vertrauen zu den menschlichen Möglichkeiten, etwas zu verändern. Wer hätte in Südafrika an einen relativ friedlichen Wandel geglaubt? Oder in Brasilien? Allerdings vertraue ich nicht den Institutionen und offiziellen Strategien, dem Aktionismus oder gar Terrorismus.

Dialog statt Aktionismus

Für manche ist es leichter, aktionistisch zu sein, als mit einer Gruppe von Landarbeitern einen Dialog zu führen.

Wenn ich Sie richtig verstehe, setzen Sie auf eine Pädagogik der Hoffnung, der Aufklärung, der Vernunft. Welche Rolle kommt der Bildung in diesem Prozeß zu?

Freire: Im Prinzip sehe ich das so, zumindest im Hinblick auf den Lernprozeß. Was auch immer das Fach des Lehrers sein mag: er wird bewußt oder unbewußt entweder das naive oder das kritische Bewußtsein des Schülers fördern. Das sind zwei Welten. Entweder steht eine Haltung der »Domestizierung« dahinter oder die einer »Entmythologisierung« der Wirklichkeit. Ich kann Bildung nur als Praxis der Freiheit verstehen. Diesem Anspruch wird unser Bildungssystem nicht gerecht. Es ist in dieser Form nicht zukunftsfähig, weil es Wissen nach der Bankiers-Methode durch seine »Einlagerung« und Anhäufung vermittelt, statt im wirklichen Leben zu stehen und der Persönlichkeitsentwicklung zu dienen. Das heißt, es konzentriert sich auf das Ansammeln abfragbarer Informationen. Ohne die Überwindung der konventionellen Praxis der Wissensweitergabe als bloßer Beschreibung dessen, was der Lehrer als »Wirklichkeit« vorgibt, können wir nicht von Freiheit sprechen. Das Tragische ist, daß auch die Mitarbeiter in einem solchen System in einen Teufelskreis geraten, wenn sie nicht in der Lage sind, die Bedingungen zu verändern, die sie als falsch erkennen. Der Tod der Hoffnung ist für uns als Pädagogen der Tod unserer selbst. Er löscht unsere innere Lebendigkeit aus. Mit einer solchen Haltung gibt es keine humane Reform. So wenig Sprache ohne Denken möglich ist, so wenig sind Sprache und Denken möglich ohne die konkrete Welt, auf die sich beide beziehen. Das Wort ist Handeln. Aber die Frage ist, wie wird es benutzt?

Persönlichkeitsentwicklung statt bloßer Wissensvermittlung

Ich möchte mich frei davon machen, zu wissen, was gut ist. Es gibt aus meiner Sicht keine Experten, kein vorgegebenes Curriculum, das zukunftsfähig ist. Ich denke, das ist ein zentrales Problem der Lehrenden. Denn Übermittlung, bei der der Lehrer als Übermittler funktioniert, führt die Lernenden dazu, den Inhalt mechanisch zu übernehmen. Sie werden zu »Behältern« gemacht. Und das ist als Einstellung gegenüber den ungeheuren Zukunftsproblemen tragisch. Wie sollen sich dadurch die nötige Kreativität und eine *dialogische Haltung* entwickeln?

Es gibt kein zukunftsfähiges Curriculum.

Es geht für mich um eine dauernde Entschlüsselung dessen, was im Menschen selbst verborgen liegt, etwas, das ohne kritische Reflexion lebt. Leider zeigt sich der Lehrer im traditionellen Rollenverständnis den Schülern als ihr notwendiger Gegensatz. Indem er ihre Unwissenheit für prinzipiell gegeben hält, rechtfertigt er sein Dasein und sein konkretes Verhalten. Und Menschen, die sich selbst als »Wissende« verstehen, kön-

»*Wissende*« *sind nicht dialogisch.*

nen schlecht lernen, sie können sich nicht selbst entschlüsseln und damit nicht wirklich dialogisch sein.

Wie kann das in der Bildungspraxis verändert werden?

Freire: Ich glaube immer noch und immer mehr, daß die Bildungsarbeit ansetzen muß bei der Lösung des konventionellen Lehrer-Schüler-Widerspruchs. Durch die Versöhnung der Pole des Widerspruchs können beide gleichzeitig Lehrer und Schüler werden. Das gilt nicht nur für Schule und Erwachsenenbildung, sondern auch in Familie und Arbeitswelt. Wir müssen die Institutionen, die Aufgaben, die Gesellschaft verändern.

Das ist die zentrale Kunst, die herausforderndste menschliche Aufgabe unserer Zeit: den sozialen *Dialog* neu zu beleben.

Bleibt diese Aufforderung nicht utopisch und weltfremd?

Freire: Utopisch heißt, es hat noch keinen konkreten Ort. Ich glaube aber, es gibt konkrete Momente und Orte, wo dialogisch gehandelt wird. Unsere Aufgabe ist es, viele solcher Orte zu schaffen. Das ist eine große Herausforderung.

Befreiung kann nur gemeinsam entstehen.

Ich muß mich als Pädagoge frei machen von dem Gedanken, ich hätte Schlüssel der Erlösung in den Händen. Befreiung kann nur wirklich gemeinsam entstehen, oder sie bleibt abstrakt und äußerlich. Das ist für mich zentral. Ich muß eintauchen in die Kultur des Volkes. Wenn ich mich trenne und isoliere von denjenigen, mit denen ich arbeite, so werde ich unbewußt dazu übergehen, meine Ideen anderen aufzuzwingen.

Haben Sie Ihre ursprüngliche Radikalität aufgegeben? Suchen Sie heute eher zu integrieren?

Wie kommt es zu dem, was wir für »Erkenntnis« halten?

Freire: Ich bin heute radikaler, als ich es je war. Aber ich lehne ebenso jede sektiererische Haltung ab. Sie spaltet, zerstört, macht blind, lebt von der Fehlinterpretation und Verdrängung. Wenn wir lernen wollen, müssen wir unsere konkrete Präsenz in der Welt, die eine Einheit von Aktion und Reflexion ist, zum Gegenstand unserer kritischen Analyse machen. Wie sind wir selbst aus sogenannten Erfahrungen zu dem gekommen, was wir »Erkenntnis« nennen? Welche Meinungen und Annahmen sind warum und wie in uns entstanden? Warum sind wir so, wie wir sind?

Sektierer glauben von sich, im Besitz der Wahrheit zu sein. Radikale Menschen, so wie ich sie verstehe, haben die Einsicht, daß es auch andere, vielleicht komplementäre, das heißt sich ergänzende, unterschiedliche Wahrheiten gibt. Sie bleiben auf der Suche. Sie haben immer wieder neue Fragen. Vielleicht geht es darum, sich diese scheinbar naive Haltung, die neue Einsichten ermöglicht, zu erhalten. Das ist für mich der Weg des Dialogs.

Fragen sind der Weg des Dialogs.

Die verändernde Kraft des Gesprächs und der strategische Dialog

Ein Gespräch mit Juanita Brown, Mill Valley, San Francisco

Juanita Brown ist Präsidentin von »Whole Systems Associates«, einem internationalen Consulting-Konsortium für strategisches Change Management. Sie arbeitet mit Unternehmen in den USA, Europa und Lateinamerika (Kraft, General Foods, Procter & Gamble, Scandinavian Airlines Systems (SAS), Exxon, Hewlett-Packard, National Bank of Mexiko etc.).

Juanita Brown lehrt an der John F. Kennedy University School of Management, dem California Institute of Integral Studies und an der Universität Monterrey, Mexiko. Sie ist Mitglied der World Business Academy.

Gemeinsam mit ihrem Mann David Isaacs spezialisiert sie sich auf die soziale Architektur des Wandels in großen Systemen und auf den strategischen Dialog.

Hartkemeyer: *Juanita, heute arbeiten Sie mit großen Unternehmen an der Organisationsentwicklung. Welche soziale Funktion hat für Sie der Dialog?*

Brown: In den sechziger Jahren schlossen sich in den USA Leute vom Land in einer großen Bewegung zusammen. Darunter waren mexikanische Landarbeiter, die sich in der Bewegung um *Cesar Chavez* organisierten, den »Martin Luther King« oder den »Gandhi« der mexikanischen Amerikaner unseres Landes. Mein Mann und ich arbeiteten damals an unseren Doktorarbeiten über die Landarbeiter-Bewegung in den USA. Die Entwicklung dieser Bewegung basierte auf Gesprächen, die diese armen Leute Haus für Haus, Wohnzimmer für Wohnzimmer miteinander führten, um eine gemeinsame lebenswerte Zukunft aufzubauen.

Dort wurde ich in die Welt des Gesprächs eingeführt, nicht unbedingt in den Dialog, aber in echte, tiefgehende Gespräche, die dazu führten, eine gemeinsame Zukunft zu entwickeln.

Dazu gehörte auch, was wir in jenen Tagen »community organizing« nannten, eine Bewegung, die aus dem Geist der »folk hojskolen« in Dänemark entstanden war. Die Tradition, aus der wir kommen, ist von den einfachen Menschen geprägt, die in Gesprächen über ihr eigenes Leben begannen, ihr Leben zu verändern.

Einführung in die Welt des Gesprächs

Zur selben Zeit entwickelte *Paulo Freire* in Brasilien seine Konzeption. Auch er arbeitete mit dem Dialog – aber nicht um die Natur des Denkens zu erkunden, sondern um Beziehungen zu erforschen: *Was verbindet Menschen miteinander? Wie können sie sich über ihre Annahmen klar werden? Was ist ihnen wichtig? Wie könnten sie die Natur dieser Beziehungen so umformen, daß nicht nur sie befreit werden, sondern auch ihre Unterdrücker?* Aus dieser Tradition sozialer Bewegung entstand mein eigenes Interesse an dieser Arbeit. Obwohl ich später vor allem mit multinationalen Firmen arbeitete, blieb die wesentliche Frage meiner Arbeit für mich, wie Gemeinschaft und *Commitment* entwickelt werden. Oder die Frage, wie politisches Lernen für eine besseren Zukunft aussehen kann. Und ich meine, daß die entscheidende Möglichkeit, im sozialen Kontext gemeinschaftlich zu lernen, im *Gespräch* liegt.

So war es für mich immer wichtig, Verhältnisse zu schaffen, in denen wirkliche Gespräche stattfinden konnten und Menschen nicht beigebracht werden mußte, miteinander Gespräche zu führen; in denen es nicht um die Einhaltung von Regeln des Dialogs geht.

Im Mittelpunkt meiner Arbeit steht für mich die Frage: *Wie können wir wirklich tiefgehende, verändernde Gespräche führen?* Wie können wir die Erinnerung an die verschüttete Fähigkeit, tiefe Gespräche zu führen, wachrufen? Diese Möglichkeit haben fast alle schon erlebt. *Es geht nicht nur um die Regeln des Dialogs,* sondern um die Frage: Unter welchen Bedingungen wurde ein *wirklich gutes Gespräch* geführt?

Wir haben in jedem Moment die Wahl.

In dem Energiefeld, in dem wir uns befinden, haben wir in jedem Moment die Wahl, ob wir aus diesem Feld Ärger, Feindseligkeit, Fragmentierung entstehen lassen oder Hoffnung, Mut, Zuversicht, Kohärenz.

Wie wählen wir, wohin wir unsere Aufmerksamkeit lenken? Wenn wir eine Wahl haben, liegt darin eine Möglichkeit für eine lebenswerte, dauerhafte Zukunft? Das liegt mir persönlich am Herzen: daß Menschen zusammenkommen, die sich Gedanken machen um die Zukunft ihrer Enkelkinder und die Zukunft unseres Planeten.

Wir versuchen, diese Haltung anhand wichtiger Fragen zu entwickeln, die für das Leben und die Arbeit der Menschen zentral sind. Wenn wir Dialogtraining oder strategischen Dialog anbieten, arbeiten wir mit den Menschen daran, was die zentralen Fragen ihres Lebens sind. Das wird zum Zentrum der Erkundung, und die Bedeutung dieser Fragen, die ihnen am Herzen liegen, erweckt die Notwendigkeit, genau zuzuhören, ihre Annahmen aufzuzeigen, Verdecktes aufzudecken.

Was sind die zentralen Fragen?

Die Organisationen, die zu uns kommen, wollen an den strategischen Fragen arbeiten, die die Zukunft der Organisation betreffen. Eine Kommune, eine Stadt wird andere Fragen haben, die ihre Zukunft, ihre Umwelt, ihr Leben betreffen. Verschiedene Gruppen werden unterschiedliche Fragen haben, wenn sie zusammenkommen. Aber auch dann haben die Menschen gemeinsam, daß sie sich Gedanken über ihre Zukunft machen, an dem ganz speziellen Platz, an dem sie leben.

Das war immer der Grund für das Zusammenkommen und die Organisation von Gemeinschaften! Die Menschen kommen also nicht, um den Dialog zu lernen, sondern sie kommen, weil es etwas für sie gibt, an dem sie arbeiten wollen. Der Dialog wird für sie der Weg, den sie wählen, um diese Erkundungen zu machen

Unsere Theorie, unser Glaube ist, daß die Menschen sich mit dem, was ihnen am Herzen liegt, wirklich auseinandersetzen werden. Sie werden weniger ambitioniert sein, wenn sie nur eine Fähigkeit, eine Kompetenz erlernen, als wenn sie sich mit etwas auseinandersetzen, das in ihrem Leben, ihren Familien, ihrer Arbeit verankert ist und tiefere Bedeutung für sie hat. Wir sind der Ansicht, daß die Menschen nur schwer aus dem Abstrakten lernen und besser aus Zusammenhängen, die »Herz und Bedeutung« für sie haben.

Was hat wirklich Bedeutung?

Wir bieten Seminare beispielsweise in einem großen Gasthaus an, das gemütlich eingerichtet ist, so daß eine familiäre Atmosphäre entsteht. Wir möchten eine Atmosphäre schaffen, in der sich die Menschen zu Hause fühlen, weil wir wissen, daß gute Gespräche in einer solchen Atmosphäre leichter stattfinden.

Wir haben einen Musiker dabei und eine Grafikerin, die versucht, den Prozeß mit *grafischen* Darstellungen dessen, was passiert, zu begleiten. Wir versuchen, die Aufmerksamkeit mit künstlerischen Mitteln zu erhöhen und Raum für Reflexionen zu schaffen. Wir halten es für wichtig, unterschiedliche Sinne anzusprechen, weil wir davon ausgehen, daß unser Gehirn ganzheitlich arbeitet. Wir arbeiten mit *Metaphern*. In diesem Seminar haben wir die Metapher einer Seereise benutzt, um einen gemeinsamen Rahmen, *Container,* herzustellen. Und wir benutzten die Metapher »gemeinsam Segel setzen« dafür, daß wir uns aufmachen, um die unbekannten und tiefen Strömungen des »Ozeans« zu erkunden. Wir kamen zum Dialog über die Frage, wie wir die Tiefen unbekannter Strömungen erkunden konnten. Es ist unserer Meinung nach wichtig für die Teilnehmer, sich auf ein Bild, eine Metapher einzulassen, um wegzukommen von dem organisatorischen Alltag, der Routine, und neue Visionen in

Aufmerksamkeit mit künstlerischen Mitteln erhöhen

einer anderen Umgebung poetischer und phantasievoller gestalten und entwickeln zu können. Wir benutzen während unserer Dialoge auch häufig Gedichte, weil das der Phantasie Flügel verleiht.

Eine Seereise als Metapher

Die einfache Klarheit und phantasiebildende Kraft einer Metapher hat bereits zahllose Generationen beflügelt. Sie ist eine interkulturelle Sprache, die in der Lage ist, innere Bilder und Weisheit zu entfalten. Außerdem bieten Metaphern eine Möglichkeit, Änderungspotentiale in großen Systemen auszuloten. Dazu müssen wir systemisch und strategisch denken. Systemisches Denken mit Hilfe von Metaphern ist ein Versuch, an unbekannte Muster heranzukommen.

Eine Seereise ist eine solche Metapher:
* »Segel setzen« kann bedeuten:
  Wo soll die Reise hingehen? Was sind unsere Hoffnungen und Beiträge?
  Welche Erfahrungen bisheriger Reisen bringen wir mit?
* Leben auf der »Bounty«:
  Frage nach Leitungsfunktionen in der Mannschaft.
  Wie können wir die Reise durchhalten?
* Leuchttürme – Orientierungsmarken:
  Von woher gewinnen wir den Überblick aufs Ganze?
* Im Hafen:
  Zeit zur Reflexion:
  Welches sind Momente, an denen wir während der Reise »zu Hause« sind?
  Befinde ich mich an der Stelle, an der ich sein möchte?
* Das Ozean-Café:
  Wir erzählen unsere Geschichten von Initiativen. Wir teilen unsere Kompaßorientierung mit (Prinzip).
  Wir zeigen Muscheln und Perlen (Einsichten).
  Welche Erfahrungen haben wir mit Untiefen (Dilemmas und Hindernissen), Eisbergen, Klippen, Strömungen und Piraten? Welche Navigationsmöglichkeiten kennen wir?
* Tiefere Werte:
  Themendurchblick und Kernfragen über die Wandlungsperspektive großer Systeme

Mit dieser Metapher und einem entsprechenden Setting können wir eine neue Sicht unserer Arbeit gewinnen. Es ist auch der Zweck des Cafés, uns in verfremdeter Situation neue Geschichten zu erzählen. Wenn wir nicht so verhaftet sind mit unseren Geschichten, dann wird der Dialog leichter, und er gewinnt schnell an Tiefe.

Von jedem Punkt aus können wir die Erfahrung im strategischen Dialog intensivieren. Nehmen wir die Dilemmas und Hindernisse: Kann es sein, daß wir nur ein Teilsystem betrachten und die größeren Zusammenhänge aus den Augen verlieren? Besprechen wir Dinge, die nicht in der täglichen Arbeit verankert sind? Übersehen wir vor lauter Tagesgeschäft, daß unser Schiff bereits sinkt (Titanic-Syndrom)?

Wir versuchen, die Spannung aufrechtzuerhalten zwischen dem Interesse der Teilnehmer an »large scale change« und unserer Einführung in den Dialog. Natürlich möchten die Leute in so ein Thema unmittelbar und schnell eintauchen, und unsere Aufgabe ist es, zu einer Verlangsamung beizutragen. Wir benutzen den Redestein und andere Elemente, so daß wir eine erkundende, fragende Haltung entwickeln können.

Wir nennen die wichtigen Fragen, die in diesen Runden besprochen werden, »questions worth asking« (Fragen, die es wert sind, gefragt zu werden). Diese Modell nennen wir »world café«. Man kann es sich so vorstellen, daß Menschen in kleinen Zirkeln beginnen, Fragen zu formulieren, die wichtig sind. Diese Fragen werden von einer Gruppe zur anderen mitgenommen und entwickelt. Dadurch wird die energetische Ebene innerhalb der gesamten Organisation verändert. Es wandelt sich die Innovationsfähigkeit der gesamten Organisation im systematischen Sinn. Uns interessiert nicht nur, was bei unseren Seminaren passiert, sondern auch, nach welcher Logik sich Veränderungen in Unternehmen vollziehen. Das ist der Leitfaden, an dem sich unsere Arbeit orientiert. Wir versuchen immer, bei unserer Arbeit mit Visualisierung zu arbeiten, weil wir feststellen, daß dies andere Fragen, neue Ebenen erschließt.

Wenn wir Fragen haben, die es wert sind, gefragt zu werden, stellt sich die methodische Aufgabe: Wie können diese zu Kristallisationspunkten werden, damit sich daraus neue Perspektiven in einer Organisation entwickeln?

Wie können durch das, was wir »*learning conversations*« nennen – das ist unser Begriff für »Dialog« bei dieser Arbeit –, neue Muster, neue Organisationsfelder entstehen?

»World café«

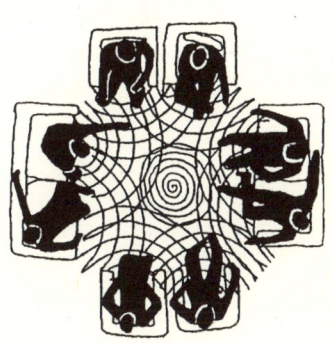

Learning conversations

Wir sprechen lieber von »learning conversations« als von Dialog, weil alle Menschen wissen, wie man miteinander ein gutes Gespräch führt. Sie bringen ein intuitives Wissen dafür mit, würden sich aber vielleicht am Wort »Dialog« stoßen und sagen: »Ich kenne die Regel nicht.«

8 Der Dialog in der Schule

*»Es wird unvermeidlich der Tag kommen,
an dem, was der Erzieher mit Worten lehrt,
nicht länger wirksam ist,
sondern nur noch das, was er ist.«*
C.G. Jung

Vielen Lehrern, die in Dialoggruppen gearbeitet haben, war es ein Anliegen, diese Erfahrungen ihren Schülern zu vermitteln. Je nach Alter der Schüler und Schulform haben diese engagierten Pädagogen für ihre Praxis unabhängig voneinander unterschiedliche Herangehensweisen entwickelt. In Grundschulen und Gymnasien bis hin zu Hochschulen haben Lehrer versucht, den Dialog in ihren Unterricht zu integrieren. Für diese Lehrerinnen und Lehrer war die Möglichkeit besonders faszinierend, durch den Dialog den Geist einer Lerngemeinschaft zu entwickeln und in ihrer Klasse oder Arbeitsgruppe die Neugier zu wecken, über sich selbst und andere mehr zu erfahren. Diese lebendige Neugier, die durch den Dialog geweckt wird, kann zu einer Quelle für neue Energie zum Lernen werden. Und Energie wird von vielen Lehrenden in den Klassenzimmern vermißt, wo es häufiger um das Erinnern von Informationen, um Lern*stoff* geht anstatt darum, mit Neugierde Neues zu entdecken.

Lerngemeinschaft

Lebendige Neugier

Der Lehrer einer sechsten Klasse führte beispielsweise in seiner Klasse die Unterscheidung von Beobachtungen und Bewertungen ein. Er berichtete, daß durch diese Übung eine Grundlage geschaffen wurde, um Mißverständnisse und Konflikte zu klären, die zuvor oftmals zu längeren Auseinandersetzungen und Feindseligkeiten unter den Schülern geführt hatten. Er berichtete, daß seine Schüler sich besser in der Lage gesehen hätten, zwischen eigenen Interpretationen und Fakten zu unterscheiden, und daß sie dadurch ihre Reaktionen auf die Meinungen anderer Menschen selbst besser identifizieren und erklären konnten. Sie waren nun in der Lage zu sagen: »Was du da gesagt hast, verstehe ich nicht – ich finde, das ist anders …«, anstatt: »Du bist aber dumm!«

»Ich finde, das ist anders.«

Viele Lehrerinnen und Lehrer hielten die »Council«-Runde für besonders geeignet, um den Dialog einzuführen, weil sie dazu beiträgt, den »Container« der Klasse zu stärken, was in den Schulen ebenso häufig zu kurz kommt, wie auch der Mangel grundlegender sozialer Kompetenzen unter Schülern beklagt wird. Durch den zunehmenden Druck, mehr und mehr Stoff in derselben Zeit vermitteln zu müssen, kommt das zu kurz, was Daniel Goleman in seinem gleichnamigen Buch (1996) als »Emotionale Intelligenz« beschrieben hat.

Gegenseitiges Verständnis

Dazu gehören das Lernen von Empathie – Einfühlungsvermögen – und Selbstbeherrschung sowie die Fähigkeit, sich nicht nur über die eigenen Gefühle klar zu werden, sie zu erkennen und mit ihnen fruchtbar umgehen zu können, sondern auch die Gefühle der Mitschülerinnen und Mitschüler, der *Mit*-Menschen, wahrzunehmen und sich um ein gegenseitiges Verständnis zu bemühen.

Die folgenden Geschichten aus dem Schulleben zeigen beispielhaft, in welcher Form der Dialog in den Alltag der Schule integriert werden kann.

»How, ich habe gesprochen«
Die 2. Klasse von Kathleen Hayes

Sven, 10 Jahre

Kathleen Hayes ist Grundschullehrerin in Casper, Wyoming, USA. Sie suchte nach Lösungen für die zunehmenden Disziplinprobleme. Was ihr besonders am Dialog gefiel, war die vertrauensvolle Atmosphäre, in der Sicherheit und Akzeptanz für alle erfahrbar wird und durch die jeder seine persönliche Wahrheit aussprechen kann. Sie experimentierte in der zweiten Klasse mit dem dialogischen Ansatz in Form einer indianischen »Council«-Runde.

Die Klasse fertigte ihren eigenen Redestab aus kleinen Gegenständen, die jeder von zu Hause mitbrachte und die dann zusammengefügt wurden. »Dieser Redestab wurde mit großer Aufmerksamkeit und mit Respekt weitergegeben. Es war ein enormer Unterschied im Verhalten der Klasse zu spüren. In der ersten Runde sprachen zwar nur drei oder vier, aber der Zusammenhalt war geschaffen. Es war eine Stimmung entstanden, die später beeindruckende Ergebnisse brachte. Es gefiel den Kindern besonders, ihre Zustimmung durch ein ›How‹ zu den Beiträgen zum Ausdruck zu bringen, die ihnen gefielen.«

Kamen Schüler mit Problemen zur Lehrerin, die eigentlich die ganze Klasse angingen, so forderte sie die Schüler auf, diese Probleme in die Runde einzubringen. Das wurde von allen akzeptiert.

Kathleen Hayes ist überzeugt, daß die Kinder nicht nur offener füreinander wurden – was manchmal auch zu Tränen in den Runden führte –, sondern auch ihr Verhalten veränderten. »Wir hatten ein extremes Problemkind in der Klasse. Ich war erstaunt, wie die Kinder damit in der Runde umgingen, als sich dieser Junge wieder einmal völlig unfair verhalten hatte. Die Kinder waren in der Lage, genau auszudrücken, wie sie sich fühlten, als er so brutal gegenüber anderen gewesen war. Dann erzählte er von sich, und seine Gefühle brachen heraus: seine Einsamkeit, ohne Freunde zu sein.

Anstatt wie gewöhnlich in eine aggressive Haltung zu verfallen, weinte er und sagte Dinge über sich, die er vielleicht noch nie jemandem anvertraut hatte. Man merkte, wie sich die gesamte Gruppensituation veränderte, sein Verhältnis zu allen im Raum. Er war nicht mehr derselbe wie vorher – und die anderen auch nicht.«

Nicht mehr derselbe wie vorher

»Der Löwe ist einsam« Geschichten aus der 5. Klasse von Annie Mc Donough

Annie Mc Donough hat den Dialogansatz im Studium an der University of Massachusetts in Boston in einem Seminar bei Freeman Dhority kennengelernt. Sie war fasziniert von der Art und Weise, wie der Dialog in der Lage ist, Handlungen und Verhaltensweisen so zu verlangsamen, daß die Menschen besser in Kontakt kommen mit den dahinterstehenden Gedanken und Gefühlen. Erst dann, so ist die Vermutung, lernen Kinder, besser mit ihren Gefühlen umzugehen. Annie Mc Donough arbeitet an der Daniel Webster Schule in Quincy, Massachusetts, mit neun- und zehnjährigen Schülern.

Im Sozialkundeunterricht befaßten sie sich mit einer Untersuchung der regionalen Stammeskulturen. Dadurch begeisterten sich die Schüler für die Lebensweise der Indianer. Dies wurde zum Hintergrund für die Einführung des Dialogs. Annie Mc Donough: »Ich spürte, daß die Form der indianischen Stammesrunde sehr viel mit dem Dialog gemein hatte und daß er in dieser Form leichter einzuführen war. Die Schüler sind so begeistert, daß sie widerspenstig werden, wenn die wöchentliche Runde einmal ausfällt.«

Annie Mc Donough hat das indianische Council ritualisiert und zu einer festen Einrichtung gemacht. »Wir haben eine gute Zeit dafür eingeplant; in der Regel am Ende des Unterrichts. Wenn es soweit ist, räumen

Indianisches Council

die Kinder schnell auf, bilden mit den Matten einen Kreis, dunkeln den Raum ab, zünden eine Kerze an und legen den Redestab in die Mitte. Das passiert mit großer Ruhe in drei oder vier Minuten. Wenn alle sitzen und die Kerze brennt, stehe ich auf und mache eine Runde mit der indianischen Trommel. Bei den ersten Malen habe ich als erste den Redestab genommen. Mittlerweile aber beginnen auch andere Kinder und lassen den Stab kreisen. Der wurde übrigens von allen mit Symbolen versehen und, weil er allen gehört, auch besonders geachtet. Manchmal gebe ich für die Runde eine Frage vor, und jeder, der will, kann darauf eingehen, aber der Stab kann auch schweigend weitergegeben werden.«

Annie Mc Donough nutzt den Dialog aber auch für andere Aspekte des Unterrichts. Die »Linke-Spalte-Übung« (s. Anhang) wird zum Beispiel benutzt, um Gespräche genauer zu erkunden. Beobachtungen und Meinungen können genauer unterschieden werden, und das Einüben verschiedener Sichtweisen zu einer Problemstellung wird durch das Erzählen von Geschichten trainiert. Es geht dabei sowohl um die Verbesserung der Toleranz gegenüber verschiedenen Meinungen, als auch darum, deutlich zu machen, wie existentiell alle Lebewesen miteinander verbunden sind.

Annie Mc Donough erzählt von einer »Council-Runde aller Lebewesen«: »Das war für mich eines der beeindruckendsten Erlebnisse. Die Kinder hatten Masken für die verschiedenen Lebensformen in der Natur gemacht, wie Tiere, Bäume, oder auch für Lebensräume wie Wasser. In der Runde sprach jeder, der jeweils den Stab hatte, aus der Sichtweise, die er verkörperte. Beispielsweise erzählte das Kind mit der Löwenmaske davon, wie einsam es sich fühle als Löwe, da sich alle vor ihm fürchteten. Das war eine der fruchtbarsten Runden. Sie müssen sich vorstellen, das waren Straßenkinder, die aus schwierigen sozialen Verhältnissen kommen und sich normalerweise nie so öffnen, wie es in dieser Runde geschah.«

Der Dialog hat die Kraft, emotionale Schichten zu erreichen, die mittlerweile immer stärker durch Aktivitäten, Masken und »Labels« verdeckt werden. Annie Mc Donough spricht davon, daß die Kinder der Klasse, die den Dialog trainiert hat, wesentlich freundlicher miteinander umgehen; die Klasse zeichnet sich durch einen stärkeren sozialen Zusammenhalt und größere Empathie aus.

»Wenn Sie die sechshundert Kinder unserer Schule beobachten, ob in den Fluren, der Cafeteria oder im Bus, werden Sie erkennen, daß sich diese Klasse anders verhält. Es fällt auf, wie sie sich gegenseitig unterstützen. Natürlich fragten bald die anderen Lehrkräfte, wie das möglich sei, und wir haben sie in unsere Runde eingeladen. Die Lehrkräfte ließen sich von der Haltung im Council anstecken und probierten es mit Erfolg in

von Lisa, 7 Jahre

ihren eigenen Klassen aus. Kinder haben es offenbar leichter, sie haben in der Regel noch nicht so starke Fassaden entwickelt. Sie gehen schneller als Erwachsene ans ›Eingemachte‹. Ein weiterer Unterschied ist, daß Kinder noch größere Fähigkeiten haben, positive Beziehungen zu anderen zu entwickeln. Erwachsene denken erst einmal an ihre persönlichen Erfahrungen, bevor sie in Beziehung zu anderen treten.«

Außer der Verbesserung der sozialen Beziehungen scheint der Dialog auch Raum zu schaffen für persönliche Wachstumsmöglichkeit und die Verarbeitung von schweren Schicksalsschlägen.

»Ich hatte einmal einen äußerst schweigsamen zehnjährigen Jungen. Er isolierte sich und war kaum in der Lage zu lesen. Mit sechs Jahren hatte er den Tod seiner Schwester miterlebt. Ich behielt dieses Kind während der Dialogrunden besonders im Auge. Nur einige seiner engsten Freunde wußten von seinem Schicksal. Eines Tages erzählte er im Council davon, wie sehr er seine Schwester gemocht hatte, und löste dadurch weitere Geschichten in der Runde aus, weil etliche Kinder ältere Geschwister besaßen, die seine Schwester gekannt hatten.

Jemand sagte: ›Ich war so verstört, als ich das mitbekommen hatte. Plötzlich bekam ich auch Angst, meine eigene Schwester zu verlieren.‹

Dem Jungen standen Tränen in den Augen, und alle nahmen ihn in den Arm.

Einige Tage später kam seine Mutter zu mir und sagte, es sei erstaunlich, was mit ihrem Sohn passiert sei. Erstmals nach fünf Jahren beginne er wieder, über sein Schwester zu reden. Ich glaube, der Dialog hat ihm den Kontakt mit seinen tiefsten Gefühlen ermöglicht.«

Kontakt mit den tiefsten Gefühlen

»Ich weiß nicht, ob mein Kind hier auch genug lernt«
Die Einführung von Dialogelementen bei einem Elternabend

Eltern befinden sich schnell in der Gefahr, nur die Probleme des eigenen Kindes wahrzunehmen, von denen sie am Mittags- oder Abendtisch mehr oder weniger dramatische Geschichten aus dem Unterrichtsgeschehen erfahren, der altersentsprechenden Intensität gemäß und mit Anspruch auf absoluten Wahrheitsgehalt und unanzweifelbare Objektivität.

Martina versuchte in angespannten Situationen auf Elternabenden, Elemente des dialogischen Ansatzes zur Hilfe zu nehmen, um nach Auswegen zu suchen, damit zumindest das *Zuhören* möglich wurde, woran es sehr mangelte. Nach unseren Erfahrungen gibt es in einer Klassenelternschaft von dreißig Personen immer nur einige wenige Menschen, die sich intensiv und gerne äußern, zusätzlich einige, die bei Themen mitreden, von denen ihr Kind persönlich betroffen ist, und eine große, schweigende Menge, die erst anschließend auf dem Weg zum Parkplatz in intensiven, je nach Wetterlage ausgedehnteren Parkplatzgesprächen ihrer Betroffenheit, ihrem Ärger oder ihren Ängsten Ausdruck verleiht.

Der Versuch, mit Hilfe eines Redesteins in einer Council-Runde allen Stimmen Gehör zu verschaffen, führte an einem Elternabend zu einem völlig veränderten Problembewußtsein.

Durch den gewichtigen Stein ermutigt, trauten sich auch und gerade die sonst eher schweigsamen Eltern, der eigenen Stimme das Gewicht zu geben, das sie benötigt, um in der großen Runde gehört zu werden.

Zuvor gesehene Probleme der besonders »eifrigen« Eltern – »Ich weiß nicht, ob mein Kind hier auch genug lernt!« – relativierten sich, als weniger beredte Eltern von Nöten und Schwierigkeiten ihrer Kinder berichteten, die beispielsweise unter Ausgrenzung, Drangsalierungen und Hänseleien litten – was für die betroffenen Eltern kein einfaches Thema ist. Wer hätte nicht gern ein beliebtes, unkompliziertes Kind, das in der Klasse gut ankommt, und wie schwer ist es, Unzulänglichkeiten, Sorgen und Nöte einzugestehen. Eine Mutter berichtete davon, daß ihr Sohn morgens ständig Bauchweh habe, aus Angst, zur Schule gehen zu müssen, weil in der Pause niemand mit ihm spielen wolle. Ein Vater beschrieb die Resignation seiner Tochter, die zum Geburtstag niemanden mehr einladen wolle: »Mit mir will ja doch keiner spielen, und dann sagen die einfach, sie hätten keine Zeit.«

Wenn es möglich ist, solche schwierigen, problembeladenen Situationen zu beschreiben, und die anderen Eltern tatsächlich zuhören, kann sich das Klima unter den Eltern entscheidend ändern – und das bleibt nicht ohne Auswirkung auf den Umgang der Kinder miteinander.

Das Klima kann sich ändern.

Dialog mit Kindern, Eltern und Lehrern an einer hessischen Grundschule

Seit 1993 arbeitet Ingeborg Schneider, eine von Freeman Dhority ausgebildete Dialogprozeß-Begleiterin, an ihrer Grundschule, der Paul-Gerhardt-Schule in Hünfeld, mit verschiedenen Dialogelementen. Ihre Arbeit mit den Kindern weckte auch Interesse bei Eltern, und Ingeborg Schneider initiierte eine Dialoggruppe für Eltern und Lehrer. Diese Gruppe trifft sich regelmäßig seit zwei Jahren zweimal im Monat zu Dialogabenden. Bei den Kindern führte Ingeborg die Grundelemente der Council-Runde ein: die Kreisform, den Gebrauch eines Redesteins (oder Kooshballs) sowie die Regeln »Sprich von Herzen« und »Zuhören mit Respekt«, »Eine erkundende Haltung einnehmen« und »Wahrnehmen und Benennen von Gefühlen«. In den Dialogen mit Eltern und Lehrern werden neben den Grundelementen der Council-Runde besonders die zehn Kernfähigkeiten des Dialogs geübt. Die Tätigkeit von Ingeborg Schneider bewirkte, daß Eltern auch außerhalb dieser Gruppe Dialoge durchführten.

Im folgenden einige Einblicke in die Arbeit von Ingeborg Schneider sowie zwei Szenen aus ihren Dialogrunden: eine aus einer 4. Klasse und die Geschichte eines Dialogs, den eine Mutter mit Kindern, Eltern und Lehrerinnen der 8. Klasse führte.

Ingeborg Schneider berichtet von ihren Erfahrungen mit 10jährigen Schülerinnen und Schülern der vierten Klasse, einer Integrationsklasse mit siebzehn Grundschülern und drei Kindern mit besonderem Förderbedarf, mit denen sie seit eineinhalb Jahren mit dialogischen Elementen arbeitet. Der »Morgenkreis« findet als gemeinsame Council-Runde statt.

»In Konfliktsituationen, bei denen mehrere Kinder beteiligt sind, setzen wir uns auch in einer kleinen Runde zusammen. Jeder weiß, daß er seine Gedanken äußern kann, ohne daß ihm etwas passiert. Die Schüler finden oft selbst eine Lösung, weil sie den verschiedenen Gedankengän-

Schüler finden oft selbst eine Lösung.

gen der einzelnen folgen können und gegenseitiges Verstehen möglich wird. Sie lernen, ihre Gefühle wahrzunehmen und zu benennen. So werden sie sich einerseits ihrer eigenen Gefühle bewußt und können andererseits auch die Handlungsweisen anderer Kinder besser verstehen lernen, wenn sie ihnen zuhören. Wenn die Kinder merken, daß sie im Konfliktfall unkontrolliert und automatisch reagieren, werden sie darauf aufmerksam, daß sie in einer neuen schwierigen Situation vielleicht vor dem automatischen Reagieren eine Pause machen, tief durchatmen und sich anders als gewohnt verhalten können.

Ich habe die Kinder gefragt: ›Was habt ihr im Dialog gelernt?‹ Hier sind einige der Antworten:

- ›Wenn man etwas auf dem Herzen hat, kann man das erzählen.‹
- ›Alle hören zu. Der Unterricht wird nicht gestört, weil ich dann nicht mehr den Nachbarn erzählen muß, was mir wichtig ist.‹
- ›Ich kann warten, bis ich dran bin.‹
- ›Ich habe gelernt, nicht lang, sondern das Wichtigste zu erzählen.‹
- ›Anke ist schwer zu verstehen und muß langsamer sprechen, aber wenn man ihr zuhören will, kann man sie verstehen.‹
- ›Christoph (ein Kind mit Down-Syndrom) braucht länger. Ich habe Geduld gelernt, ihm zuzuhören.‹
- ›Ich kann warten. Ich muß nicht immer als erster dran sein.‹«

»Warum spielt denn keiner mit mir?«
Council im Schullandheim

»Ich war mit meiner vierten Klasse«, so erzählt Ingeborg Schneider, »mit der ich schon einige Council-Runden gemacht hatte, im Schullandheim. In dieser Klasse war ein Mädchen, Sabine, die unter Neurodermitis und asthmatischen Beschwerden litt und täglich inhalieren mußte. Morgens war Sabine manchmal müde, weil sie wegen Atemnot schlecht geschlafen hatte. Sie wollte dann nicht so gerne ihre Aufgaben erfüllen, sondern jammerte: ›Der Peter (ein behinderter Junge) braucht das auch nicht!‹ Mit den Mitschülerinnen und Mitschülern hatte sie des öfteren Probleme, weil sie häufig in so einem jammernden Tonfall sprach.

Im Schullandheim gab es wieder eine Situation, in der Sabine sich weinend über etwas, das ihr nicht gefiel, beschwerte. Da wir genügend Zeit hatten, nutzte ich die Gelegenheit und fragte die Kinder, wer Lust hätte, diese Situation mit Sabine zu klären. Es meldeten sich sechs Kinder, überwiegend Jungen. Wir gingen in einen anderen Raum und setzten uns so, daß jeder jeden sehen konnte.

Sabine saß mit gekreutzen Beinen auf dem Bett und fing an, ihr Herz auszuschütten. Sie erzählte, daß sie sich in der Schule oft hinter der Tür versteckte, weil sie Angst hatte, auf den Hof zu gehen. Sie konnte nicht ertragen, daß keiner mit ihr spielte. Sie fragte die anderen Kinder schluchzend: ›Warum spielt denn keiner mit mir?‹ Die Kinder hörten ihr gespannt mit großen Augen zu. Ich war selbst erstaunt, was aus Sabine herausbrach. Plötzlich stand Sabine auf und verschwand mit den Worten: ›Ich muß eben meinen Teddy holen!‹ Nach kurzer Zeit erschien sie wieder und setzte sich mit dem Teddy auf ihren Platz.

Werner, ein blonder Junge, der ihr die ganze Zeit interessiert zugehört hatte, fragte plötzlich: ›Was willst du denn?‹

»Was willst du denn?«

Sabine wurde ruhiger und sagte: ›Ich bin doch nur noch zwei Wochen da. Wir ziehen doch um. Spielt doch wenigstens mit mir, bis ich nicht mehr da bin.‹ Daraufhin fragte Werner: ›Was willst du spielen?‹ Sabine antwortete: ›Hüpfgummi.‹ ›Gut, dann bring's mit‹, sagte Werner. ›Aber mein Hüpfgummi ist schon in die Umzugskiste gepackt‹, erwiderte Sabine. Werner antwortete: ›Gut, dann bring ich meins mit. Und ich spiele jeden Tag mit dir, bis du wegziehst.‹ Danach löste sich die Gruppe spontan auf.

Mich beeindruckte diese Runde sehr. Ich griff überhaupt nicht ein, die Kinder lösten das Problem selbst.«

»Eigentlich habe ich gar nichts gegen Anna!«
Eine Mutter initiiert ein Council-Gespräch

Ingeborg Schneider berichtet von einer weiteren Dialogrunde in einer benachbarten weiterführenden Schule:

»In der 8. Klasse gab es Spannungen unter den 31 Mitschülern und Mitschülerinnen und mit der Klassenlehrerin. Die Kinder schimpften auf die Klassenlehrerin und ließen sich von ihr nichts mehr sagen. Sie waren laut und undiszipliniert, und es war kaum noch ein erfolgreicher Unterricht möglich. Verschärfend kam hinzu, daß die Schüler es einer neuen Schülerin, Anna, sehr schwer machten, sich in die Klasse zu integrieren. Sie wurde gehänselt und mißachtet. Die Situation eskalierte, als sich die Schüler über Annas Schuhe lustig machten. Sie ließen ein Kästchen in der Klasse herumgehen, um Geld für neue Schuhe zu sammeln. Anna war darüber außer sich, hilflos und tief verletzt.

Bei dem nächsten Elternabend waren die Situation in der Klasse und dieser Vorfall mit Annas Schuhen Gesprächsthema. Der Klassenelternbeirat schlug ein Gespräch mit Eltern, Lehrern und Kindern vor. Martina Sauerbier, Mutter einer Schülerin dieser Klasse und Teilnehmerin in meiner Elterndialoggruppe, schlug vor, einen Dialog mit Eltern, Lehrern und Schülern zu führen. Die anderen Eltern konnten sich darunter nichts vorstellen, waren jedoch bereit, sich auf die von Martina vorgeschlagene neue Möglichkeit eines Dialogs einzulassen.

Die Leitung des Dialogs hatte Martina. Im Raum befanden sich ca. 30 Schüler, zwei Lehrer und vier Elternvertreter. Alle saßen im Stuhlkreis. Martina hatte eine Kugel dabei und betonte, daß nur der das Wort habe, der die Kugel halte. Der Klassenelternbeirat nahm als erster die Kugel und stellte sich vor. Er gab die Kugel weiter mit der Bitte, daß sich jeder vorstellen solle. Die Schüler waren teilweise verlegen, kicherten und lachten, als sie die Kugel nehmen sollten.

Martina wartete, bis sie an der Reihe war, und sagte: ›Ich bin die Mutter von Katharina, ich kenne viele von euch aus den Erzählungen meiner Tochter dem Namen nach, und ich finde es schade, daß ihr die Sache nicht ernst nehmt. Ich konnte eure Namen wegen des Gekichers leider nicht verstehen. Es würde mich freuen, wenn ihr euch richtig vorstellt und noch etwas mehr zu euch sagt.‹ Daraufhin hielten sich die folgenden Schüler an die Regel. Es wurde still, und jeder hörte zu. Nach der Check-in-Runde wurde die Kugel in die Mitte gelegt. Martina nahm die Kugel und erklärte noch einmal, daß alle Gesprächsteilnehmer gleichberechtigt seien, daß jeder sagen könne, was er denke und was er sagen möchte. Keiner brauche Angst vor den Erwachsenen zu haben. Es werde keiner be- oder verurteilt wegen seiner Aussage. Es würden nur Gedanken gesammelt und gehört. Martina wies darauf hin, daß die Kugel immer wieder in die Mitte gelegt werde, um den Prozeß zu verlangsamen.

Sie begann mit der Frage: ›Was stellt ihr euch unter einer guten Klassengemeinschaft vor?‹

Nach einigen Gedanken zu diesem Thema kam plötzlich die Problematik mit Anna, der neuen Schülerin, auf den Tisch. Äußerungen dazu waren:

- ›Wir übernehmen vorgefaßte Meinungen von den anderen.‹
- ›Wir haben der Neuen gar keine Chance gegeben.‹
- ›Eigentlich habe ich gar nichts gegen Anna.‹
- ›Ich finde die Neue sehr nett, traue mich aber nicht, das zuzugeben.‹
- ›Eigentlich ist das ganz schön dumm von uns, uns so zu verhalten.‹
- ›Wir geben uns gar nicht die Möglichkeit, jemand Neues richtig kennenzulernen.‹
- ›Ich fand die Schuhe gar nicht so häßlich.‹
- ›Ich fand die Aktion gegen die Anna gemein, habe mich aber nicht getraut, dagegen anzugehen.‹

Als es während des Dialogs um Anna ging, fing sie an zu weinen. Eine Mutter wollte sie trösten und mit ihr den Raum verlassen. Martina bat die Mutter, Anna auf ihrem Platz sitzen zu lassen. Sie forderte Anna auf, wenn es möglich sei, die Situation auszuhalten. Anna blieb daraufhin im Raum und beruhigte sich. Eine der Schülerinnen, die den Streich ausgeheckt hatten, stand spontan auf und entschuldigte sich bei Anna. Andere folgten. Damit war das Thema erledigt. Die Schüler waren entspannt, und es folgten übergangslos Aussagen über die Beziehung der Klasse zu ihrer Klassenlehrerin:

- ›Sie kommt immer schlecht gelaunt in den Unterricht.‹
- ›Wir können machen, was wir wollen.‹
- ›Sie droht uns nur Strafen an und führt sie nicht aus.‹
- ›Wir haben ihr keine Chance gegeben.‹
- ›Es stimmt, daß wir laut sind, aber in erster Linie bei unserer Klassenlehrerin.‹
- ›Vielleicht ist sie schlecht gelaunt, weil sie in unsere Klasse muß und wir uns schlecht benehmen.‹
- ›Eigentlich finde ich sie sehr nett.‹
- ›Sie tröstet mich, wenn es mir nicht gut geht.‹
- ›Ich finde gut, daß sie großzügig ist.‹

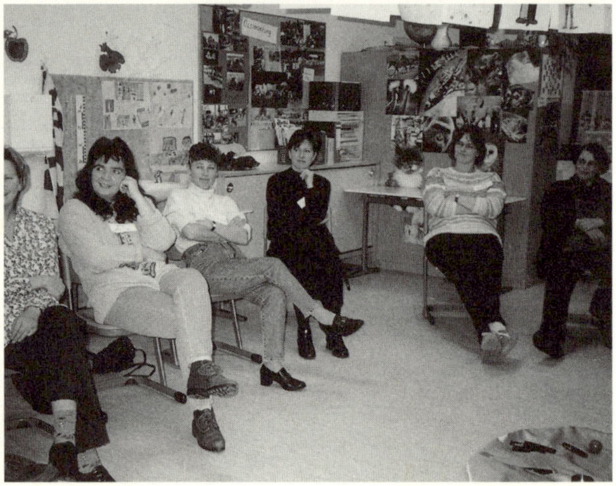

- ›Dafür, daß wir uns so schlecht benehmen, unternimmt sie viel mit uns.‹
- ›Obwohl wir so einen schlechten Ruf haben, hält sie zu uns.‹
- ›Sie hat uns viel zugetraut.‹

In der Abschlußrunde kam zum Ausdruck, daß die Schüler den Dialog ›toll‹ fanden. Sie äußerten sich verwundert darüber, daß sich auch die sonst stillen Kinder beteiligten. So konnten sie erst erfahren, was diese Kinder denken. Sie kamen zu der Erkenntnis, daß sie sehr ähnliche Auffassungen von Gemeinschaft hatten. Die Schüler stellten fest, daß sie noch nie in einer so ruhigen Atmosphäre miteinander gesprochen hatten, und empfanden das als sehr wohltuend. Alle Schüler wünschten sich in Zukunft mehr Gespräche in dieser Art und Weise. Auch die betroffene Klassenlehrerin äußerte sich zufrieden über den Verlauf des Dialogs und meinte, daß es vorher niemals möglich gewesen sei, mit dieser Klasse eine solche Stunde zu verbringen.

Die anderen Eltern waren beeindruckt und erleichtert. Martina Sauerbier als betroffene Mutter war besonders erfreut über die vielen positiven und auch konstruktiven Gedanken der Kinder, die ihr vorher nach den Aussagen der Klassenlehrerin als schreckliche Kinder und kleine Monster erschienen waren.«

Die Erweckung der Langsamkeit
Eberhard Schererz berichtet von seinem
Dialogansatz in einer Berufsschule

Eberhard Schererz ist ein von Freeman Dhority ausgebildeter Dialogprozeß-Begleiter. Als Lehrer an der Heinrich-Hertz-Kollegschule in Düsseldorf führte er verschiedene Dialogelemente in den Unterricht ein. Zwar nennt er, was er tut, nicht ausdrücklich »Dialog«, aber es ist ihm wichtig, nicht nur fachliche Aspekte in seinem Unterricht zu vermitteln, sondern auch den Schüler als ganzen Menschen zu sehen.

Die Schüler als ganzen Menschen sehen

»Ich habe gespürt, daß es den Schülern und mir gut tut, nicht gleich in den Stoff einzusteigen. Und ich sehe in der Check-in-Runde, die ein wichtiges Element der Dialogarbeit ist, eine Möglichkeit, mit Menschen in Berührung zu kommen und über das zu sprechen, was in ihnen vorgegangen ist – zumindest in einem begrenzten Umfang, weil die Schule auch nur begrenzten Raum und begrenzte Zeit hat. Und ich denke, gerade in allen Anwärmphasen sind solche Check-in-Runden eine gute Möglichkeit, auf Wesentliches zu sprechen zu kommen. Einer meiner Schüler äußerte: ›In Ihrem Unterricht kann ich mich als Mensch zeigen, mir gefällt dieses Rücksichtnehmen. Jedesmal wenn ich nach Hause komme, bin ich noch ganz beeindruckt von diesem Unterrichtserlebnis. Ich erzähle dann zu Hause begeistert, was ich erlebt habe. Ihre Arbeit mit uns ist ganz anders als die bei anderen Lehrern. Das Im-Kreis-Sitzen und das Zuhören verlangen viel Disziplin. Ich genieße die Ruhe in diesen Stunden.‹«

Viel Disziplin

Eberhard Schererz übt Kritik an der erheblichen Differenz zwischen Anspruch und Wirklichkeit im Schulsystem, vor allem in den Berufsschulen. Für ihn ist es eine wichtige Frage, warum die Persönlichkeitsentwicklung in den Schulen kaum eine Rolle spielt, obwohl im Wirtschaftsleben immer mehr »soziale Kompetenz« gefordert wird.

»Ich kann einfach nicht verstehen, wieso in Verfassungen steht: ›Die Schüler sind in Achtung vor Gott und dem Menschen zu erziehen, zu lenken und zu lehren‹, und manchmal denke ich, wir erziehen die Schüler in Achtung vor der Elektrotechnik, vor dem Ohmschen Gesetz, vor der Fourier-Analyse. In großer Achtung. Das wird wie ein Mammon angebetet, sie glauben daran. Und an sich selbst können sie nicht glauben, sie sind verzweifelt. Ich erlebe sehr viele Erwachsene, die sagen, sie seien doofe Schüler gewesen. Sie glauben weder an sich noch daran, daß wir Menschen die große Fähigkeit haben zu lernen.

Menschen haben die große Fähigkeit zu lernen.

Oberflächlich besehen, findet das Wesentliche, nämlich Mensch sein zu dürfen, in der Schule keine Zeit und keine Räume, und gleichzeitig entdecke ich immer mehr: in der Schule gibt es Zeit und Räume, das zu pflegen. Und wenn ich ein bißchen aufmerksam bin, kann ich mir das ganz schnell erschließen. Und da sehe ich diese Ansätze aus der Dialogarbeit.«

Für Eberhard Schererz sind *Präsenz*, *Achtsamkeit* und *Verlangsamung* wesentliche Elemente, um dem Unterricht eine tiefere Dimension zu geben. Das ist aus seiner Sicht Grundlage für die Entwicklung von kreativen, forschenden Lernhaltungen.

»Dieses Präsentsein ist ein treibendes Element. Wenn es mir dann gelingt, Dinge zu verlangsamen, wirklich zu verlangsamen, Zeit zu haben, Pausen zum Nachdenken, also aktiv still sein zu dürfen, dann wird etwas entdeckt, was vorher in den Klassen nicht da war.«

Der Sprung aus dem Drehbuch
Ein Dialog-Seminar an der Universität

An der University of Massachusetts in Boston bot Freeman Seminare über den Dialogprozeß an. Ein Universitätskurs über den Dialog kann intensiver sein als andere generative Dialoge, weil die Studenten sich für zwölf Wochen in diesen Kurs einschreiben und die Verpflichtung eingehen, Literatur zu dem Thema zu lesen sowie eigene Gedanken schriftlich niederzulegen.

So wurde ein großer Teil der auf den Seiten 266 ff. empfohlenen Literatur durchgearbeitet, was sich auf die Qualität, den Ton und den Inhalt der Dialoge auswirkte, die während der dreistündigen Seminare stattfanden. Die Anwesenheitspflicht ermöglichte eine Kontinuität in den Dialogtreffen, die in anderen Gruppen selten durchgehalten wurde. Da es sich außerdem um ein Wahlfach handelte, waren die Studenten sehr motiviert. Die Teilnehmer wurden nicht aufgrund ihrer Beteiligung am Dialog bewertet, sondern aufgrund zusätzlicher schriftlicher Ausarbeitungen.

Zu Beginn verwandte Freeman in diesem Seminar einige Zeit auf die Entwicklung des Containers und führte Übungen zur Vertiefung der Dialogfähigkeiten durch (siehe Anhang, S. 259 ff.). Eines der eindrucksvollsten Elemente des Kurses war die Arbeit an einem Tagebuch. Die Studentinnen und Studenten sollten über ihre Erfahrungen schreiben – aber nicht nur für sich selbst, sondern für eine andere Person aus dem Seminar, so daß daraus ein schriftlicher Dialog über ihre Erlebnisse mit einem anderen Mitglied des Kurses entstehen konnte. Bei jedem Treffen wurden die

Tagebuch für eine andere Person

ersten zwanzig Minuten darauf verwandt, sich mit dem Partner zusammenzusetzen und ein dialogisches Gespräch über die zuvor ausgetauschten Tagebucheintragungen zu führen. So konnten die Teilnehmer ihre Dialogfähigkeiten in schriftlicher Form und im Gespräch vertiefen.

Die Geschichte von Sam

Sam, ein Student in Freemans Dialog-Kurs, stammte aus einer großen Arbeiterfamilie, die aus Osteuropa in die USA eingewandert war. Seine Eltern hatten keine höhere Schule besucht; er war der erste aus der Familie, der zum College ging. Er hatte einige Jahre gearbeitet, bevor er sich entschloß, die Universität zu besuchen. Als wir uns damit zu beschäftigen begannen, wie unsere Annahmen über die Welt und unser Leben sich entwickelten, wurde für Sam einiges klarer. Er erkannte, daß er viele der Sicherheiten, auf denen sein Leben basierte, von seinem älteren Bruder übernommen hatte, der sie ihm mehr oder weniger bewußt aufgedrängt hatte. Sein Selbstbild war auch auf diese Weise entstanden. Sein Bruder hatte ihn häufig spüren lassen, daß er Sam nicht für sehr intelligent hielt und daß Sam es im Leben schwerlich zu etwas bringen würde. Obwohl Sam entschlossen war zu zeigen, daß sein Bruder unrecht hatte, konnte er sich dennoch nicht von dessen Stimme befreien, die ihm immer wieder Zweifel einflüsterte. Die Arbeit an dem Tagebuch, das er während dieses Seminars schrieb, war für Sam besonders wichtig, weil sie ihn dazu zwang, sich mit diesen Gedanken intensiv auseinanderzusetzen und auch mit einem Partner darüber zu reflektieren.

Während eines Dialogtreffens sprachen wir über die Macht, die nicht hinterfragte Glaubenssätze über uns gewinnen, und darüber, wie sie zum »Drehbuch« werden können, nach dem wir unser Leben gestalten. Sam sprang plötzlich auf und holte sich den Redestein aus der Mitte der Runde. Als er wieder zu seinem Platz ging, hielt es ihn kaum auf dem Stuhl: »Ich glaube, ich habe jetzt etwas ganz Entscheidendes verstanden! Nicht meine Familie macht es mir schwer. Es ist auch nicht mein Bruder, dem ich irgend etwas beweisen muß. Eigentlich muß ich nur diesen Gedanken lauschen, die mir immer sagen, ›Das schaffst du nicht‹ – dann kann ich erkennen, daß es ja nur Gedanken sind, Gedanken, die ich für die *Wahrheit* gehalten habe. Aber sie sind nicht die Wahrheit. Es sind nur Gedanken. Und ich kann sie ändern – durch die Gedanken, die ich wirklich haben will.«

Das war für Sam eine entscheidende Einsicht. Er hat sich später als aktiver Dialog-Begleiter in verschiedenen Zusammenhängen engagiert.

Wenn jemand wirklich versteht,
daß die gesamte Bewegung des Geistes und des Denkens –
wie sie in der Zeit gemessen werden kann –
geboren ist aus der Vergangenheit
und daher unglaublich eng und begrenzt ist,
wenn der das wirklich völlig klar erkennen kann,
dann kann es sich um das handeln,
was wir Einsicht nennen,
das heißt, die klare Sicht in etwas,
die unmittelbare Wahrnehmung des wesentlichen, wahren Wesens.

David Bohm

Lernen und Denken – Probleme, Fragen und Paradoxien

Eine offene Lernhaltung ist die Grundlage für jeden gelingenden Dialog. Wenn man so will, ist im Dialog jeder des anderen Lehrer. Gemeinsame Lerngeschichten entstehen aus einer offenen Haltung in einem fruchtbaren Feld, in dem etwas Neues entstehen kann, etwas, das es vorher nicht gab.

In diesem Kapitel haben wir dialogische Ansätze in der Schule vorgestellt, es geht uns aber auch darum, die Frage zu thematisieren, was wir unter »Lernen« verstehen. Wir alle befinden uns in konkreten Lernfeldern, und gemeinhin glauben wir zu wissen, was »Lernen« ist. Wenn wir aber genau hinsehen, entgleitet uns das Thema. Wir stellen fest, daß die Institutionen, die professionell mit Lehren und Lernen zu tun haben (oder von Staats wegen mit der »Beschulung« beauftragt sind), heute wachsende Probleme haben, Voraussetzungen für das Lernen zu schaffen, etwa »offene Neugierde«. Woran liegt es, daß dies gerade diesen Institutionen schwerfällt?

Neugierde schaffen

Der Experte des Organisationslernens, *Peter Senge,* beleuchtet den Begriff »Wissen«. Er begründet, warum die Haltung eines »Wissenden« das Lernen häufig blockiert oder gar verhindert und warum Institutionen, die Wissen vermitteln sollen, in der Regel so wenig lernfähig sind. Der Dialog ist für Peter Senge die zentrale Disziplin in einem offenen Lernprozeß. Senge plädiert aber nicht nur für den generativen Dialog als Erkenntnismittel. Er weist auch auf die gesellschaftliche Leistungsfähigkeit des strategischen Dialogs hin. Deshalb unterstützt er auch die in Schweden entstandene Initiative »The Natural Step« (s. auch das Gespräch mit Karl-Henrik Robèrt, S. 233 ff.). Er spricht sich für einen neuen, systemischen Lernbegriff aus, der aus seiner Sicht nicht bei der Erhöhung der Lernfähigkeit durch Anpassung stehenbleiben darf. Es müssen durch einen strategischen Dialog die Systembedingungen für eine zukunftsfähige Gesellschaft entwickelt werden, damit sein Konzept der »lernenden Organisation« schlüssig wird.

Dialogisch Systembedingungen für zukunftsfähige Gesellschaft entwickeln

»Wie können wir das Lernen neu denken?«

Ein Gespräch mit Peter Senge, Boston

Dr. Peter M. Senge ist Senior Lecturer am Massachusetts Institute of Technology (MIT) und Chairman der Society for Organizational Learning an der Sloan School of Management des MIT. Er ist Autor des Management-Bestsellers Die fünfte Disziplin.

Dr. Peter M. Senge erhielt den »Bachelor Degree« der Stanford University in Ingenieurwissenschaft sowie den »Master Degree« über Systemmodellierung; er promovierte über systemisches Management am MIT.

Neben David Bohm trug Peter Senge mehr als irgend jemand sonst zur weltweiten Verbreitung der Dialog-Idee bei. Nach Gesprächen mit Bohm über den Dialog entwickelte Senge das »Team-Lernen«, eine seiner fünf Disziplinen, durch praktische Dialogarbeit. Das MIT-Dialogue-project war am Center for Organizational Learning beheimatet, dessen Direktor Senge vor der Gründung der Society for Organizational Learning war.

Senges Hauptaugenmerk liegt auf dem Zusammenhang zwischen Dialog und Lernen – darauf, wie offene, aber disziplinierte Kommunikation die Chancen erhöht, um die Potentiale zwischen Menschen und in Organisationen zu entwickeln. Er plädiert für eine Veränderung des Lernbegriffs in der Schule, für eine systemische Betrachtungsweise ökologischer Zusammenhänge.

Seine Leidenschaft gehört der Frage des Lernens – der Natur des Lernens: wie wir lernen, warum wir lernen, wodurch Lernen blockiert wird und wie Lernen unterstützt werden kann. Der Dialog ist ein unverzichtbarer Bestandteil seiner Arbeit geworden, um Organisationen die Entdeckung ihrer kreativen Lernpotentiale zu ermöglichen.

Hartkemeyer: *Was haben Sie für eine Vorstellung vom Lernen?*

Senge: Ich denke, daß fundamentales Nachdenken über das, was wir »Lernen« nennen, heute entscheidend ist. Wir geben vor, daß wir genau wissen, was Lernen ist. Dieses »So tun, als ob« ist selbst schon ein Problem unserer Kultur. Jeder fühlt sich unwohl, wenn er eine Antwort nicht weiß. Schon in der Schule lernen wir, daß es wichtig ist, etwas zu »wis-

> *Im Weggehen überlegte ich mir selber, daß ich wissender sei als jener Mensch. Denn keiner von uns beiden scheint etwas Gutes und Rechtes zu wissen; jener aber meint zu wissen und weiß doch nicht; ich jedoch, der ich nicht weiß, glaube auch nicht zu wissen; ich scheine somit um ein Geringes wissender zu sein als er, weil ich nicht meine zu wissen, was ich nicht weiß.*
>
> Sokrates

Das »So tun, als ob« ist schon das erste Problem unserer Kultur.

sen«, aber nicht, daß man es eigentlich nicht genau wissen kann. Lerner zu sein bedeutet, unsicher zu sein, sich nicht zufrieden zu geben mit oberflächlichen Antworten und Begriffen.

Wie lernen wir?

Senge: Es ist die natürlichste Sache, daß wir unsere Muttersprache lernen, auf verschiedenen Ebenen mit der Welt interagieren, laufen lernen. Das, was uns bewegt, ist der Antrieb, etwas zu lernen. Leben bedeutet, ein Lerner zu sein, die Kapazitäten zu erweitern und sich zu ändern.

Leben bedeutet, ein Lerner zu sein.

Mancher Unternehmer würde sich wundern, wenn er die Freizeitaktivitäten seiner Mitarbeiter betrachtet, welche unglaublichen Fähigkeiten und welch kreatives Engagement sich bei denen entfaltet, die sonst angepaßt erscheinen. Aber das ist kein Wunder, da sie im Betrieb mit dem Verhaltensmodell konfrontiert werden: der Experte oder Vorgesetzte besitzt die richtige Antwort und die Definitionsmacht, darüber zu entscheiden, was richtig oder falsch ist, »ja« oder »nein« zu sagen. Das ist das Modell der Schule.

Die wirklich »unschuldige Frage« wird in unserem Schulwesen dagegen selten ermöglicht, höchstens die rhetorische Frage oder die im Curriculum vorgegebene. Es geht mir eher um Trans-formation als um In-formation.

Wenn also Leben bedeutet, ein Lernender zu sein und ständig seine Interessen und Kapazitäten zu entwickeln, dann müssen wir dafür organisatorische Rahmenbedingungen schaffen.

»Lernen« – das Gegenteil von »belehrt werden«

Aus Ihrer Sicht ist »lernen« das Gegenteil von »belehrt werden«. Was heißt »lehren«?

Senge: Meine Antwort korrespondiert natürlich mit meinem Lernverständnis. Normalerweise wird angenommen, daß ein Lehrer ein Experte ist, und ein Experte besitzt die richtigen Antworten; oder daß ein Lehrer den Durchblick hat und auch die Autorität, etwas durchzusetzen. Deshalb lernen Lehrer so schlecht. Ein »Wissender« oder gar »Besserwisser« kann nicht offen sein. Er ist kein »Lerner«. Leider scheint dies das Selbstwertverständnis vieler Menschen in lehrenden Berufen zu prägen.

Nur die Augenblicke sind solche der Erkenntnis, wo jedes Urteil, jede Kritik schweigen, die von uns ausgehen.
Rudolf Steiner

Kinder haben in den ersten Jahren eine ungeheure Neugierde. Man merkt diese Spannung, diese Energie noch bei der Einschulung. Leider ist die Schulorganisation nicht in der Lage, diese kreative Spannung zu halten. Ist das, was wir eine »lernende Organisation« nennen könnten, durch die Permanenz dieser Spannung ausgezeichnet?

Senge: Es geht darum, daß Organisationen in der Lage sein sollten, das Potential aller Beteiligten zu entwickeln. In diesem Sinn kann man nicht sagen, daß es die »lernende Organisation« bereits wirklich gibt. Ich kann mich aber fragen: Was kann ich tun, um Organisationen lernfähig zu machen?

Ein großes Problem ist es, das Wissen mit den anderen offen zu teilen. Das ist wichtig, weil Wissen nicht wirklich außerhalb von Menschen existiert. Es steckt in ihnen, wird von ihnen verkörpert; es steckt in Beziehungen, Relationen, Verstehensprozessen, Bildern. Wie kann man also Wissen managen?

Doch ohne Theorie gibt es kein Lernen. Wir haben immer ein subjektives, mentales Modell für unsere Interpretation, also eine Theorie. In diesem Sinn kann auch ein verändertes kognitives Verständnis Veränderungsprozesse einleiten.

Aber meine Bücher sind nur Informationen, kein Wissen; sie bestehen aus Papier und Druckerschwärze. Informationen als solche bewegen Menschen nicht wirklich. Es sei denn, ein fruchtbares Feld ist vorhanden. Was uns bewegt, ist die Verkörperung des Wissens in uns, wenn es uns intrinsisch motiviert. Deshalb sind die größten Probleme des Lernens durch grundlegende kulturelle Muster bestimmt. Es geht um mehr als um Methoden.

Informationen bewegen Menschen nicht wirklich.

Paulo Freire sagt, die Methode sei in Wirklichkeit die äußere Form des Bewußtseins, das sich in Handlungen ausdrückt.

Senge: Wahrscheinlich ist das die sinnvollste Betrachtungsweise. Wenn wir genau hinschauen, sehen wir, daß die Unternehmen das in der Schule vermittelte Muster reproduzieren. Auch im Betrieb fühle ich mich besser, wenn ich etwas weiß. Es ist mir unwohl, wenn ich sage: »Ich verstehe das nicht!« Leider haben wir den Sinn von unvollkommenen Leistungen, von Fehlern im natürlichen Lernprozeß vergessen. Und doch haben wir, indem wir über das Stolpern zum Gehen kommen und über das unartikulierte Lallen zum Sprechen, grundlegende Lernmuster entwickelt. Diese natürliche Lernhaltung wird in unserem Schulsystem nicht weiterentwickelt. Das fehlt uns heute, denn eine lernende Organisation muß

Sinn von Fehlern

Neugierde stimulieren und offene Dialoge unterstützen. Die Gruppen, die zusammenarbeiten, müssen ihre wirklichen Kapazitäten erweitern.

Wesentlich in Ihrem Modell sind die mentalen Modelle, also die Frage, wie die Menschen ihre Wirklichkeit konstruieren.

Was wäre, wenn Beobachter und Beobachtetes eins sind?

Senge: In unserer Alltagswelt haben wir die eigentümliche Angewohnheit, die Welt als außerhalb und unabhängig von uns existierend wahrzunehmen. Wir gehen in eine Beobachterrolle. Unsere westliche Tradition hält uns an herauszufinden, wie die Natur funktioniert, um zu erreichen, was wir wollen. Aber kann es nicht sein, daß das nur *eine* mögliche Sichtweise ist? Was wäre, wenn wir uns als untrennbarer Bestandteil der Wirklichkeit sehen? Wenn Beobachter und Beobachtetes eins sind?

Könnte es nicht sein, daß unserer Krise eine »Krise der Wahrnehmung« zugrunde liegt?

Wenn wir mit einem »naiven Realismus« die Welt betrachten, als wäre dort eine von uns völlig getrennte, äußere Realität, dann könnte dies die Ursache für unsere fragmentierte Weltsicht sein.

Wie kann dialogische Kommunikation eine neue Art von Konsensbildung ermöglichen?

Senge: Gerade die Arbeit von Karl-Henrik Robért in der Initiative »The Natural Step« in Schweden zeigt, wie eine ganze Nation zu einer Lerngemeinschaft werden kann. Sie zeigt die neue Qualität einer gesellschaftlichen Konsensbildung jenseits von parteiorientierten und von gruppengebundenen Interessen. Mittlerweile steht diese Initiative, die wir unterstützen, unter der Schirmherrschaft des schwedischen Königs.

Zunächst hat mich an dem schwedischen Projekt die Entwicklung von Konsensdokumenten irritiert. Aber das ist ein Dialog auf dem Weg der ständigen Weiterentwicklung dieser Übereinstimmungsabkommen. Der Konsens dokumentiert in wesentlichen gesellschaftlichen Bereichen wie Landwirtschaft, Erziehung, Wissenschaft, wie dort die Umgestaltung verlaufen soll.

Eine andere Definition von Agreement ist »Solidarität«; das ist vielleicht mehr als der »Geist des Dialogs«. Der Quantenphysiker David Bohm sprach vom Geist der »unpersönlichen« Gemeinschaft – »Koinonia«, ein alter griechischer Begriff aus der Tradition der Demokratie. Ich schätze den Geist des Dialogs, in dem es nicht darauf ankommt, eine Übereinkunft zu erzielen, sondern ja vielleicht nur darauf, festzustellen, welche vielfältigen, auch widersprüchlichen Sichtweisen wir haben, und das als Chance begreifen zu können.

Leben und Lernen sind heute im Bildungswesen verschiedene Dinge.

Senge: Im Bildungswesen sind nur wenig Leute tätig, die ein eigenes Bild vom Lernen haben. Lehrer, Psychologen, Ausbilder sind eher Konsumenten von Ideen. »Lernen über« oder »Lernen wie« sind verschiedene Dinge. Im Bildungswesen sind wirkliche Reformen aus meiner Sicht sehr schwierig; es ist eher geeignet, neue Ideen als verbales Spielmaterial zu übernehmen, als sich wirklich zu verändern. Das sehen wir im Bildungsbereich häufig. Neue Entwicklungen und Begriffe tauchen auf, und die Menschen sind schnell dabei, diese neuen Worte »richtig« zu verwenden. Das ist im Geschäftsleben zwar auch so; was aber hier zählt, sind wirkliche, meßbare Ergebnisse. Im Bildungswesen kann man durch Diskussion auf intellektueller Ebene Selbsttäuschung betreiben. Im Wirtschaftsbereich wird sofort kritisch nachgefragt: »Was bringt diese neue Theorie? Was macht Ihr Institut wirklich? Wo gibt es Referenzen? Wie messen Sie Ihre Ergebnisse?«

Ihr zentrales Anliegen ist das Lernen. Aber gibt es nicht auch Situationen, wo eine Lernverweigerung sinnvoll ist? Heißt »lernen«, angepaßt zu sein? Im Geschäftsleben heißt es häufig: »Die Zeiten wandeln sich«. Es geht darum, sich schnell verändern zu können. Das scheint wertfrei zu sein.

Senge: Ich habe die Beobachtung gemacht, daß in Amerika, auch in Europa, die einflußreichsten Schulen im Bereich der Psychologie seit etwa fünfzig Jahren die Verhaltenspsychologie und der Behaviorismus sind. Der besondere Gesichtspunkt ist dabei, wie ich das Verhalten von Menschen beeinflussen kann. Lernen ist demnach also Anpassung.

Hinter dieser Definition von »Lernen« steckt ein gefährliches Potential. Für mich ist »Lernen« eher Entwicklung in kognitiver, in kultureller und spiritueller Hinsicht.

Ich hatte neulich ein bewegendes Gespräch mit einem Computer-Spezialisten aus Taiwan über die Zerstörung seiner Kultur, insbesondere das Verständnis von Lernen. Er sagte: »Wirkliches Lernen ist nicht orientiert am Profit oder Geschäft. Wirkliches Lernen betrifft den Sinn des eigenen Lebens. Dies war der Geist des Lernens in meiner Kultur seit Jahrtausenden. Als die Franzosen kamen, begannen das Messen und die Tests, und der Begriff des Lernens veränderte sich in Richtung Anpassung. Lernen

Lernen: Entwicklung in kognitiver, in kultureller und spiritueller Hinsicht

Lernen, um etwas zu bekommen, oder, um etwas zu werden?

aber ist untrennbar mit der Lebensart verbunden, und das Leben ist als Weg, als Mensch-Sein zu verstehen.«

Das Industriezeitalter hat einiges verändert. Das Lernen wurde instrumentalisiert. Wir lernen, um etwas zu bekommen, nicht um etwas zu werden, also nicht intrinsisch.

Die Frage ist: Warum muß alles schneller gehen? Warum müssen wir alles verändern? Es kann sein, das dies nicht so wichtig für mich persönlich ist. Allerdings sehe ich schon die Gefahr, die in der populären Version der *fünf Disziplinen* liegt. Gemeint ist die Ansicht, daß eine lernende Organisation eine angepaßte Organisation sei. Das ist nicht das, was ich tatsächlich meine. Ich glaube wirklich, daß die lernende Organisation individuelles Wachstum, Entwicklung für jeden ermöglichen kann.

Glauben Sie, daß in der Politik eine neue Fragekultur entwickelt werden kann?

Senge: Als Präsident Clinton gewählt wurde, lud Vizepräsident Al Gore die aus seiner Sicht für die Erneuerung der Politik einflußreichsten Persönlichkeiten ein. Ich fühlte mich geehrt, daß ich auch dabei war. Wir saßen in der alten Kongreßhalle von Philadelphia, dem historischen Tagungsort der verfassunggebenden Versammlung; er hat eine hervorragende Akustik, so daß sich einhundertfünfzig Leute wie in einem Wohnzimmer unterhalten können. Ich habe versucht, das, was ich als »fünfte Disziplin« integriert habe, den Dialog, zu erläutern und praktisch anzuwenden. Ich war ganz bewegt, als der Vizepräsident das Treffen mit den Worten beendete: »Wir haben heute einen bemerkenswerten Ideenaustausch erlebt. Peter Senge hat uns den Unterschied zwischen Diskussion und Dialog erklärt. Den Dialog hat er als Prozeß definiert, der Sinn fließen läßt. Ich glaube, daß das heutige Gespräch dieser Definition gerecht geworden ist ...« Die Zeit des unreflektierten Festhaltens an Vorannahmen und die Darstellung von nicht hinterfragten Glaubenssätzen ist meiner Ansicht nach vorbei. Wir brauchen eine wirkliche Fragekultur.

Dialog als Prozeß, der Sinn fließen läßt

9   Der Dialog in Organisationen

Praktische Erfahrungen in konkreten Arbeitsfeldern sind entscheidend für das Vertrauen auf die Wirkung des dialogischen Prozesses und für die Beurteilung seiner Wirksamkeit. Im folgenden Kapitel wird gezeigt, wie dialogische Elemente, konsequent angewandt, wirksam wurden, wo die Grenzen bisheriger Erfahrungen liegen und in welche Richtung experimentiert wird.

Neue Methoden der Konfliktlösung – drei Gespräche

Die Praktiker, mit denen wir sprachen, fanden unterschiedliche Zugänge zum Dialog. Gemeinsam ist ihnen die Unzufriedenheit mit herkömmlichen Methoden der Konfliktlösung und der Ideenfindung.

Ron Kertzner kommt von der praktischen Konfliktforschung und begleitete im Rahmen des MIT-Projektes während einer dramatischen Konfliktphase in einem großen amerikanischen Stahlunternehmen über zwei Jahre einen dialogischen Prozeß, der nach einhelliger Meinung aller Beteiligten den Erhalt dieses Stahlwerks und seiner 4000 Arbeitsplätze ermöglichte.

Mitchell Saunders' beruflicher Hintergrund ist von seiner Arbeit in der Psychiatrie und der Familien-Therapie geprägt. Hier lernte er, mit unterschiedlichen Weltbildern umzugehen, sie nicht nur zu tolerieren, sondern aus ihrer Verschiedenheit zu lernen. Er stellt zwei Beispiele aus seiner Erfahrung mit der Prozeßbegleitung durch den Dialog vor: zum einen die Reform des Gesundheitswesens in Grand Junction, Colorado, als Bestandteil des MIT-Projektes und zum anderen die Umwandlung eines großen amerikanischen Militärstützpunktes in Monterey, Kalifornien, zu einer Reformuniversität.

Auf der pazifischen Seite des amerikanischen Kontinents arbeiten *Linda Ellinor* und *Glenna Gerard* ebenfalls seit Jahren in großen Unter-

> *Es gibt Probleme, weil es uns gibt und zwar deshalb, weil wir in Beziehung zueinander existieren. Reaktionen sind immer ein Teil des Problems, weil wir mit ihnen und durch sie die Trauer, den Schmerz und die Spannung erleben, die ein Problem subjektiv für uns bedeutet. Unsere Reaktionen sind Teil des Problems, aber wenn wir sie verstehen und mit einbeziehen, werden sie zu einem Teil der Lösung.*
>
> Eugene Kennedy

nehmen und in gemeinnützigen Projekten an der systematischen Weiterentwicklung des Dialogs. Sie entwickelten Leitlinien für die Prozeßbegleitung und Hilfestellungen für Dialog-Begleiter zum Verständnis der
Gruppendynamiken im Dialogprozeß. Der Prozeß hat für sie eine Art
meditativen Charakter: als Form einer kollektiven Aufmerksamkeit, die
Grundlage für etwas Neues werden kann. Sie setzen auf eine langfristig
wirksame Verlangsamung, die entscheidend für nachhaltige Veränderungsprozesse in Großorganisationen werden kann.

Dialog im Stahlwerk – »Der Container war heiß!«

Ein Gespräch mit Ron Kertzner, Boulder

*Ron Kertzner ist Jurist und arbeitet als Management-Trainer und Orga-
nisationsberater mit dem dialogischen Ansatz bei der Entwicklung »lernender Organisationen«. Er war Facilitator und Mitarbeiter an zwei Dia-
log-Projekten des MIT und arbeitet derzeit am Leading Learning
Communities Programm (LLC) in Boulder.*

*Neben Unternehmen wie Shell Oil, General Electric arbeitete er mit
dem Repräsentantenhaus zusammen, mit dem Nationalen Forum gegen
die Wasserverschmutzung und dem Parlament der Weltreligionen.*

Ron Kertzner lernte in Harvard die Ideen von Roger Fisher *kennen,
der das Harvard-Programm »on negotiation« (über Verhandlungen) entwickelte; dabei geht es um Verhandlungsstrategien, die nach dem Schema
»win-win«, also ohne Verlierer, ablaufen und mit deren Hilfe Lösungen
entwickelt werden, an die zuvor keine der beteiligten Parteien gedacht
hat.*

*Ron Kertzner arbeitete drei Jahre in der Region Boston als »research
associate« im Bereich Verhandlungstechniken und Konfliktlösungen und
lernte während dieser Zeit auch David Strauss kennen, den Autor des
Buchs* How to Make Meetings Work. *In diesem Buch geht es ebenfalls um
die Probleme von Verhandlungen und deren Lösung sowie um das, was
wir unter »facilitation« verstehen, also das Moderieren dieser Treffen.
Strauss erhielt ein Stipendium der Carnegie-Stiftung, um zu untersuchen,
wie und warum Versammlungen in der Kommune manchmal funktio-
nierten und die Prozesse manchmal scheiterten. Strauss entwickelte über
diese Erfahrung eine eigene Theorie. Ron Kertzner arbeitete fünf Jahre in
seiner Firma.*

Hartkemeyer: *Wie kamen Sie zum Dialog?*

Kertzner: 1992 begann ich, mit Bill Isaacs in seinem Projekt über die
Theorie des Dialogs zu arbeiten. Es ging darum, ein Verständnis dafür zu
entwickeln, wie das Feld des Dialogs aussieht, was dort geschieht. Bill
Isaacs hatte einen Forschungsauftrag und ein Stipendium von der Kellogg-Stiftung erhalten, und er führte weitere achtzehn Menschen zusam-

men, um gemeinsam über dieses Thema nachzudenken und uns zu Facilitatoren auszubilden. Ich wurde von diesem Geist inspiriert. Diese Arbeit spricht mich direkt an.

Mitte 1992 fanden in einem kleineren Stahlunternehmen im mittleren Westen der USA Versuche statt, neue Formen der Gesprächsführung zwischen den Mitgliedern von Management und Gewerkschaft zu erproben. Die Abteilung Worl-Wide-Grinding-Systems (WWGS), die zu ARMCO, einem großen US-Stahlunternehmen, gehört, hatte den Niedergang des amerikanischen Stahlgeschäftes erlebt: zehn Jahre lang sinkende Produktion, Verlust von über 4000 Arbeitsplätzen, die Reduktion der Produktionslinien von 42 auf 2 und erhebliche Spannungen zwischen dem Management und der Gewerkschaft, deren historische Wurzeln über vierzig Jahre zurücklagen.

Die Krise, der sie damals gegenüberstanden, war zugleich der Auslöser dafür, daß die Firma mit dem Dialog begann. Die Manager sahen einen Ausweg in einer Kooperation mit den Gewerkschaften. Aber die Beziehungen zur Gewerkschaft waren schlecht, so daß sie sich nach allem umschauten, was ihnen in dieser Lage weiterhelfen konnte. Einige kannten Peter Senge vom Center for Organizational Learning; dort trafen sie auch Bill Isaacs und hörten von dem Dialogprojekt.

Im *Dialog* sollten beide Seiten versuchen, die Schwierigkeiten, in denen sie seit über vierzig Jahren steckten, genauer anzuschauen und zu sehen, welche Chance, voneinander zu lernen, daraus entstehen und ob dieses Lernen das Arbeitsklima im Stahlwerk verändern würde. Der Leiter der Abteilung Human Ressources nahm mit dem *Dialogue-project* Kontakt auf und schlug einen Dialog zwischen Gewerkschaft und Management vor. Als die Gruppe gebildet wurde, konnten die Repräsentanten von Gewerkschaft und Management kaum miteinander sprechen, ohne zu schreien, ausfallend zu werden oder den Raum zu verlassen. Nach einem Jahr im Dialog waren beide Seiten daran gewöhnt, produktiver miteinander zu reden. Das ging so weit, daß sie gemeinsam öffentlich auftraten. Die Beziehungen und das Denken begannen sich zu verändern.

Die Manager engagierten sich von Anfang an und förderten das Projekt. Während dieser Zeit passierte noch etwas Interessantes. Auf der einen Seite fanden die Dialogrunden zwischen Gewerkschaft und Management statt, und parallel dazu wurden auf der anderen Seite Verhandlungen geführt, um das Werk aus dem Mutterkonzern herauszukaufen. Die leitenden Manager suchten einen Käufer, der ihnen die Führung überlassen würde und der ihre Wertvorstellungen akzeptierte; sie hofften, ihre Gewerkschaft zu behalten und innerhalb der neuen Organisation ihren

Wenn wir das Wort »Aufmerksamkeit« nehmen, so gibt es hier einen Unterschied zwischen Konzentration und Aufmerksamkeit. Durch Konzentration schließt man etwas aus. Ich konzentriere mich, und dies bedeutet, daß ich mein Denken auf einen bestimmten Punkt lenke, und deshalb schließe ich hier etwas aus, baue eine Schranke auf, damit ich mich völlig konzentrieren kann. Aufmerksamkeit ist etwas ganz anderes. Wenn man aufmerksam ist, schließt man nichts aus, leistet keinen Widerstand und strengt sich nicht an, und deshalb gibt es keine Schranken.

Jiddu Krishnamurti

Lernprozeß und den begonnenen Dialog weiterführen zu können. Sehr schnell traten potentielle Investoren auf. Fast alle interessierten Käufer forderten, daß die Gewerkschaft nicht beteiligt sein sollte, was die Manager von ARMCO verweigerten. Schließlich wurde einem der Investoren klar, daß Manager, die an ihren Werten festhielten und sich zugleich vor die Gewerkschaft stellten, ein ungewöhnliches Engagement für die Zukunft der Firma zeigten.

Als Teil dieser Ablösung mußte ein neuer Tarifvertrag mit den Gewerkschaften geschlossen werden. Für uns galt als eine klare Regelung, daß wir im Dialogprozeß keine Verhandlungen führten, wobei es natürlich sein konnte, daß das, was im Dialog passierte, Einfluß auf die Verhandlungen hatte. Das erste Arbeitgeberangebot wurde von den Gewerkschaften abgelehnt, und kurze Zeit darauf hatten wir eine gemeinsame Dialogrunde. Sie war eine der bestbesuchten Dialogsitzungen. Die Stimmung war angespannt, aber es gab keine gegenseitigen Schuldzuweisungen, es wurden keine Sündenböcke gesucht. Die Stimmung könnte man als »Geist der Erkundung« beschreiben; es ging darum, gemeinsam darüber nachzudenken, was passiert war. Ich selbst habe das als sehr außergewöhnlich empfunden. Das nächste Arbeitgeberangebot wurde von der Gewerkschaft akzeptiert.

Gemeinsam darüber nachdenken, was passiert war

Waren die Treffen zwischen Management und Gewerkschaften tatsächlich Dialoge, die Sie über zwei oder drei Stunden in einem dialogischen Zirkel durchführten?

Kertzner: Ja. Bill Isaacs zeichnete zunächst einige Systemarchetypen* auf, und ich erinnere mich deutlich daran, daß Bill ein Diagramm typischer Konfliktabläufe darstellte, so wie er die Beziehungen innerhalb der Firma sah, und er fragte, ob sie seine Darstellung der Beziehungen akzeptieren könnten. Er traf die Konfliktmuster genau, denn es tauchte die Frage auf: »Ja, wie können wir das anders lösen?« Durch diese und ähnliche Fragen entstanden der Wunsch nach Öffnung, nach mehr Hinterfragen, und die Energie, einen Dialog zu beginnen.

Für mich war es wichtig zu erfahren, wie notwendig es ist, Offenheit und Neugier zum Dialog mitzubringen. Wenn man Menschen mit Hilfe anderer Lernmethoden zur Einsicht verhelfen kann, daß ihr bisheriges Denken begrenzt ist, dann öffnet man damit eine Tür, und die Leute

---

* Verschiedene Systemarchetypen werden im *Fieldbook zur Fünften Disziplin* von Senge et al. erläutert.

sagen: »Es muß da noch etwas anderes geben, und ich bin daran interessiert, das zu lernen.« Wenn man aber jemanden zum Dialog einlädt mit der Bemerkung »Komm, und sieh dir das an, das ist gut«, dann wird es schwierig werden. Es ist etwas anderes, wenn die Menschen eine innere Bereitschaft mitbringen. Sie müssen eigene Fragen haben, eigene Probleme, die sie nicht lösen können, Situationen, in denen sie sich festgefahren haben.

Sie müssen eigene Fragen mitbringen.

Hat der interne dialogische Prozeß nicht das Unternehmen geschwächt und dadurch die Verkaufsverhandlungen gefährdet?

Kertzner: Im Gegenteil. Die Verhandlungen mit den neuen Investoren und Partnern dauerten über ein Jahr. Parallel dazu lief der Dialogprozeß zwischen Gewerkschaft und Management. Dadurch wurde ein Raum geschaffen, in dem sich die leitenden Manager mit den Gewerkschaftern über ihr Denken Klarheit verschafften, ihre Kapazität zur Zusammenarbeit erweiterten und in dem die Skepsis und Enttäuschung über die vergangenen vierzig Jahre gemeinsamer Geschichte von Gewerkschaft und Management besprochen und untersucht werden konnten. Allmählich schufen Gewerkschaft und Management eine neue Art der Gemeinschaft, in der sie lernen konnten: eine Gemeinschaft, die noch heute in den Augen der Teilnehmer lebendig ist. Die Manager waren bereit, offen ihre Zweifel darzulegen, und die Gewerkschaftsmitglieder konnten Fragen und Zweifel offen formulieren. Später zeigte es sich, daß die Manager durch die Erfahrung dieses Prozesses in der Lage waren, genügend Klarheit und Kraft aufzubringen, um den intellektuell komplexen und emotional herausfordernden Verhandlungen mit dem Käufer gewachsen zu sein.

Nach zwei Jahren waren die Veränderungen, die durch den Dialog bei ARMCO initiiert worden waren, so deutlich, daß eine Wirkung auf die finanzielle Infrastruktur dieser Abteilung sichtbar wurde. Der Leiter der Abteilung war angewiesen worden, diesen Bereich zu verkaufen, um für andere Bereiche Finanzmittel zur Verfügung zu haben. Mit Einverständnis des neuen Käufers sollten das Management und die Beschäftigten übernommen werden, sollte aber kein Verkauf möglich sein, dann würde ARMCO den Bereich schließen.

Wenn der Konflikt zwischen Unternehmensleitung und Gewerkschaften so intensiv war, wie konnte es zu einer Einigung kommen?

Kertzner: Im November 1994 erlebten die Manager vom WWGS gleichzeitig ihren größten Erfolg und die tiefste Krise seit dem Firmenbestehen. Wegen des bevorstehenden Verkaufs hatten viele in der Firma Abfindungen erhalten, und viele weitere fühlten sich von Entlassung bedroht. Gleichzeitig mußte ein neuer Vertrag mit der Gewerkschaft ausgehandelt werden. Diesmal waren die Wahlen der Gewerkschaftsvertreter in dieser Firma von besonderer Bedeutung, da die Banken klargemacht hatten, daß sie ohne einen neuen Vertrag mit den Gewerkschaften dem Verkauf bzw. der Übernahme nicht zustimmen würden. Die Nerven der Manager wurden noch weiter belastet, als die Gewerkschaft den ersten Vertragsentwurf ablehnte, weil das Management zu hohe Lohnzugeständnisse gefordert hatte.

Außenstehende miteinbeziehen

Schwierig war es zu lernen, wie es uns gelingen konnte, Außenstehende miteinzubeziehen. Das galt speziell für die Gewerkschaft, in der Mißtrauen und Angst herrschten. Man hatte Angst vor Machtverlust, und es mangelte an Vertrauen. Das äußerte sich darin, daß sie ihre Vertreter in der Verhandlungsgruppe, mit der wir den Dialog führten, später abwählten. Rückblickend, hätten wir wahrscheinlich eher darüber nachdenken müssen, wie wir die Prozesse der Dialoggruppe nach außen vermitteln konnten.

Inmitten dieser Schwierigkeiten versammelte sich eine kleine Gruppe von älteren Gewerkschaftsfunktionären und leitenden Managern außerhalb der offiziellen Verhandlungen um den Vertrag. Sie trafen sich in einer Dialog-Gruppe, an der sie schon seit über einem Jahr teilnahmen. Viele von ihnen waren skeptisch gewesen, ob überhaupt jemand zu dieser Sitzung kommen würde, da die Spannungen auf allen Seiten groß waren. Es zirkulierten Gerüchte über einen Boykott dieser Dialogsitzung, doch erschienen 35 von den 40 Leuten, die bisher teilgenommen hatten. In einem derartigen Treffen war es bisher zu einer solchen Situation noch nie gekommen, und es war eine Herausforderung für die Vorannahmen, wie sich die Gegner am Verhandlungstisch hier verhalten oder verständigen würden. Der Verhandlungstisch konnte früher nicht breit genug sein, damit sich die Kontrahenten nicht »an die Gurgel« gingen.

Als ungewöhnlich bei dieser Dialogsitzung erwies sich die Art des Gesprächs. Ohne Anklagen, Schuldzuweisungen versuchten beide Seiten zu verstehen, was geschehen war. Sie fragten sich: »Woher kam unerwartete Unzufriedenheit? Warum waren die Menschen in der Firma so ärgerlich und reaktiv? Was hielt viele davon ab zu sehen, daß es hier um einen größeren Zusammenhang ging? Was machten wir, daß wir diese gegenseitige Abhängigkeit, in der wir gefangen sind, bisher nicht sahen?«

Während einige Gewerkschaftler außerhalb der Dialoggruppe die Manager als »das Problem« ansahen, machten Gewerkschaftler, die am Dialog teilnahmen, Äußerungen wie: »Es ist doch viel komplizierter, niemand muß hier getadelt werden.« Auch über Paradoxien wurde nachgedacht: die Kraft, die eine kleine Gruppe von Menschen haben kann, und die Grenzen ihrer Effektivität – insbesondere, wenn die Erinnerung an Betrug und Mißbrauch vierzig Jahre lang zurückreicht.

Die Manager und die Gewerkschaftler begannen gemeinsam, einige der schwierigsten und herausforderndsten Annahmen, die sie übereinander hatten, offenzulegen und zu untersuchen, ob einige vielleicht tatsächlich wollten, daß die Firma geschlossen würde und die Verhandlungen scheiterten.

Die Manager sprachen über ihre Verzweiflung und ihre Angst, jemals wieder eine zweite Gelegenheit für einen Verkauf zu bekommen: sie sorgten sich nicht nur um ihre eigene Zukunft, sondern um die der gesamten Anlage. Sie sprachen darüber, daß die Mutterfirma gedroht hatte, die Abteilung zu schließen oder in Einzelteilen zu verkaufen. Sie versuchten, aktiv die Punkte zu untersuchen, wo sie blind waren gegenüber dem, was sich als kollektives Bewußtsein gebildet hatte, wie zum Beispiel gegenüber dem Mythos, daß einige Leute die Schließung der gesamten Anlage wollten, sozusagen als Revanche für die Unterdrückung der letzten vierzig Jahre.

Der Dialog ist also keine schöngeistige Übung, sondern etwas für die harte Praxis?

Kertzner: Oh ja. Die Stahlarbeiter wußten aus ihrer Lebenserfahrung, daß es wichtig ist, einen guten »Container« zu haben. Sie hatten ja Erfahrung mit glühendem Stahl. Und in diesem Container durfte es kein Loch geben; er muß halten, auch bei höchsten Temperaturen.

Wir machten auch die »Linke-Spalte-Übung« und setzten die »Leiter der Schlußfolgerungen« ein. Die Stahlarbeiter machten sich doch tatsächlich den Spaß, eine Leiter aus Stahl zu schweißen und dem Management zu überreichen.

Leiter aus Stahl

Dieser Prozeß war ein Beispiel für eine dialogische Herangehensweise, die sogar stattfinden konnte, als der enorme Druck externer politischer Vorgaben und emotionaler Erregung bei allen zu spüren war. Nach einem Jahr wurde deutlich, daß sie hier ein Pilotexperiment gewagt hatten, bei dem sie den Wert und die Möglichkeiten des Dialogs erkunden und ausnutzen konnten, und daß dies einen direkten Einfluß auf ihr Leben und ihre Zukunft hatte.

Was waren die Ergebnisse?

Kertzner: Die Gewerkschaft nahm in der folgenden Abstimmung den neuen Vertrag an, und die Firma, jetzt umbenannt in GS-Technologies, wurde unabhängig.

Dieser Dialog darf aber nicht als eine reine Erfolgsstory mißverstanden werden, denn auch heute noch gibt es Spannungen zwischen Managern und der Gewerkschaft.

Weil der Prozeß nicht breit genug verankert war?

Kertzner: Einige der führenden Gewerkschaftler, einschließlich des Präsidenten, wurden durch die anderen Gewerkschaftler abgewählt, da diese befürchteten, daß die Gewerkschaftsführung zu eng mit dem Management verbunden war. Die Menschen in der Gewerkschaft, die nicht am Dialog teilgenommen und die Art des neuen Denkens innerhalb der Organisation nicht verfolgt hatten, standen noch vor denselben Themen und Problemen, mit denen sich die Dialogpartner beschäftigt hatten. An den Dialogrunden waren nur 45 von 900 Menschen beteiligt gewesen.

Wurden alle gleichzeitig abgewählt?

Kertzner: Ja, es wurden alle Positionen neu gewählt, und die neuen Gewerkschaftsvertreter lehnten weitere Dialogsitzungen ab. Gewählt wurden die »Hardliner«. Was ich daraus lernte? Wir müssen sehr wohl im Blick haben, wie mächtig der Dialog sein, welche Folgen und Veränderungen er hervorrufen kann und daß wir in großen Systemen darauf achten müssen, viele Verbindungen von der Dialoggruppe nach außen – in die gesamte Organisation hinein – zu schaffen.

Den Dialog in die gesamte Organisation ausstrahlen lassen

Vor dem Hintergrund meiner Beratungsarbeit in Firmen meine ich, daß es nicht unbedingt nötig ist, daß jeder aus der Organisation am Dialog teilnimmt. Es wäre denkbar, verschiedene Dialoggruppen zu bilden und periodisch größere Treffen anzusetzen, auf denen diejenigen, die an der Dialogarbeit teilnehmen, von ihren Erfahrungen berichten. Sie könnten davon berichten, was sie gelernt haben, und die größere Runde einladen, ihre Fragen, Bedenken und Zweifel zu äußern. So könnten die neuen

Erfahrungen und Informationen zugänglich gemacht werden und in den Dialog einfließen.

Eine andere wichtige Erfahrung für mich war, daß der Dialog nur *eine* mögliche Strategie ist, um in einem Unternehmen zu arbeiten. Idealerweise müßte der Dialog von anderen Aktivitäten ergänzt werden, bei denen bestimmte Themen bearbeitet werden können und mehr Leute einbezogen sind, damit auch viele Menschen Vertrauen in den Prozeß entwickeln.

Wie wurde mit den neugewählten Gewerkschaftsführern gearbeitet?

Kertzner: Nun, es gab keine weiteren Dialogsitzungen. Aber da die Beteiligten des Managements seit über einem Jahr an den Dialogrunden teilgenommen hatten, war der Stil der Verhandlungen und Gespräche mit den neuen Gewerkschaftsführern deutlich anders als früher. Obwohl viele Spannungen auftraten und schwierige Themen zu behandeln waren, konnten die Managementvertreter aufgrund ihrer Dialogerfahrungen diese Themen anders angehen als früher. Sie waren in der Lage, miteinander, statt gegeneinander zu arbeiten.

Change Management:
Vom Armeestützpunkt zur Reformuniversität –
der Dialog in Gesundheitswesen und Hochschule

Ein Gespräch mit Mitchell Saunders, Felton

Mitchell Saunders arbeitet als Organisationsentwickler und Dialog-Facilitator in Monterey, Kalifornien, an Unternehmens- und Regierungsprojekten. Innerhalb des MIT-Dialogue-project begleitete er den Dialog im Gesundheitswesen in Colorado.

Saunders war einige Zeit als High-School-Lehrer tätig, bevor er als Psychologe psychisch kranke Menschen betreute. Er wurde durch die Arbeit mit seinen Schülern und Patienten angeregt, sich mit den Grundfragen des Lernens zu beschäftigen.

Diese Fragen nach unserem Lernverständnis begleiten Saunders bei der Umwandlung eines der größten amerikanischen Armeestützpunkte am Pazifik – in Monterey – zu einer neuen Universität.

Hartkemeyer: *Mitch, Sie arbeiten mit Ihrem dialogischen Ansatz in zahlreichen Projekten. Was war Ihr Weg zu Dialog und Organisationsentwicklung?*

Saunders: Da kommen verschiedene Lebenserfahrungen, Wünsche und Einsichten zusammen.

Zum einen merke ich, daß ich durch diesen *Zugang zu kollektiver Intelligenz* sehr viel mehr lerne, mehr als durch meine sonst begrenzten privaten oder zwischenmenschlichen Lern-Möglichkeiten.

Zugang zu kollektiver Intelligenz

Zum anderen ist es in der *Gemeinschaft* des Dialogs möglich, daß ich an etwas teilnehmen kann, das qualitativ mehr ist – ich möchte es mit dem Begriff »Feld« beschreiben. Wenn wir von der Feldtheorie *Kurt Lewins* ausgehen, befindet sich jeder Mensch in einem psychologischen Kraftfeld. Das Verhalten, der Lebens- und Lernprozeß, dies alles ist das Resultat aller wechselseitig aufeinander bezogenen Wirkkräfte und Ereignisse.

Und dies bedeutet auch, daß ich Anteil habe an dem Lernen, an dem Wachstum, an der Veränderung, die stattfindet, wenn ich mir des »Feldes« bewußt bin. Ich kenne keine anderen Möglichkeiten, mir dazu Zugang zu verschaffen, dieses »Feld« nutzen zu können, als den Dialog, in dem eine Gruppe gemeinsam ihre ganze Aufmerksamkeit der Qualität dieses Feldes widmet. Für mich ist es wichtig, aufmerksam zu sein, aber auch, diese Aufmerksamkeit zu bewahren. Als Individuum oder auch als individualisierte Familie ist es für uns fast unmöglich, ein Feld zu bewahren, das stark genug ist, das zu überwinden, was *Daniel Quinn* »motherculture« nennt. In seinem Buch *Ismael* beschreibt er mit diesem Begriff die sehr tief verankerten Denkweisen und Muster, die so tief liegen, daß sie für uns selbst völlig unsichtbar sind.

Was die Menschen organisieren, woran sie ihr Leben ausrichten, soll dazu dienen, der Zufälligkeit, Unvorhersehbarkeit der Schöpfung zu entgehen. Wir versuchen ständig, dieser Unvorhersehbarkeit des Lebens einen Schritt vorauszueilen.

Die Kraft des dialogischen Feldes

Im Dialog entsteht ein Feld, das stärker ist als das, was ich alleine für mich schaffen kann oder auch mit ein oder zwei guten Freunden. Dieses Feld hat eine Kraft, die stark genug ist, mir zu helfen, Werte zu entwickeln, die nicht mit meiner »motherculture« übereinstimmen, ihr vielleicht sogar entgegenstehen.

Welche persönlichen Lernprozesse waren für Ihr Verständnis des Lernens und Ihre jetzige Arbeit von Bedeutung?

Saunders: Wenn ich an meinen ersten Job in der Psychiatrie zurückdenke: dort hatte ich einen »Lehrer«, von dem ich viel gelernt habe. Er war ein schizophrener Patient.

Eine Zeitlang habe ich mit schizophrenen, psychisch sehr schwer gestörten Menschen gearbeitet. In einem Projekt ging es um die Frage, was passiert, wenn man die Annahmen des Gesundheitswesens grundsätzlich hinterfragt. Was könnte passieren, wenn die psychisch gestörten Menschen aus dem Krankenhaus, in dem sie noch gestörter werden, herausgenommen und in eine Umgebung gebracht werden, in der sie von Gesunden umgeben sind?

Ich habe in diesem Projekt vier Jahre mit den psychisch kranken Menschen gearbeitet. Besonders intensiv arbeitete ich mit einem Patienten, der nicht nur schwer gestört, sondern auch gefährlich war und schon mehrere Menschen, die ihn behandeln wollten, zusammengeschlagen hatte. Ich war der einzige, an dem er sich nie vergriffen hat.

Andere Geschichten der Wirklichkeit

Von diesen Menschen habe ich gelernt, daß es auch eine ganz andere Art gibt, die Wirklichkeit wahrzunehmen. Sie lebten ihr Leben und konnten eine völlig andere Geschichte der Wirklichkeit erzählen, als sie uns von der herrschenden Kultur erzählt wurde.

Mir hat diese Arbeit neue Sichtweisen eröffnet. Allerdings wurde von mir erwartet, den Patienten die »Wirklichkeit« beizubringen, die »richtige Sichtweise«, die der herrschenden Kultur. Wir machten einen »Deal«: sie zeigten mir, wie sie die Welt sahen, und ich brachte ihnen bei, wie sie sich in der Welt benehmen mußten, wenn sie darin zurechtkommen wollten, so daß es für sie weniger schmerzhaft war. Ich zeigte ihnen, wie sie mit anderen Menschen Kontakt aufnehmen und mit ihnen umgehen konnten, ohne ihnen Angst einzujagen, und sie zeigten mir, wie ihre andere Realität aussah. Das bedeutete, daß ich in dieser Beziehung ein Lernender war.

Wie kam es zu dem Projekt im Gesundheitswesen, an dem Sie beteiligt waren?

Saunders: Im Sommer 1992 nahmen der CEO (Chief Executive Officer) und der Direktor des St. Mary's-Hospital in Grand Junction an einer Konferenz in New Hampshire teil, bei der es um Fragen der »lernenden Organisation« ging. Dort erfuhren die beiden Verwaltungsmitarbeiter zum erstenmal etwas über den Dialog und waren danach überzeugt davon, daß eine solche Herangehensweise ihre Bemühungen zur Verbesserung der Gesprächskultur in ihrem Krankenhaus unterstützen könnte. Sie schlugen vor, das Krankenhaus St. Mary's als einen Standort für das MIT-Dialogue-project zu wählen.

Nach einer Reihe von Gesprächen beschloß die Verwaltung des St. Mary's Hospital, diese Bemühungen zu unterstützen. Damit wurde ein sechsmonatiges Pilotprojekt begonnen, in das größere Teile der Kommune einbezogen wurden, wobei das St. Mary's Hospital eine führende Rolle übernahm. Im November 1992 kam eine Gruppe von vierzig Führungskräften zusammen, die Einfluß auf die Gesundheitsversorgung in Grand Junction, Colorado, hatten, um gemeinsam den Dialog zu lernen. Von November '92 bis Mai '93 nahmen jeweils etwa 25 bis 30 von ihnen an monatlichen Dialogen teil.

Parallel dazu bildete eine Gruppe von zwölf Personen, die von ihren Organisationen gewählt worden waren, ein »Lernteam«, dessen Dialoge untereinander ein Forum für ein dauerhaftes, gemeinsames Hinterfragen des Prozesses schaffen sollten, um Vorannahmen und Erwartungen zu überprüfen, die ihre gemeinsame Arbeit bestimmten. Das Lernteam sollte lokale Facilitators ausbilden, die den Dialog als Element »lernender Organisationen« vorantreiben sollten. Schließlich wurden spezielle Meetings für die CEOs der Krankenhäuser initiiert, um mit Hilfe des Dialogs den Kon-

Dialog im Lernteam

flikten zu begegnen, die zwischen den Organisationen zu entstehen drohten. Nach sechs Monaten baten die Teilnehmer aus der Kommune darum, voll einbezogen zu werden. Die zweite Phase begann im Oktober '93 und dauerte bis zum Frühjahr '94; sie schloß monatliche Dialoge und Sitzungen des Lernteams ein (zwei Tage im Monat). Die Teilnehmer kamen jetzt aus einem größeren Bereich innerhalb des Gesundheitswesens, zum Beispiel aus der unabhängigen Ärztevereinigung, aus alternativen Gesundheitseinrichtungen, und es waren die Repräsentanten der Gemeinde darunter. Fünfunddreißig Menschen nahmen an diesen Dialogen teil.

Zugrundeliegende Annahmen und Kräfte aufspüren

In den Dialogrunden waren Ärzte, Krankenschwestern, Laborpersonal, Mitarbeiter von Krankenversicherungen und Kommune vertreten. Diese Gruppe bildete einen Mikrokosmos unseres Gesundheitssystems. Während dieses Dialogs stellten sich die Teilnehmer gegenseitig Fragen, die grundlegende Annahmen und Interessen betrafen, welche die Ursache dafür zu sein schienen, daß das Gesundheitssystem chaotisch war. Ein älterer Arzt meinte, daß er betroffen sei über die beinahe schizophren unterschiedliche Art, wie die Teilnehmer dieser Veranstaltung miteinander redeten, und über die Art, wie oftmals über die Patienten geredet werde. In einer anderen Dialogsitzung sprachen die Teilnehmer über die Belastung durch die an sie gerichtete Erwartung, für alle Krankheiten einer Gemeinschaft die Verantwortung zu übernehmen.

In diesen Dialogsitzungen begann die Gruppe damit, tabuisierte Themen anzusprechen, und es zeigte sich, daß viele Frustrationen durch kontraproduktive Vorgänge im Gesundheitssystem entstanden. Fehlende Kooperation und mangelnde Koordination führten zu kostspieliger Isolation und zu einem Wettbewerb, der völlig fehl am Platz war.

Erfahrungen und Lernergebnisse aus diesem Projekt wurden durch die Mitglieder des Projekts und der Gemeinde auf andere lokale oder kommunale Ebenen und an Projekte des US-Gesundheitssystems weitergegeben. So ist der CEO des größten Krankenhauses von Grand Junction gleichzeitig der »Chairman« einer national organisierten Beratungsgruppe, der die Gouverneure der fünfzig Staaten angehören, um die Reform des Gesundheitswesens voranzutreiben.

Sie sind jetzt beteiligt an der Umwandlung eines Militärstützpunktes in eine Hochschule?

Saunders: In dem ehemaligen Militärstützpunkt Monterey versuchen wir, eine andere Art des Lernens zu finden und zu praktizieren. Dort war bislang eine große Armeebasis stationiert. Das Ziel ist, etwas, das bisher hohe

Investitionen an Zeit, Geld und menschlicher Energie für militärische Zwecke verschlang, umzuwandeln und nutzbar zu machen für zivile Zwecke; und zwar teilweise, weil diese Militärstützpunkte zu teuer werden, teilweise, weil der Regierung klar ist, daß es sehr entscheidende Veränderungen für ganze Regionen nach sich zieht, wenn Militärstützpunkte einfach geschlossen werden, von denen ganze Gebiete ökonomisch abhängig sind.

Alle zwei Wochen trifft sich die gesamte Gruppe für einige Stunden, und daneben gibt es zahlreiche kleinere Treffen. Ich arbeite hauptsächlich mit dem Leitungsteam der Verwaltung zusammen.

Doch handelt es sich dabei methodisch noch um eine Vorform des Dialogs. Vielleicht werden wir in zwei Jahren soweit sein, durchgehend, auf der ganzen Linie mit und im Dialog zu arbeiten.

Meine Annahme ist, daß es nicht akzeptiert worden wäre, wenn ich gleich zu Beginn gesagt hätte: »Nun, wenn Sie mit mir arbeiten wollen, setzen Sie sich doch bitte alle in einen Kreis.«

Sie sind für diese Treffen dort als Facilitator gebeten worden – können Sie dadurch auch das »Setting« der Gespräche mitgestalten?

Saunders: Ja, und ich sehe, daß die Beteiligten jetzt mehr und mehr in Richtung Dialog gehen. Sie merken, daß sie wirklich den Raum und die Zeit, den Platz brauchen, um die tieferen, zentralen Fragen zu erkunden, die für eine radikale Reform entwickelt werden müssen.

Zentrale Fragen erkunden

Ich denke, es gibt viele Menschen, die neue Fragen und andere Sichtweisen entwickeln möchten. Wenn ich den Menschen wirklich zuhöre, wenn mich interessiert, was sie wirklich bewegt, dann erfahre ich, daß die Menschen nicht ausschließlich an Geld interessiert sind.

Was ich mit meiner Arbeit versuchen möchte, ist, diese tieferen Werte, die zugedeckt sind, die verborgen sind, aufzudecken und im konkreten Alltag wirksam werden zu lassen. Dabei ist es natürlich eine Annahme von mir, daß diese tieferen Werte da sind. Das ist aber eine konkrete Hoffnung. Und sie trägt mich.

Wo liegen tiefere Werte?

Perspektiven für die Arbeit im Dialog

Ein Gespräch mit Linda Ellinor und Glenna Gerard,
»The Dialogue Group«, Laguna Beach, Kalifornien

Glenna Gerard ist Spezialistin für Kommunikation mit dem Schwerpunkt Team-Lernen. Sie befaßt sich mit Führungsfragen in modernen Produktionsprozessen. Nach einem Studium der Chemie und Verfahrenstechnik entwarf sie im Regierungsauftrag Curricula und Lehrpläne für Gymnasien; anschließend arbeitete sie in einem Chemieunternehmen in den Bereichen Produktmanagement und Marketing. Die dort auftauchenden Kommunikationsprobleme führten sie dazu, sich mit Fragen der Kommunikation zu beschäftigen, mit Ansätzen von Thomas Gordon bis zu David Bohm und Peter Senge.

Linda Ellinor ist Organisationsberaterin mit dem Schwerpunkt, handlungsfähige Gemeinschaften zu entwickeln. Nach ihrer Hochschulausbildung arbeitete sie über zehn Jahre als Produktmanagerin in der Industrie. Die Verständigungsprobleme zwischen Ingenieuren und Marketing (»Wir sprachen verschiedene Sprachen«) motivierten sie dazu, sich mit dem Lernen in Organisationen zu beschäftigen. Sie arbeitet ebenfalls als Coach für Führungskräfte und ist Mitarbeiterin des »Center for Creative Leadership« in Laguna Hills, Kalifornien.

Glenna Gerard und Linda Ellinor gehören zu den erfahrensten und engagiertesten Pionieren des Projekts Dialog. Sie tragen Wesentliches zur Entwicklung und Umsetzung dieses Ansatzes bei. »The Dialogue Group« in Laguna Beach, Kalifornien, wurde von ihnen ins Leben gerufen. Sie bieten dort sowohl öffentliche Seminare über den Dialog an als auch Dialog-Einführungen für Organisationen.

Hartkemeyer: *Wie kamen Sie zum Dialog?*

Ellinor: Seit acht Jahren arbeite ich auf verschiedenen Ebenen in Organisationen mit leitenden Angestellten, Abteilungsleitern und Managern.

Ich stellte fest, daß ein Großteil der Schwierigkeiten, die auftauchen, auf Kommunikationsstörungen, das heißt falsche oder mangelnde Kommunikation, zurückzuführen sind.

Die meisten Schwierigkeiten ergaben sich nicht wegen technischer Defizite im Verständnis, sondern weil die persönlichen Fähigkeiten zur

Führung von Menschen völlig unterentwickelt oder zu wenig berücksichtigt worden waren. Entscheidend war für mich die Frage, inwieweit ich als Coach bei der Arbeit mit Führungskräften ihnen helfen konnte, ihre persönlichen Fähigkeiten – *personal mastery* – zu verbessern. Denn selbst, wenn Managern klar war, daß sie Hilfe benötigten, um ihre Kommunikation und die Kommunikation in ihrer Firma zu verbessern, bedeutete das nicht, daß in einem dreitägigen Workshop diese Probleme grundsätzlich beseitigt werden konnten.

Entscheidend: personal mastery

Der Dialog ist auch deshalb ein gutes Übungsfeld, weil er darüber hinaus die interpersonelle Kommunikation ermöglicht, die den *Gruppenprozeß* betont. Unsere Kultur ist individualistisch ausgerichtet, so daß wir wenige Übungsfelder haben, in denen wir aus diesem sehr begrenzten Ansatz und Blickwinkel heraustreten und unsere Gruppenfähigkeiten stärker entwickeln können.

In unserer Kultur wird wenig darauf geachtet, daß dialogische Fähigkeiten – wie zum Beispiel eigene Annahmen in Frage zu stellen oder ein kollektives Bewußtsein zu entwickeln – gestärkt werden. Vor allem die amerikanische Kultur fragt nur: Was habe ich davon, wenn ich dies oder jenes tue? In seltenen Fällen heißt die Fragestellung: Was haben wir als Gemeinschaft, als Unternehmen oder Familie davon? Für mich stellt der Dialog ein wichtiges Übungsfeld dar, um im Team, in der Gruppe, mit Menschen zu lernen und zu arbeiten.

Spannung zwischen Individuum und Gruppe

Glenna, wie war Ihr Weg zum Dialog?

Gerard: Angesichts der Frage, was mir selbst wichtig sei, wurde mir deutlich, daß ich mich sehr für Kommunikation, Partnerschaft und persönliche Beziehungen interessiere. Auch im Rückblick auf die Arbeit, die ich in den Jahren davor gemacht hatte, wurde mir bewußt, daß wesentlich immer wieder die Fragen waren: Wie gehen wir miteinander um? Wie reden wir miteinander? Wie können wir einander besser zuhören? Es scheint trivial, daß sich die Kommunikation verbessert, wenn wir ehrlich miteinander umgehen, aber bei genauem Hinsehen müssen wir feststellen, wieviel Energie wir darauf verwenden, tatsächlich *nicht* ehrlich miteinander umzugehen, sondern uns gegenseitig auszutricksen oder kleine Spielchen miteinander zu spielen, und zwar weil wir einander grundsätzlich nicht vertrauen.

Mein Interesse galt der Frage: Wie kann man Beziehungen schaffen, in denen Menschen vertrauensvoller miteinander umgehen und arbeiten?

Welche Erfahrungen machten Sie mit dem Dialog im Gruppenprozeß?

Gerard: Wenn Menschen in einer Dialoggruppe für mehrere Tage zusammenkommen, entwickelt sich aus der Intuition der Gruppe eine kollektive Energie, die für mich eine zentrale Voraussetzung dafür ist, daß eine Transformation im Denken stattfindet. Die Fokussierung der Energie ermöglicht Offenheit und ist die Voraussetzung für Transformationen. Ich glaube, daß diese Energie, die wir untereinander bei der dialogischen Arbeitsweise spüren, als kollektive Energie global spürbar werden kann.

Lernen ist auch eine Frage der Energie.

Ich war fasziniert von David Bohms Arbeit, weil sie mich dazu brachte, mich ernsthaft zu fragen: Was machst du bei deiner Arbeit, mit deiner Arbeit? Wie können wir Prozesse so gestalten, daß unsere Kommunikation ehrlich ist und uns ermöglicht, Fragen zu stellen, die uns wirklich bewegen? Nur wenn wir offenlegen, wenn wir sozusagen ans Licht der Öffentlichkeit zerren, was uns tatsächlich bewegt, was unsere Annahmen sind, nur dann können wir es uns ansehen und als einen Teil von uns erkennen. Nur dann erkennen wir, daß wir selbst unsere Umgebung erschaffen, indem wir ihr eine bestimmte Bedeutung geben.

Offenlegen unserer Annahmen

Ich habe versucht, den Dialog überall da zu erproben, wo es möglich war. Zum Beispiel hatte ich eine Freundin, die an der High-School Lehrerin war, und wir führten einen Dialog in ihrer Klasse.

Zur selben Zeit fing ich an, mit Frauen zu arbeiten, zum Teil in reinen Frauengruppen, zum Teil zusammen mit Männern. Unsere Frage war: Wer sind wir als Frauen? Denn nur wenn wir unsere eigenen Hintergründe, unseren eigenen Entwicklungsweg besser verstehen, können wir eine wahrhaftige, ehrliche Partnerschaft mit Männern eingehen. Diese Zusammenkünfte waren Versuche, einen Platz für eine authentische Kommunikation zu schaffen. Ein Hauptaugenmerk war dabei auch auf die Fragen gerichtet: *Wie sehen wir die Welt? Wie nehmen wir uns und unsere Umgebung wahr? Wie beeinflussen z. B. meine Annahmen und Glaubenssätze die Art und Weise, wie ich mit anderen kommuniziere?*

Etwa zu der Zeit traf ich mit Linda zusammen. Wir stellten rasch fest, daß wir beide von diesem Dialogprozeß fasziniert waren und ein großes Interesse daran hatten, diesen Prozeß besser zu verstehen und zu praktizieren, und wir fragten nur, wie wir Menschen diese Möglichkeit der Erkundung öffnen könnten.

Welche Rolle könnte der Dialog in der Erziehung, im Bildungswesen spielen?

Die dialogische Lernhaltung fehlt oft in der Erziehung.

Gerard: Im Bereich der Erziehung sind sich viele darüber im klaren, daß der Dialog eine wichtige Rolle spielen kann. Allerdings sind weder die Personen noch die Organisationsstrukturen im Erziehungsbereich darauf vorbereitet, mit dem Dialog zu arbeiten oder sich selbst dialogisch zu verhalten. Leider ist es wohl so, daß diejenigen, die den Dialog am meisten benötigen, die letzten sein werden, die ihn praktizieren. Es gibt viel Eifersucht und Neid unter Professoren und Lehrkräften. Die Haltung des »Besserwissenden« ist aber für jeden Dialog tödlich. Der Dialog braucht eine Haltung ständigen Forschens und Lernens.

An den Universitäten ist es wichtig, als Wissender da zu stehen. Wissen zu haben ist wichtiger als Fragen zu formulieren. Kann sich ein Professor als Lernender verstehen? Da im Dialog die Fragen das Wesentliche sind, wird der dialogische Ansatz in den Universitäten kaum akzeptiert.

Das Problem, mit Leuten zu arbeiten, die denken, daß sie bereits die letzten Antworten gefunden haben, stellt sich nicht nur in der Universität, sondern ebenso in den Kirchen, in den Religionen, wo es schwierig ist, feste Weltanschauungen im dialogischen Ansatz in Frage zu stellen. Besonders, wenn Menschen denken, daß sie im Besitz der Wahrheit sind. Unter diesem Blickwinkel gesehen, ist der Dialog »subversiv«, weil er dazu führt, unsere Weltsicht in Frage zu stellen. So werden Weltsichten und Gedankengebäude hinterfragt. Das ist für Ideologien und Weltanschauungen, denen es darum geht, ihre Wahrheiten zu verteidigen und zu verbreiten, nicht wünschenswert. Für Menschen, die viel investieren, um sich eine Sicht der Dinge, eine bestimmte Weltanschauung zu erarbeiten, ist es daher vielleicht unangenehm, den Dialog zu praktizieren. Sie reagieren ablehnend auf solche Versuche. Dabei wäre der Dialog gerade in einer Kultur wie der unsrigen, in welcher der Wettbewerb und der individualistische Ansatz stark betont werden, ein notwendiger Ausgleich.

Dialog als evolutionärer Prozeß

Um so weit zu kommen, daß sich ein dialogischer Ansatz in der gesamten Gesellschaft auswirkt, brauchen wir einen längeren Zeitraum, vergleichbar einem evolutionären Prozeß.

Stand für Sie selbst fest, daß sich durch Ihre dialogische Arbeit Vorannahmen oder Weltbilder verändern würden?

Gerard: Häufig kommen Leute zu unseren längeren Dialog-Workshops mit der Annahme, daß sie hier Handwerkszeug erhalten werden, mit dem sie ihre Schwierigkeiten in der Kommunikation meistern können. Nach der Teilnahme am Dialog haben viele verstanden, daß es sich beim Dialog mehr um eine Lebenshaltung, Lebenseinstellung handelt, nicht um eine simple Technik, vergleichbar der Anweisung, wie man einen Schraubenzieher in der Hand hält, wenn man ein Auto reparieren möchte.

Dadurch erfolgt häufig tatsächlich eine Transformation in den Menschen. Man kann nicht wirklich unbeteiligt am Dialog teilnehmen. Wenn man sich auf ihn einläßt, wird man verändert daraus hervorgehen. Man kann nicht wirklich zuhören, ohne sich dadurch zu verändern. Ja, ich denke auch, die Kultivierung der Aufmerksamkeit ist zentral. Ich sehe einen heilsamen Charakter des Dialogs eher als Nebenprodukt.

Im Prozeß selbst geht es natürlich auch um persönliches Wachstum, um die Entdeckung neuer Lernkapazitäten. Wie bei der Meditation geht es darum, die Kurzatmigkeit im doppelten Sinne zu verlernen. Wie bei der Meditation sollten wir nicht sofort alles durch Worte bearbeiten. Der Versuch einer schnellen Erklärung löst die Präsenz, den emotionalen Prozeß auf.

Wirkliche Änderungen brauchen Zeit. Wenn wir neue Qualitäten, tiefere Fragen und Einsichten erreichen wollen, müssen wir bei der Meditation dem Atem folgen. Erst dann kommt man mit einer tieferen Dimension seines Selbst in Kontakt, die im geschäftigen Alltag selten erreicht wird. Menschen, die in der Meditation und im Dialog erfahren sind, merken, daß sie deutlicher im Alltag vertreten können, was sie wirklich wollen. Sie bleiben im Kontakt mit diesen tieferen Dimensionen und fallen nicht in oberflächlichen Aktivismus, Kaufrausch oder anderen Ersatzhandlungen zurück. Ich halte hier den Dialog für ein effektives Verfahren.

Eine wichtige Frage im Dialog ist immer wieder: »Worüber reden wir eigentlich?«

Ellinor: Meistens haben wir zunächst Themen, die an der Oberfläche bleiben. Wesentlich ist ja, welche Glaubenssätze dahinterstecken. Wenn eine Gruppe zu diesen Mustern vordringt, die ansonsten dazu führen, daß Gruppenintelligenzen im Alltag häufig so gering sind, dann haben wir den Schlüssel für die Entfaltung kollektiver Intelligenz. Alle Themen aus dem Leben können fruchtbares Material im Dialog sein. Man sieht, wo die Energie liegt, was »gehalten« werden kann.

Den »Werkzeugkoffer« füllen?

oder

eine andere Lebenshaltung entwickeln?

Wichtig ist es, das Muster aufzuspüren, das meine Handlungen bestimmt, und das geht nur durch Verlangsamung. Dazu brauchen wir auch eine erforschende, erkundende Haltung.

10 Der politische Dialog

Innovative Ideen für eine zukunftsfähige Gesellschaft

Es gab für uns während der Beschäftigung mit dem Dialog immer wieder Fragen nach der Wirkung und den Umsetzungsmöglichkeiten dieses Ansatzes, Fragen, die wir uns selbst gestellt haben oder die uns von Skeptikern vorgehalten wurden. Vielleicht traut man dem Dialog als Methode des »Miteinander-Denkens« auf den ersten Blick nicht zu, daß er auch gesellschaftlich wirksam werden kann. Welche Rolle könnte beispielsweise der dialogische Ansatz in Gesellschaft und Politik überhaupt spielen, oder muß der Dialog an der »institutionalisierten Macht« scheitern? Es besteht die Gefahr, den Dialog als »schöngeistige Konversationsübung« mißzuverstehen, ähnlich wie dem Ansatz der »Gewaltlosigkeit« im Sinne *Gandhis* zunächst Wirkungslosigkeit unterstellt wurde. Gandhi sagte dazu, Gewaltlosigkeit sei die höchste Form der Aktivität in der Welt und Erfahrung habe ihn gelehrt, daß aus Unwahrheit und Gewalt niemals auf Dauer etwas Gutes entstehen könne.

Gewaltlosigkeit ist die höchste Form der Aktivität in der Welt.

Dieses Verständnis hat uns Mut gemacht, den konsequenten Fragen weiter nachzugehen, wobei wir aber zugleich skeptisch gegenüber der Verwendung des Begriffs »Dialog« bleiben. Denn in der Öffentlichkeit wird er mit unterschiedlichsten Intentionen verwendet: vom Papst, der ihn für das Zusammenleben der Religionen gebraucht, bis zur chemischen Industrie, die unter dem Motto »Chemie im Dialog« für die Akzeptanz neuer Produkte und Industrieanlagen werben möchte. Neue Visionen für die Zukunftsfähigkeit unserer Gesellschaft werden gesucht, die möglichst von allen geteilt werden sollen. Der Begriff »Politikverdrossenheit« macht die Runde, weil das, was als »Bürgerdialog« geboten wird, von vielen als aufgesetzt empfunden wird.

Wie also kann der Dialog als ernsthafte Suche nach »neuem Denken« in unseren gesellschaftlichen Strukturen und Institutionen fruchtbar werden? Es gibt einige innovative und erfolgreiche Ideen und Verfahren, die auf Prinzipien des Dialoges beruhen und die wir Ihnen in diesem Kapitel vorstellen. Diese Ansätze aus verschiedenen Ländern können in unterschiedlichen Bereichen wertvolle Erfahrungen bieten und Anregungen für neue Initiativen sein.

Laien-Planung in »Dialogzellen«

In Wuppertal entwickelte Professor *Peter C. Dienel* die »Planungszellen« für Bürgerbeteiligung. Dieses Verfahren wurde beispielsweise bei der Planung des Rathaus-Quartiers Köln-Gürzenich angewandt, aber auch bei Autobahnplanungen im nordspanischen Baskenland. Bemerkenswert war, daß auch die ETA die regionalen demokratischen Bedürfnisse in einer akzeptablen Form berücksichtigt sah und keine Boykottversuche unternahm. Dienel traut diesem »laiengeeigneten Dialogsystem« zu, in verschiedensten Entscheidungsfeldern planend und schlichtend zu wirken.

Peter C. Dienel: »Meine Erfahrung sagt mir: Wenn ich die Menschen ernst nehme und mit ernsthaften Problemen und Entscheidungen konfrontiere und respektiere, wie sie sich entscheiden, ist die Grundlage für die Motivation gegeben. Resignation geschieht dann, wenn ich ohne Aussicht auf Wirkung handele.

Die alten Germanen setzten Entscheidungen nicht ohne »Umstände« durch.

Die alten Germanen hatten bereits in ihrer Rechtsordnung den allgemeinen Rat, die »Umstände«. Es war also gar nicht üblich, daß Entscheidungen »ohne Umstände« durchgesetzt wurden.

Wir haben bereits vier Jahre vor der Katastrophe von Tschernobyl mit den Planungszellen Energiegutachten erarbeitet. Ich erinnere mich an eine alte Dame, die bereits nach zwei Tagen den Jargon der Fachterminologie verstand und Primärenergie von Nutzenergie unterscheiden konnte, als wenn sie ihr Leben lang nichts anderes gemacht hätte. Das ist der Effekt, wenn wir wirklich in Anspruch genommen werden. Der Bürger erkennt immer mehr, daß häufig dort, wo die Bürokratie Sachzwänge vorgibt, organisierte Denkzwänge dahinterstehen.

Wir wählen für die Planungszelle etwa 25 Personen ·nach dem Zufallsprinzip aus dem Melderegister aus. Der Verdienstausfall für die Planungsphase wird erstattet. Wenn wir als Bürger gefordert sind, stellvertretend für andere sachlich korrekt zu handeln, bleibt die »Grundsätzlichkeit« nicht aus. Das entscheidende ist: jeder hat diese Funktion nur auf Zeit. Es gibt kein Gruppenschicksal, keine Karriere, keine Seilschaften, keine Landesvatersyndrome. Jeder ist Souverän für sich und die Sache. Wichtig ist, daß alle Beteiligten ihre Herkunft mit in den Prozeß bringen. Es kann zu keiner Herrschaft von Delegierten über irgendwelche Massen kommen. Deshalb ist es wichtig, unsere Demokratie durch weitere Partizipationsverfahren zu ergänzen.«

Der Dialog zwischen den Religionen

Auch Religionen verwenden nicht selten den Begriff »Dialog«. Dabei basieren sie aber auf tradierten »Glaubenssätzen« und Annahmen über die Interpretation der Wirklichkeit. Könnten ihre Lehrgebäude durch den Dialog gefährdet werden? Oder ist eine andere Form der Theologie für sie denkbar?

Eine Theologie, die nicht Antworten, sondern ungefragten Fragen Worte gibt – wäre das nicht eine Theologie, die zu einem Glauben beiträgt, der den Menschen wirklich ernst nähme?
Johann Baptist Metz

Professor *Michael von Brück* lehrt Religionswissenschaft an der Evangelisch-Theologischen Fakultät der Münchener Ludwig-Maximilians-Universität und arbeitet seit Jahrzehnten an der Entwicklung eines Dialoges zwischen den Religionen. Er studierte indische Philosophie und Religion in Madras und Zen-Buddhismus in Japan.

Aus seiner Sicht besitzt nur der Dialog die Kraft, religiösen Fundamentalismus aufzuweichen und eine Brücke zwischen den religiösen Vorstellungen zu schlagen. Die »inhärente Ganzheit« (Bohm) zu erkunden, die gemeinsamen spirituellen Quellen zu erkennen, ist das Ziel seiner Arbeit. Nach Michael von Brück sollten wir zwei Arten von Dialog unterscheiden:

»Der Dialog ist zunächst eine Lebensweise aller Lebewesen. Wir sind immer in Kontakt und im Austausch mit anderen, und zwar sowohl in Form von Identifikation mit dem anderen als auch in Abgrenzung von ihm.

Dann aber sprechen wir auch vom Dialog der Religionen, und dies ist etwas Spezifisches, etwas, das viel mit unserer gegenwärtigen Situation in der Welt zu tun hat, in der eine Globalisierung verschiedener Kommunikationsprozesse stattfindet. Religionen existieren nicht für sich und getrennt voneinander, sondern sie beeinflussen einander, und die Produkte der verschiedenen Kulturen vermischen sich. Dies kann anregend sein, aber auch Reibungen hervorrufen.

Sodann müssen wir einen Dialog auf institutionellen Ebenen bzw. einen eher allgemeinen Dialog der Kulturen und Religionen von einem Dialog zwischen Individuen unterscheiden. Bezogen auf Individuen begegnen wir den gleichen Mustern, wie sie zum Beispiel auch in einem Gespräch zwischen Ihnen und mir auftreten: Wir sind unterschiedlich sozialisiert, haben wahrscheinlich unterschiedliche Werte und gewiß auch unterschiedliche persönliche Erfahrungen. [...] Was mich über die Jahre meiner Dialogerfahrung besonders beeindruckt hat, ist, daß diejenigen, die sich sozial engagieren und gegen Armut und Unterdrückung kämpfen, sich untereinander in der Regel außerordentlich gut verstehen, seien es nun Hindus, Buddhisten, Christen, Juden oder Muslime.« (Dialog der Religionen, 7. Jg., 1997, H. 2, S. 170–184)

Der Dialog zwischen Politik, Wissenschaft, Literatur und Kirche

Der Gießener Psychoanalytiker Professor *Horst-Eberhard Richter* gilt als Pionier der psychoanalytischen Familienforschung. Gleichzeitig nahm er aktiv an der politischen Praxis teil, indem er sich für die Friedens- und Ökologiebewegung engagierte, und gehörte zu den Mitbegründern der internationalen Initiative »Ärzte gegen den Atomkrieg« (IPPNW). Richter hat für sich den Dialog neu entdeckt.

Der Dialog als das zentrale Erkenntnismittel der Psychoanalyse

»Seit meinem Bekanntwerden mit den Platonischen Dialogen bin ich von dieser Methode des gemeinsamen Nachdenkens fasziniert. Sie ist ja auch das zentrale Erkenntnismittel der Psychoanalyse. Ich benutze die dialogische Methode u. a. seit 1992 für eine Gesprächsrunde mit einigen bekannten Persönlichkeiten aus Politik, Wissenschaft, Literatur und Kirche. Wir treffen uns an einem abgelegenen Ort für zweieinhalb Tage – ohne Vorträge, ohne daß ein Wort an die Öffentlichkeit dringt. Die Teilnehmer kommen aus diversen Denkrichtungen und aus allen demokratischen Parteien.

Wir behandeln jeweils zwei Themen. Eine Frage kommt aus der konkreten Politik, eine andere richtet sich auf die Befindlichkeit der Menschen in unserer Gesellschaft. Aus dieser Erfahrung ist mein neues Buch *Als Einstein nicht mehr weiterwußte* entstanden, in welchem einige große historische Denker einen Dialog über den Zustand der Welt führen, über die Irrungen der Irdischen – und ihre eigenen – nachsinnen sowie über die Zukunftsaussichten.«

Projekte für die Zukunftsfähigkeit

Über konkrete Zukunftsaussichten haben wir mit drei Praktikern gesprochen, die den Dialog in verschiedenen Politikbereichen anwenden: mit *Susan Kertzner* aus den USA, dem Friedensforscher *Johan Galtung*, der in Oslo, Hawaii und Genf zu Hause ist, und mit *Yair Hirschfeld* aus Israel.

Für manche Leser ist es vielleicht erstaunlich, daß sich die Mehrheit der Abgeordneten des amerikanischen Kongresses einem intensiven Dialogexperiment unterzogen hat. *Susan Kertzner* berät in Zusammenarbeit mit *Mark Gerzon* (Rockefeller Foundation) und anderen den amerikanischen Kongreß darin, wie sich Kommunikationsbeziehungen durch den Dialog verbessern lassen. Die ersten Erfahrungen sind ermutigend, denn sie zeigen, daß Menschen, die beruflich trainiert sind, sich in Diskussionen durchzusetzen und recht zu behalten, durch den Dialog andere Dimensionen entdecken, die zu neuen Umgangsweisen führen. Im Gespräch mit der Prozeß-Begleiterin Susan Kertzner werden Hintergrund und Verlauf dieses Dialog-Seminars beschrieben.

Der weltweit tätige norwegische Friedensforscher Professor *Johan Galtung* schildert in einem weiteren Gespräch die Bedeutung des dialogischen Ansatzes für die Arbeit in verschiedenen Konfliktherden. Er benennt verschiedene Beispiele für ein kulturell jeweils unterschiedliches Dialogverständnis, aber auch für die interkulturell gemeinsame Basis für einen erfolgreichen Dialog zwischen den Kulturen. Galtung sieht ein wesentliches Element seines Ansatzes darin, radikale Empathie, auch für den schwierigsten Konfliktpartner, zu entwickeln. In seiner neuen NGO (Nichtregierungsorganisation) TRANSCEND bildet er im Auftrag der UNO Diplomaten und »Konfliktarbeiter« nach dialogischen Prinzipien aus.

Im letzten Beitrag wird der erstaunliche Erfolgshintergrund der israelisch-palästinensischen Geheimverhandlungen in Oslo in den Jahren 1992–93 untersucht. In Vorbereitung und Durchführung dieser Gespräche sind alle Elemente des generativen und strategischen Dialoges zu finden. Die Hintergrundinformationen stammen von dem israelischen Journalisten Amos Elon und wurden ergänzt durch ein Gespräch mit dem Initiator der Osloer Friedensverhandlungen, Professor *Yair Hirschfeld*.

Das Projekt »Dialog« im amerikanischen Kongreß

Ein Gespräch mit Susan Jordan Kertzner, Boulder

Susan Jordan Kertzner *arbeitet seit fünfzehn Jahren als Management-Trainerin und Organisationsberaterin an der Weiterentwicklung »Lernender Organisationen«, wobei der dialogische Ansatz zu einem zentralen Element ihrer Arbeit wurde. Sie arbeitete unter anderem mit General Electric, Scandinavian Airlines und Royal Dutch Shell zusammen und beriet das Parlament der Weltreligionen, den Amerikanischen Städtebund und die Vereinten Nationen.*

Susan Kertzner gehört zu einer Gruppe von Dialog-Begleitern, die für den amerikanischen Kongreß eine Wochenend-Klausurtagung mit dem Ziel durchführte, dialogische Kommunikationsformen zu vermitteln.

Etwa 30 Kongreßmitglieder wurden in einem halbtägigen Seminar mit den Grundprinzipien des Dialogs vertraut gemacht. Die erste Dialog-Klausurtagung fand zu Beginn der neuen Legislaturperiode 1997 statt. An dieser Tagung nahmen etwa zweihundertsechzig Menschen teil – mehr als die Hälfte aller Abgeordneten –, darunter die Fraktionssprecher der Republikaner und Demokraten, Gingrich und Gephart.

Warum interessieren sich Abgeordnete für den Dialog?

Kertzner: Es gibt auf beiden Seiten, bei Demokraten und Republikanern, Kongreßmitglieder, die die Qualität der öffentlichen Auseinandersetzungen ändern möchten.

Das Ziel dieses Treffens, das von einer parteiübergreifenden Gruppe vorbereitet wurde, war es, den Teilnehmern Grundlagen der dialogischen Gesprächsführung zu vermitteln. Wie etwa das »Einchecken«, die Haltung des *Erkundens* im Gegensatz zum Verteidigen und Bewerten; wir sprachen über das *Suspendieren* von Urteilen und Annahmen, und wir versuchten gleich zu Beginn, uns auf die Grundregel des *»Nicht-Unterbrechens«* zu einigen. Das war für einige nicht leicht.

Diese Techniken bewirkten, daß sich der Prozeß verlangsamte, und es erstaunte sie, daß sie das genießen konnten. Im Gespräch drangen wir schnell zu persönlichen Problemen vor. Es wurden auch Verletzungen thematisiert, die sie sich gegenseitig – über die Presse – in regelrechten

Schlammschlachten zufügten und die bis in die persönlichen Beziehungen, bis in ihre Familien reichten. Es gab zwar auch Skeptiker unter den Mitgliedern der Vorbereitungsgruppe, aber den meisten war klar: »*Wir müssen eine andere Art des Miteinander-Redens ausprobieren.*« Der Kongreßabgeordnete von Colorado brachte es mit den Worten auf den Punkt: »*Ich ertrage den bisherigen Stil nicht mehr, und wenn es mit dem Dialog nicht funktioniert, gebe ich meine politische Laufbahn auf.*«

Wie verlief die Klausurtagung?

Kertzner: In einer Vorbereitungsgruppe wurden dreißig Abgeordnete so weit mit den Dialogprinzipien vertraut gemacht, daß sie selbst den Dialog fördern konnten. Dann teilten wir die zweihundertsechzig Menschen in Dialogrunden von etwa 30 Personen auf. Jede Runde hatte einen ausgebildeten Prozeß-Begleiter und eine Abgeordnete des Vorbereitungsseminars als Co-Begleiter. Für den Prozeß des Check-in wurden die Gruppen noch einmal in zwei Runden von je fünfzehn Personen geteilt. Dieses Check-in dauerte etwa 45 Minuten, so daß für jede Person etwa drei Minuten Zeit zum Sprechen war. Schon am zweiten Tag hatten wir einen intensiven Dialog über die Auswirkungen der Art und Weise, wie die Menschen im Kongreß miteinander umgehen.

Das Gespräch wurde dadurch, daß einige Ehepartner mit dabei waren, auch persönlicher. Beispielsweise berichtete die Frau eines Abgeordneten davon, daß sie während der Wahlkampagne ihres Mannes eine Fehlgeburt erlitten hatte. Die Gegenpartei bezeichnete dies als Abtreibung, um sie auf die Seite der Abtreibungsbefürworter zu stellen.

Die Frau wandte sich zum Schluß mit einer Frage an die Gruppe: »*Mich hat diese Lüge wirklich verletzt. Wir sind doch mit solchen Pressekampagnen an einen Punkt gekommen, wo das Leiden einzelner Menschen von anderen offenbar bewußt in Kauf genommen wird, damit sie ihre ehrgeizigen Zwecke erreichen können. Wollen wir denn wirklich so miteinander umgehen?*«

Nach ihrer Geschichte erzählte ein Mitglied der Gegenpartei davon, wie sein Vater durch den Streß seiner ersten Wiederwahl-Kampagne krank wurde. Für den Abgeordneten war klar, daß sein Vater den Gerüchten über seine mangelhafte geistige Gesundheit, die von der Presse öffentlich verbreitet wurden, nicht gewachsen war. Es hatte keinerlei Privatsphäre mehr für die Familie gegeben. Sein Vater war schließlich – noch vor der Wahl – gestorben. Der Mann beendete seine Geschichte mit einem Appell an die Gruppe: »*Es muß doch einen Weg geben, Wahlen zu gewin-*

»Ich ertrage den bisherigen Stil nicht mehr.«

nen oder zu verlieren, ohne jeglichen Respekt vor den Mitmenschen zu verlieren!«

Respekt vor den Mitmenschen nicht verlieren

Im Dialog wurde den Beteiligten klar, daß die zunehmende Schärfe in der Auseinandersetzung zwischen den Parteien von bestimmten Strukturen geprägt war, die bestimmte Verhaltensmuster fördern: Es gab beispielsweise für die Abgeordneten wenig informelle Gelegenheiten, sich zu treffen. Sie sprachen darüber, welche Auswirkungen die nach Fraktionen getrennten Garderoben hatten. Anders als in den ersten Generationen von Abgeordneten der amerikanischen Geschichte, als diese noch mit ihren Familien in Washington D.C. wohnten, kannten sie sich nicht persönlich. Heute kehrt jeder in seinen Wahlbezirk zurück und hält sich nur in Washington auf, um seine Wählergruppen zu vertreten. Es wurde auch die Frage laut, ob die Durchsetzung von Interessen verschiedener Gruppen sich auf Kosten der früheren Orientierung am Gemeinwohl entwickelt habe.

Im Dialog tauchten diese ursprünglichen Visionen wieder auf, einige sprachen von der Energie und den Visionen, die sie ursprünglich dazu inspiriert hatten, politisch aktiv zu werden. Eine Abgeordnete beschrieb, wie sie von ihren eigenen heranwachsenden Kindern regelrecht dazu aufgefordert wurde, die Welt zu einem »besseren Platz« für deren Kinder und Kindeskinder zu machen. Sie schloß mit der Frage: »Könnten wir nicht aufhören, uns gegenseitig zu bekämpfen und uns statt dessen darauf konzentrieren, was für eine Welt wir unseren Enkelkinder hinterlassen wollen? Haben sie das nicht wirklich verdient?«

Die Welt zu einem »besseren Platz« machen

Wie verlief nach diesem generativen Dialog der Prozeß weiter?

Kertzner: Es gab einen sehr interessanten Folgeprozeß. Wir bewegten uns aus dem generativen Dialog hin zu einem strategischen Dialog. Das bedeutet, wir sprachen über einige mögliche Schritte, wie in den vorherrschenden struktuellen Verhältnissen Probleme gelöst werden könnten. Dann kamen wir gemeinsam auf die Idee, daß jeder, der einen Vorschlag machen wollte, auch jemanden aus der anderen Partei finden müßte, der seine Idee unterstützte. Bevor ein Vorschlag an die Pin-Wand gesteckt werden konnte, mußte zunächst eine gewisse Gemeinsamkeit hergestellt werden. Die Ideen selbst entstanden aber im Dialogprozeß.

Ein Abgeordneter unserer Arbeitsgruppe kam mit dem Vorschlag: *»Ich möchte einige neue Anreize schaffen, damit Vertreter von Industrie und Umweltschutzbewegung sich an einen Tisch setzen und damit Vorschläge ausgearbeitet werden, mit denen wirklich beide Gruppen etwas* anfangen können. Hat jemand von Ihnen« – er wandte sich an die Vertreter der anderen Partei – »Interesse, daran mitzuarbeiten?« Eine Frau aus der anderen Partei hob die Hand, und beide erarbeiteten gemeinsam eine kurze Sizze ihrer Idee, die sie dann an der Pin-Wand anbrachten. In diesem Prozeß entstanden eine ganze Reihe von Ideen, die Unterstützung aus der jeweils anderen Partei fanden und die nach kurzer Vertiefung in kleinen Gruppen über die Pin-Wände allen vorgestellt wurden.

Eines war in diesem Austauschprozeß sehr interessant: Es wurde deutlich, wie ähnlich die Probleme waren, unter denen die Vertreter beider Parteien litten. Es war ihnen auch wichtig, daß sie als Ergebnis dieses Wochenendes keine Entscheidungen treffen mußten. Paradoxerweise wurde die Notwendigkeit, einige Veränderungen tatsächlich praktisch umzusetzen, durch den ehrlichen Dialog offensichtlich. Ich glaube, weil kein Druck entstand, ein Handlungsergebnis zu erzielen, und weil dies auf organische Weise geschah, gab es einen so großen Konsens.

Kein Druck, ein Handlungsergebnis zu erzielen

Welche Ergebnisse sind von diesem Dialogprozeß abzuleiten?

Kertzner: *Gingrich* und *Gephart* vereinbarten wöchentliche Treffen. Außerdem schlug Gingrich vor, diesen Dialog jährlich zu wiederholen. Es bildete sich spontan eine Gruppe, um diesen Prozeß in monatlichen Treffen weiterzuentwickeln. Eine der interessantesten Äußerungen war: »Wir wissen zu wenig darüber, wie wir gemeinsam als Gruppe Prozesse entwickeln können, in denen etwas Neues entstehen kann oder wir uns zumindest besser austauschen können. Wir sollten uns da weiterbilden.« Diese Abgeordneten tendierten dazu, sich mehr als ein offenes Forum zu verstehen anstatt als ein hierarchisch strukturiertes Parteigebilde.

Welchen Eindruck hatten sie von diesem Dialog im Vergleich zu Ihren Erwartungen?

Kertzner: Für mich war es sehr bewegend. Wissen Sie, ich kam wirklich mit einer großen Skepsis. Einige andere Dialog-Begleiter waren begeistert über diese Möglichkeit; ich war weniger enthusiastisch und voller Vorurteile über Politiker. Aber ich war dann wirklich berührt, als ich merkte, wie diese sogenannten »Gegner« sich wirklich zu einer Gemeinschaft entwickelten. Ich denke, wenn das möglich ist, sind auch andere Veränderungen denkbar.

Natürlich weiß ich nicht, ob so etwas auf lange Sicht Auswirkungen haben wird. Ich glaube jedoch, es war das Beste, was an einem Wochenende möglich ist, um Menschen für einen neuen Weg zu öffnen, um miteinander zu arbeiten, sich gemeinsam zu engagieren, einen neuen Sinn für das Mögliche zu entwickeln.

Neuer Sinn für das Mögliche

Der Kongreßabgeordnete Skaggs aus Colorado sagte: »*Dies Wochenende war mehr, als ich gehofft habe. Es war eines der beeindruckendsten Erlebnisse meines Lebens. Dies gibt mir eine ganz andere Perspektive.*«

»Frieden schafft man nur, wenn man mit Konflikten friedlich umgeht!«

Ein Gespräch mit Johan Galtung, Hawaii und Genf

Prof. Dr. Johan Galtung wurde 1930 in Norwegen geboren und gilt als Begründer der universitären Friedensforschung. Neben der Ausübung zahlreicher internationaler Professuren war er von 1959 bis 1969 Leiter des weltweit ersten Friedensforschungsinstituts in Oslo.

Außer seiner Forschungstätigkeit arbeitet er als Berater für mehrere Organisationen der Vereinten Nationen. Galtung erhielt den Sokrates-Preis für Erwachsenenbildung, ist Träger des Right Livelihood Award, des sogenannten »Alternativen Nobelpreises«, und wurde mit zehn Ehrendoktortiteln und -professuren ausgezeichnet.

Hartkemeyer: *Herr Galtung, Sie haben Gastprofessuren in fünf Kontinenten und sind weltweit bei verschiedenen Konflikten tätig.*

Galtung: Ja, ich habe selten Wurzeln an einem Ort geschlagen, und Nomaden gelten auch als die friedlichsten Völker. Ich bin häufig mit dem Wohnwagen unterwegs, denn eine etablierte Position an einem Ort hat Nachteile, und es ist für mich immer wichtig gewesen, unabhängig zu bleiben und keinen unversitären Lehrstuhl auf Dauer zu bekleiden. Das würde mich auch intellektuell einschränken. So aber kann ich aus diesem unabhängigen Geist Vorschläge machen, denn ich halte den vorurteilsfreien Dialog für grundlegend, um Empathie und Akzeptanz zu entwickeln.

Was ist Ihr Motto angesichts zunehmender ethnischer Konflikte und neuer Denkschranken?

Galtung: Es gibt immer Alternativen. Ich halte mich an *Gandhi* und *Nelson Mandela*, die davon ausgingen, daß man Dingen und Prozessen immer eine positive Wendung geben kann. Entscheidend ist die eigene Haltung. Pessimismus führt zu intellektueller Kapitulation, er besitzt eine sich selbst erfüllende Dynamik.

Man sollte den Prozeß der Konfliktregulierung nicht nur den Fachleuten überlassen, deren Aufgabe es ist, die offizielle Version zu erarbeiten. Besser wären zehntausend Dialogrunden mit Menschen aus dem Volk, in

> *Freiheit im tiefsten Sinne des Wortes bedeutet jedoch mehr, als ohne Rückhalt zu sagen, was ich denke. Freiheit bedeutet auch, daß ich den anderen sehe, mich in seine Lage hineinzuversetzen, in seine Erfahrungen hineinzufühlen vermag und imstande bin, durch einfühlsames Begreifen von alledem meine Freiheit auszuweiten. Denn was ist das gegenseitige Verständnis anderes als die Ausweitung der Freiheit und die Vertiefung der Wahrheit?*
>
> Vàclav Havel

> *Pessimismus ist intellektuelle Kapitulation.*

jeder lokalen Gemeinschaft, in jeder regierungsunabhängigen Organisation, unter Einbeziehung aller Beteiligten, die versuchen, zu einem gemeinsamen Verständnis zu gelangen, und die sich in diesem Prozeß versöhnen.

Wenn jemand als Teilnehmer einer solchen Dialogrunde erzählt, was geschah, durchlebt er die Situation neu. Wenn die anderen Parteien das ebenfalls machen, tragen sie zur Erweiterung des Gesamtbilds bei. Werden die Geschichten im selben Raum erzählt, so bringt das eine Dimension ins Spiel, die das Gespräch leicht emotional werden läßt. (»So war es nicht! Hast du es deshalb getan?«) Das ist brisant. Aufzustehen, die Szene noch einmal bis zu dem Punkt des Gewaltakts zu wiederholen, ohne diesen jedoch einzuschließen, kann einen kathartischen Effekt zur Folge haben, vorausgesetzt, die Spannung wird durch das Dialogisieren abgebaut. Es können dabei sogar die Rollen vertauscht werden.

Will man Empathie aufbauen, verwendet man am besten Übungen, die wir unter den Stichwörtern »Rekonstruktion« und »Versöhnung« beschreiben und vermitteln. Es geht nicht nur darum, zu verstehen, wie die Tiefenkultur im anderen wirksam ist, sondern auch darum, eine neue Art von Verständnis gemeinsam mit dem anderen zu entwickeln, ob nun durch gemeinsame Trauer als Heilungsprozeß, durch gemeinsame Rekonstruktion, gemeinsamen Wiederaufbau, gemeinsame Konfliktlösung, durch die Mühsal von Entschuldigungs- beziehungsweise Verzeihungs-Prozessen oder durch Teilnahme an Dialogen zur Verbesserung des gemeinsamen Karmas, wie die Buddhisten sagen. Ich glaube, es ist wichtig, die Wahrheit durch ein emotionales und konstruktives Drama neu zu durchleben. Das Gewicht liegt, wie oft in diesem Prozeß, nicht auf einem einzelnen Akt der Versöhnung, der symbolisch an der Spitze stattfindet, sondern auf mannigfaltigen Handlungen konkreter Menschen.

Gibt es Beispiele für konkrete soziale Traditionen, in denen dialogische Konfliktlösungsverfahren entwickelt wurden, die heute noch angewendet werden?

Galtung: Ja, in Hawaii gibt es den »Ho'o ponopono-Ansatz«, der für mich ein konkreter sozialer Dialog ist. Ich will Ihnen an einem Beispiel erklären, was das bedeutet:

Ein Mann schläft nachts in seinem Haus. Plötzlich hört er Lärm, er springt auf und überrascht einen Jungen, der gerade mit einigen gestohlenen Dollars aus dem Haus rennen will. Die Polizei wird gerufen. Der Junge ist der Polizei bekannt, augenscheinlich ein jugendlicher Straftäter. »Drei solcher Vorfälle, und du bist aus der Gesellschaft aus-

Gemeinsame Trauer als Heilungsprozeß

geschlossen«, heißt es in Hawaii. In der hawaiianischen Kultur existiert eine Tradition, die Konfliktlösung, Rekonstruktion und Versöhnung kombiniert, das *Ho'o ponopono,* das heißt so viel wie: *In-Ordnung-Bringen.*

Dem Besitzer des Hauses ist diese Methode bekannt. Er sieht den Jungen, denkt an die zwanzig Jahre Gefängnis, die vor ihm liegen könnten. Zur Polizei sagt er: »Laßt mich das in Ordnung bringen.« Im Gespräch stellte sich dann heraus, daß die Schwester des Jungen krank und die Familie zu arm ist, um das für ihre Behandlung notwendige Geld aufzubringen.

Man organisiert ein *Ho'o ponopono.* Die Familie des Mannes, die Nachbarn, der Junge und dessen Familie sitzen um den Tisch; jemand übernimmt die Rolle des Moderators in diesem Dialog. Jeder wird aufgefordert, seine Version offen und aufrichtig vorzutragen; warum es geschah und wie, und wie so etwas in Zukunft vermieden werden kann. Die konkrete Handlung des Jungen wird hinterfragt, doch seine Methode wird nicht akzeptiert, selbst wenn man ihm Verständnis entgegenbringt. Entschuldigungen werden angeboten und akzeptiert, einer Bitte um Verzeihung wird entsprochen.

- *Fragen*
- *Verständnis*
- *Verzeihung*
- *Wiedergutmachung*
- *Lösung*

Aber der Junge muß als Wiedergutmachung für sein gewaltsames Eindringen in das fremde Haus dort für einige Zeit Gartenarbeit verrichten. Während dieser Zeit findet man eine Lösung, die es der armen Familie ermöglicht, die Arzt- und Medikamentenkosten aufzubringen. Es ist wichtig, daß in diesem offenen Prozeß Einsicht und Akzeptanz bei allen entwickelt werden.

Schließlich wird auf eine Art und Weise, die für alle Beteiligten akzeptabel ist, ein Bericht über die Geschichte dieses Einbruchs verfaßt. Dieses Blatt wird verbrannt, um zu symbolisieren, daß unter diese Angelegenheit nun ein Schlußstrich gezogen wurde.

- *Schlußstrich*

Was bedeutet für Sie der Begriff »Dialog«?

Galtung: »Dialog« definiere ich zunächst als »durch das Wort«. Für mich ist er der Schlüsselbegriff für Konfliktspezialisten und die grundlegende Methode der Friedensarbeit. Methodisch hat der Dialog für diese Aufgaben etwa dieselbe Funktion wie die Psychoanalyse für die Psychiatrie.

Das »Wort«, *logos,* ist für mich das Werkzeug, mit dem ich arbeite. Es geht dabei nicht um das Sprechen als solches, sondern um das gemeinsame Ein-verständnis, das gegenseitige Freisetzen neuer Gedanken (mutual brain-storming).

Das gute Gespräch kann ein Modell dafür sein: gelassene Aufmerksamkeit, Achtsamkeit für die Körpersprache, ruhige Entwicklung des Wortflusses, niemand führt Monologe, spricht also mehr als etwa eine Minute, Zuhören, nicht überreden wollen.

Gemeinsam neue Einsichten ermöglichen

Es geht eigentlich darum, gemeinsam neue Einsichten zu ermöglichen. Diese sind nicht das Eigentum eines einzelnen, der sich damit brüstet, sondern sie gehören allen.

Das wichtigste Element ist dabei das Hören. Dafür ist die Grundlage der gegenseitige Respekt, die hilfreiche Frage. Es kann dadurch eine Öffnung entstehen, die eine neue Geschichte ermöglicht, vielleicht die wichtigste, die jemand in seinem Leben erzählt hat. Wenn man aber glaubt, man hätte bereits die »richtige« Antwort und die Aufgabe sei es, »unsichere«, »dumme« oder gar »kriminelle« Leute auf den »richtigen« Weg zu bringen, dann spielt man ein völlig anderes Spiel.

Wie kann man seine eigene Haltung daraufhin überprüfen, ob sie fruchtbar ist?

Galtung: Ein wichtiger Indikator dafür ist zu überprüfen, ob man in der Lage ist, Bewertungen und Feststellungen wegzulassen, und wirkliches Interesse an einer Antwort hat. Das heißt, ob man in der Lage ist zu lernen. Man muß grundsätzlich Belohnungen oder Strafen vermeiden. Die Aufgabe in einem Konfliktprozeß besteht darin, eine Haltung zu entwickeln, die eine Umwandlung, eine Transformation bewirkt. Die Einsichten müssen bei den Beteiligten selbst entstehen. Alles, was man tun kann, ist, einen Möglichkeitsraum für Kreativität zu schaffen.

Welche Schwierigkeiten tauchen in Konflikten auf?

Galtung: Ich sehe zwei Hauptprobleme. Auf der einen Seite machen wir leicht Versprechungen, oder es liegen subtile Drohungen in unserer Sprache. Mit anderen Worten: Man stört damit den freien Fluß von Gedanken, von Ideen für eine kreative Lösung. Eine andere Gefahr ist, daß der Prozeß jederzeit vom Dialog in eine Debatte wechseln kann – nach dem Motto: »Wer hatte nun recht?« Darum geht es in dem Prozeß der Konfliktlösung nicht. Wenn man einen Konflikt lösen will, darf man auf keinen Fall einen verbalen Kampf unterstützen. Es geht darum, die

Die »Wahrheiten« der anderen verstehen

»Wahrheiten« der anderen in einer Tiefe zu verstehen, wie diese es selbst tun.

Was scheint Ihnen in unserer heutigen Situation am dringendsten?

Galtung: Wir brauchen praktische Friedensarbeiter. Menschen, die dialogische Fähigkeiten entwickeln. Es müßte eine Hochschule oder eine Bildungseinrichtung geben, die praktische Friedensforschung betreibt, kreativ ist und neue Konzepte und Projekte entwickelt.

Denn es ist doch gerade der wirkliche Dialog wichtig. Man stelle sich vor, wie es wäre, wenn wir weltweit hunderttausend qualifizierte Konfliktarbeiter hätten, die diese dialogischen Fähigkeiten aktivieren könnten. Ich glaube, die Universität oder Hochschule, die das schaffte, wäre reif für den Friedensnobelpreis. Engagierte Friedensforschung ist wichtig, vor allem aber Bildungsarbeit und praktische Friedensarbeit. Meine drei entscheidenden Punkte sind: Empathie, Gewaltlosigkeit und Kreativität. Gewalt erntet nur Gewalt. Ich will das Militär nicht ausschließen. Aber der Weg muß das Ziel sein!

Wir brauchen praktische Friedensarbeiter.

Empathie, Gewaltlosigkeit und Kreativität sind entscheidend.

> ## Ulrich Beck: Wie wird Lachen zwischen den Kulturen möglich?
> »Eine Karikatur zeigt, wie die spanischen Eroberer im Glanze ihrer Waffen die Neue Welt betreten. ›Wir sind zu euch gekommen‹, sagt die Sprechblase, ›um mit euch über Gott, Zivilisation und Wahrheit zu reden‹. Und eine Gruppe verdutzt blickender Eingeborener antwortete: ›Gewiß doch, was wollt ihr wissen?‹
>
> Wie es zu den dann folgenden Blutbädern kam und kommt, ist oft und folgenlos geschildert worden. Woraus aber entspringt die Komik dieser Szene? Das Lächerliche resultiert in diesem Bild aus dem wechselseitigen Mißverständnis der ›Begegnung‹: Der waffenstrotzende westliche Imperialismus versteckt seinen missionarischen Eifer hinter Floskeln des ›interkulturellen Dialogs‹: während die Eroberten ihre Situation naiv als Gesprächsangebot mißverstehen und sich mitteilen wollen, obwohl sie wie Weihnachtsgänse mit fremden Gewißheiten gemästet und geschlachtet werden sollen.
>
> Das Bittere der Komik liegt darin, daß der Betrachter mehr weiß, als die Situation offenbart. Er kennt die reale Zukunft des Bildes. Er weiß, welche Zerstörungen und Blutbäder durch die in die eigenen Gewißheiten eingebaute Blindheit für Fremde über die Welt gekommen sind. Das Lachen erstickt in der Tragik, in die diese Situation mündet. Und diese Tragik verhext die Weltlage bis heute. Tragik und Komik sind die zwei Seiten des laufend(en) gescheiterten interkulturellen ›Dialogs‹.«
>
> (Aus: Lettre International, Heft 39, IV. Vj/97)

Das »Friedenswunder« von Oslo

Eine Skizze, basierend auf einem Bericht von Amos Elon und einem Gespräch mit Yair Hirschfeld, Haifa

Im Anfänger-Geist liegen viele Möglichkeiten, in dem des Experten wenige ... Im Anfänger-Geist gibt es den Gedanken: »Ich habe etwas erreicht« nicht. Alle selbstzentrierten Gedanken beschränken unseren grenzenlosen Geist.

Zen Meister Shunryu Suzuki-roshi

Die Friedensgespräche in Oslo – vor der Ermordung des israelischen Präsidenten Rabin und dem Amtsantritt Netanjahus – waren eine einmalige Chance für den Nahost-Friedensprozeß.

Die vorausgehenden Geheimverhandlungen sind ein besonders gutes Beispiel für die Wirkung von zunächst ungeplanten Gesprächen im Sinne Juanita Browns. Die Entwicklung von Emphatie, die Schaffung eines gemeinsamen Containers, das Fehlen einer Tagesordnung, das »Thema«, das nur Material für den Prozeß ist, der fehlende Zeitdruck sind typische Elemente eines generativen Dialogs. In der fortgeschrittenen Phase begann sich der strategische Dialog zu entfalten, da man hoffte, Ergebnisse zu erhalten. Erst als diese Ergebnisse dialogisch entwickelt waren, setzten die konventionellen Verhandlungen ein, mit dem Ziel, Ergebnisse festzuhalten. Schon während dieser Phase waren die Prozeß-Begleiter nicht mehr erforderlich, und bei der Feier zur Vertragsunterzeichnung waren sie schon fast vergessen.

Die folgende Skizze basiert auf dem Bericht des israelischen Journalisten Amos Elon und einem Gespräch mit dem Initiator dieses Dialogs, Professor *Yair Hirschfeld*, Dozent für die Geschichte des Nahen Ostens an der Universität in Haifa.

Erstmals – nach über einhundert Jahren eines blutigen Konfliktes – zeigte sich in Palästina, trotz aller Rückschläge, ab 1993 die große Chance, daß es zu einem Frieden zwischen Israelis und Arabern kommen könnte. *Yitzchak Rabin*, der israelische Ministerpräsident, und *Yassir Arafat*, der Vorsitzende der palästinensischen Befreiungsorganisation (PLO), gaben sich in Washington die Hand.

Selbst wenn inzwischen erneut Konflikte zwischen Israelis und Palästinensern aufgebrochen sind, ist die Vorgeschichte dieses Ereignisses als Beispiel dafür, einen Dialog unter Extrembedingungen zustande zu bringen, von größtem Interesse. Der geschlossene Vertrag hat trotz dieser Konflikte eine historische Bedeutung. Er sei, so Yair Hirschfeld, die Grundlage für weitere fünf Abkommen in den letzten Jahren gewesen.

Dieser Dialogprozeß wurde nicht von internationalen Spitzendiplomaten und Politikern eingeleitet; eigentlich machten zwei scheinbar »obskure israelische Weltverbesserer Geschichte«, wie ein Sprecher des

Außenministeriums in Jerusalem erklärte. Ein anderer Regierungsvertreter sagte: »Ministerielle Apparate sind schwerfällig, sie taugen selten dazu, etwas Großes in Gang zu setzen, dafür braucht man ein paar Verrückte.« Diese beiden »Spinner« waren *Yair Hirschfeld*, ein fünfzigjähriger Dozent für Geschichte, und sein Mitarbeiter *Ron Pundik*. Beide waren entschlossen, sich den Blick von keiner sogenannten Realität verstellen zu lassen, und so hatten sie offenbar in einer Situation Erfolg, in der »Nadelstreifen-Diplomaten« bislang gescheitert waren. Es begann zunächst mit illegalen Gesprächen zwischen ihnen und einem prominenten Palästinenser namens *Abu Alaa*, Arafats Finanzchef. Entscheidend war offensichtlich daß sich der Israeli Hirschfeld früher schon Zeit genommen hatte, Palästinenser mit ihren konkreten Weltbildern kennenzulernen und sie mit anderen Israelis zusammenzubringen. Mit manchen schloß er tatsächlich Freundschaft. Einige seiner israelischen Freunde meinten sogar, wenn er, Hirschfeld, sich dafür so viel Zeit nehme, würde er seine akademische Karriere vernachlässigen. In bestimmten Positionen konnte er knallhart sein, aber man konnte mit ihm offenbar leichter diskutieren als mit anderen Israelis, denn er wurde im Gegensatz zu diesen nicht als herablassend empfunden. Er würde sich selbst, so sagte er, eher als nüchtern bezeichnen.

Abu Alaa und *Hirschfeld* trafen sich zunächst in London, also an einem neutralen Ort, und sie fanden einen »guten Draht« zueinander, auch wenn sie in einigen Dingen nicht einer Meinung waren. »Aber,« so Hirschfeld über Abu Alaa, »mir gefiel sein Tonfall«. Es sei wie in der Oper, es zähle die Musik, »bei den meisten Opern ist das Libretto ohnehin lausig«.

»An dem entscheidenden Tag kam es zu verschiedenen Zufällen«, so Hirschfeld. »Meine Frau meint sogar, daß an diesem Tag noch viele andere Wunder passierten. Wir hatten uns schließlich in Norwegen verabredet, an einem Ort, der abgeschirmt von der Öffentlichkeit war. Hinterher meinten natürlich viele, daß alles genau und gründlich geplant worden sei. Dieser Eindruck ist falsch, denn die Gespräche wurden von spontanen, impulsiven Entscheidungen, Zufällen und Improvisationen vorangebracht.« Selbst Peres bemerkte hinterher ironisch: »Die Geschichte gleicht einem Clown, sie läßt uns alle wie dumme Jungs dastehen.«

Die norwegischen Unterhändler *Larsen* und *Juul* hatten lange über einen Ort nachgedacht, der geeignet sei, günstig auf das Verhandlungsklima zu wirken; er sollte abgeschieden, ruhig und einladend sein. Die Gespräche sollten nicht in der unpersönlichen Atmosphäre eines Konfe-

Sich von keiner sogenannten Realität den Blick verstellen lassen

renzzimmers stattfinden. Das Zimmer sollte gemütlich sein. Dieser Ort wurde etwa einhundert Kilometer südlich von Oslo in Sarpsborg gefunden, in der Landvilla eines Industriellen, einer früheren Sommerresidenz der norwegischen Könige.

Wichtig war, daß die Teilnehmer unter einem Dach schlafen und ihre Mahlzeiten gemeinsam einnehmen konnten. Selbst das Personal wußte nicht, was sich abspielen sollte. Man erklärte ihm, daß ein paar Professoren gemeinsam ein Buch schreiben wollten, wahrscheinlich stundenlang diskutieren würden und deshalb nicht gestört werden wollten. Die norwegischen Freunde meinten, man müßte mindestens formal ein Thema haben, dem man entsprechen könnte. Denn ein Seminar ohne einen Tagesplan sei doch ungewöhnlich.

Hirschfeld erzählte später dem israelischen Journalisten Amos Elon: »Es war die verrückteste Konferenz, die ich je erlebte. Drei Palästinenser und zwei Israelis mußten einen ganzen Vormittag dasitzen, sich Vorträge über sinkende Einkommensziffern und steigende Lebenshaltungskosten anhören, obwohl sie eigentlich zusammengekommen waren, um über ganz andere Dinge zu sprechen.« Einmal stieß *Jan Egeland*, der stellvertretende norwegische Außenminister, dazu, um der Versammlung eine gewisse Aura und den beiden Israelis einen bestimmten Status zu geben. Einer der Israelis meinte: »Ich habe mich so seltsam gefühlt, denn wer war ich eigentlich? Was wollte ich da? Und wen vertrat ich? Wir waren ja eigentlich keine offiziellen Vertreter von irgendwem.« Als man die Formalitäten hinter sich gebracht hatte, ermutigten sich die Teilnehmer gegenseitig feierlich dazu, nicht von der Vergangenheit zu reden. Abu Alaa ging mit gutem Beispiel voran, als er einem seiner beiden Berater einen Rüffel erteilte, der sich auf irgendwelche UNO-Resolutionen beziehen wollte. Er sagte: »Laß uns doch nicht darin wetteifern, wer in der Vergangenheit recht hatte und wer nicht. Und laß uns nicht darin wetteifern, wer in der Gegenwart klüger ist. Wir wollen schauen, was wir in Zukunft tun können.«

Es zählt nicht die Frage, wer in der Vergangenheit recht hatte.

Darauf begann das erste Brainstorming, unterbrochen nur von kurzen Pausen, in denen man aß und spazierenging. Die Atmosphäre war so gespannt, daß einer der Teilnehmer sich vor lauter Erregung übergeben mußte. Allerdings entwickelte sich nach einiger Zeit ein gewisses Vertrauen zwischen den Vertretern beider Seiten. Sie unternahmen ernsthafte Anstrengungen, einander zuzuhören. Dabei entstanden völlig neue Ideen. Beiden Seiten wurde klar, daß weitere Zugeständnisse gemacht werden mußten, zum Beispiel, daß ein stufenweiser Abzug der israelischen Truppen stufenweise zur Autonomie der Palästinenser führen müßte: Ideen, die bislang nicht entstanden waren, geschweige denn akzeptiert werden konnten. Vorher hatte es keine sogenannten »eingebauten Phasen« und »Stufenpläne« gegeben.

Nun wurde auch die offizielle Politik beteiligt, zunächst Außenminister Peres, der wiederum Ministerpräsident *Rabin* informierte. Peres erklärte Rabin, daß er bereit sei, dem informellen Weg eine Chance einzuräumen; allerdings behalte er sich vor, Hirschfeld und Pundik jederzeit als verrückte Intellektuelle hinzustellen, mit denen er nichts zu tun habe. Die Israelis wollten natürlich Beweise dafür sehen, ob Abu Alaa tatsächlich für Arafat sprach, und damit für die gesamte PLO, und ob er bindende Zusagen machen konnte. »Wir kannten ja nur die Propaganda, die Wahrheit kannten wir nicht.« Deshalb war es auch für Hirschfeld wichtig, selbst eine Vorstellung über die Fragen zu gewinnen, die ihn bewegten: Was war für die jeweils andere Seite wichtig, was war weniger wichtig? Wo war die Grenze? Wo konnten sie sich entgegenkommen? Wo konnten sie sich bewegen und wo die anderen?

Die Leistung innerhalb dieses Kontextes bestand darin, einen Raum für einen Dialog zu schaffen. Es entstand ein psychologisches Feld, ein Boden, den später, wenn fast alles vorgeklärt war, die Profis betreten könnten. Als schließlich der amerikanische Außenminister *Warren Christopher* einen ausführlichen Bericht über die bisher erreichten Ergebnisse erhielt, war er höchst erstaunt, denn er konnte sich nicht recht vorstellen, daß in diesem Dialog in Norwegen etwas entstanden war, woran er in Washington mit allen seinen Experten gescheitert war.

Einen Raum für einen Dialog schaffen

Viele kleine Ereignisse, die das Eis brachen, spielten eine Rolle. Selbst der kleine, vierjährige Sohn der *Larsens*, Edvard, soll in einer festgefahrenen Situation hilfreich gewesen sein, indem er Abu Alaa auf den Schoß kletterte.

Die Gastgeber wollten zeigen, daß ein kleines, reiches, beliebtes und friedliches Land wie Norwegen bessere Möglichkeiten bot, als Friedensvermittler zu fungieren, als Großmächte wie die Vereinigten Staaten oder Länder wie England und Frankreich. Vielleicht, so die Norweger, liege es daran, daß bei Norwegen keiner versteckte politische oder wirtschaftliche Interessen vermute wie bei den großen Staaten und daß niemand wirklich meine, Norwegen sei ein bedrohliches Land. Die Norweger Juul und Larsen, die sich später an den Gesprächen beteiligten, fungierten als Puffer, indem sie bei oft heftigen Gefühlsausbrüchen durch Humor entspannend wirkten oder die Erregung durch harmlose Bemerkungen entschärften.

Es scheint, daß es ein glückliches Zusammenspiel von Persönlichkeiten, Charakteren, von richtigem Zeitpunkt, bestimmten Stimmungen und äußeren Bedingungen gab. Einer von Abu Alaas Beratern, *As Jur,* sagte: »Wir wurden in dieser Zeit alle ein bißchen zu Norwegern.« Die gemeinsamen Mahlzeiten, die gemütliche Atmosphäre, die freundliche Umgebung, aber auch die Geheimhaltung spielten eine Rolle. Man stand nicht direkt unter äußerem Druck. *Hirschfeld,* der sich selbst als einen redseligen Menschen bezeichnet, sagte später: »Ich hatte die größten Schwierigkeiten damit, ab und zu den Mund zu halten.«

Entscheidend schien die Anwesenheit einer dritten, unabhängigen Seite, das heißt der Norweger, zu sein.

Erst als die offiziellen Vertreter Israels, *Savir* und *Singer,* kamen, veränderten sich das Tempo und der Kontext des Gesprächs. Sie erkannten, daß sie die zwanglose Atmosphäre erhalten mußten, wenn sie zu einem Ergebnis kommen wollten, wenn auch jetzt vor allem über juristische Details und technische Einzelheiten der Vertragsgestaltung und Durchführung geredet werden mußte. Die offiziellen Vertreter beider Seiten waren so bewegt von dem Klima in diesem Dialog, daß Savir nach der ersten Begegnung mit Abu Alaa die Tränen fast in den Augen standen, und er sagte: »Ich werde alles tun, um Peres und Rabin davon zu überzeugen, daß die Verhandlungen weitergehen müssen.« Die Gespräche begannen immer am Freitag abend und dauerten ohne große Unterbrechungen in der Regel bis zum frühen Montag morgen. Savir, der Generaldirektor des Außenministeriums in Israel war, konnte nicht länger bleiben.

Als Larsen, um die anfängliche Spannung abzubauen, Abu Alaa die israelischen Offiziellen mit dem Scherz vorstellte: »Das ist Ihr Feind Nr. 1, und das ist Ihr Feind Nr. 2«, reagierten alle mit herzhaftem Gelächter. *Savir* erzählte später den Mitarbeitern, daß Abu Alaa gar nicht wie ein Feind ausgesehen habe. »Man sieht die Welt mit anderen Augen, wenn man die Brille absetzt, die man Zeit seines Lebens getragen hat.«

Bald übernahmen die Offiziellen die Leitung der Verhandlungen, und man vergaß fast die entscheidenden Prozeßgestalter. Die Israelis hatten die Namen von Hirschfeld und seinen Mitarbeitern nicht auf die offizielle Liste der Gäste bei der öffentlichen Zeremonie im Garten des Weißen Hauses gesetzt, aber dann wurden sie doch noch von der amerikanischen Seite eingeladen.

Unerkannt in der Menge, beobachteten die beiden »Spinner«, die Initiatoren des Friedens-Dialoges, den Schlußakt. Hirschfeld und Abu Alaa zwinkerten sich zu.

»Man sieht die Welt mit anderen Augen, wenn man die Brille absetzt, die man Zeit seines Lebens getragen hat.«

11 Der ökologische Dialog

Die Tatsache, daß sich trotz allen Geredes über das, was wir gemeinhin als »ökologische Krise« bezeichnen, die ökologische Situation weltweit verschärft, gehört zu den Paradoxien, mit denen wir täglich konfrontiert werden. Als entscheidende Voraussetzung für eine zukunftsfähige menschliche Gesellschaft gilt nach übereinstimmender Diagnose von Experten die Entwicklung einer neuen, weniger verbrauchsorientierten Lebensweise. Bedeutet das nicht, daß vor dem Hintergrund begrenzter natürlicher Ressourcen eine radikale Überprüfung individueller Ansprüche, Lebensgewohnheiten und Lebensentwürfe nötig ist?

Um eine neue Perspektive in dieser Frage zu entwickeln, förderte die Deutsche Bundesstiftung Umwelt über zwei Jahre ein »Umwelt-Kommunikationsprojekt« der Adolf-Reichwein-Gesellschaft, Osnabrück. Mit Hilfe des dialogischen Ansatzes wurde versucht, eine andere Sichtweise für die sogenannte »Umweltbildung«, ein »ökologisches Bewußtsein«, zu ermöglichen, eine Aufgabe, die wesentlich vor allem für diejenigen ist, die sich im Umweltschutz und im Management mit Umweltproblemen und -konflikten befassen. Für diese Multiplikatoren und Entscheidungsträger ist es in besonderer Weise wichtig, die eigenen Motive zu erforschen und die Wahrnehmungs- und Kommunikationsfähigkeit zu verbessern.

Voraussetzung für einen Konsens in der ökologischen Frage scheint, das wird immer deutlicher, ein wirklicher Dialog zu sein. Ein wichtiger konfliktbegrenzender Faktor liegt darin, sichtbar zu machen, wie die eigene Wirklichkeitskonstruktion zur Erkenntnisgrenze wird. Dieser Projektansatz führt zu einer ersten Perspektivänderung: Es geht nicht um den sogenannten *Um*weltansatz, sondern um einen integrativen *Mit*weltansatz: und es geht nicht um den klassischen Umweltschutz, sondern um den Schutz unseres »erweiterten Selbst«. *Gregory Bateson* hat dieses Selbst mit den folgenden Worten umschrieben:

Mitwelt – unser erweitertes Selbst

»Diese irrtümliche Verdinglichung des Selbst ist grundlegend für die gegenwärtige weltweite ökologische Krise. Wir haben geglaubt, wir seien eine Überlebenseinheit und müßten uns deshalb um unser eigenes Überleben kümmern, und wir meinen, diese Überlebenseinheit sei ein isoliertes Individuum oder eine einzelne Spezies, wo doch in Wirklichkeit – aufgrund der Evolutionsgeschichte – das Individuum mitsamt seiner Umwelt, die Spezies mitsamt ihrer Umwelt diese Einheit bilden, denn sie sind ihrem Wesen nach symbiotisch.« (zit. nach Macy, *Die Wiederentdeckung der sinnlichen Erde*, S. 225)

Erfahrungen, Sichtweisen, Übungen

Aufgrund von Erfahrungen in der Umweltbewegung, in Bürgerinitiativen und Unternehmen stellte sich für uns die Frage: Wie können wir bei einem Thema, das uns alle betrifft, zwischen Menschen beider Seiten, zwischen Umweltbewegung sowie Bürgerinitiativen und Industrie, *eine vertiefte Kommunikationsbeziehung entwickeln?* Nach neuen Kommunikationsformen zu suchen scheint unumgänglich, denn es breiten sich Lethargie und Hoffnungslosigkeit aus, vor allem bei denen, die zwar glauben, gut über bestimmte Gefahren informiert zu sein, die aber nicht wissen, wie sie miteinander und mit der Industrie ins Gespräch kommen können. Die herkömmlichen Methoden der Umweltbildung haben zunehmend ihre Wirkung verloren, entsprechende Veranstaltungen finden kaum noch Resonanz. Der Dialog scheint hier eine interessante Form zu sein, sinnlose Konfrontationen, unergiebige Gespräche, fruchtlose Treffen zu vermeiden.

Auch David Bohm setzte sich mit den Grundlagen der weltweiten ökologischen Krise auseinander. Aus seiner Sicht ist die Fragmentierung der ursprünglichen Verbundenheit des Menschen mit seinen natürlichen Lebensgrundlagen für diese Entfremdung verantwortlich:

»Wir könnten sagen: Das Band, das uns mit dem Kosmos verbindet, ist zerrissen. In der Literatur ist oft angedeutet worden, daß wir am ›Ende der Natur‹ stehen. Ursprünglich sahen wir die Natur als etwas Gewaltiges, dem Zugriff des Menschen Entzogenes. Aber jetzt erkennen wir, daß wir an einem Punkt angelangt sind, an dem wir fähig sind, sie zu zerstören. Die Stammeskulturen sagten: ›Die Erde ist unsere Mutter. Wir müssen achtsam mit der Mutter umgehen.‹ Jetzt meinen die Menschen: ›Nein, so ist das überhaupt nicht. Wir müssen die Erde ausbeuten.‹ Und dieser Wandel in unserer Beziehung zur Natur, das Lösen unseres Bandes mit der Natur, hat eine weitere Auswirkung. Früher konnten die Leute denken: ›Schön, ich weiß, hier sieht's ziemlich mies aus, aber ›da draußen‹

ist die Natur, und die ist heil‹. Jetzt ist der Luxus dieser Sichtweise verlo-
rengegangen. Wir können uns nicht länger darauf verlassen, daß die Natur
grenzenlos ist.

Dieses Bewußtsein bringt eine ungeheure psychische Veränderung mit
sich. Es ist, als würde jemand sagen: ›Du kannst dich nicht mehr auf deine
Mutter verlassen. Du stehst jetzt alleine da.‹ In genau dieser Situation
befinden wir uns. Ob die Natur überlebt oder nicht, kann sehr wohl von
uns abhängen. Somit ist hier ein neuer Orientierungsmaßstab impliziert:
daß wir wirklich für den ganzen Planeten verantwortlich sind. Die Frage
lautet dann: Was ist die Basis dieser Verantwortung? *Was sind wir?* Was ist
unsere Natur? Aus welchen inneren Ressourcen können wir schöpfen,
um dieser Verantwortung gerecht zu werden? Was ist unser Wesen, das
uns in die Lage setzte, derart verantwortlich zu sein? Was wäre die Basis
dieser Möglichkeit? Wir sehen uns im allgemeinen selbst nicht als solche
Wesen. Es ist wie bei jemandem, der in dem Glauben heranwächst, daß
Mutter oder Vater für ihn sorgen werden. Und dann erkennt er: ›Alles hat
sich geändert. Jetzt ist es umgekehrt.‹« (*Der Dialog*, S. 168 f.)

Eine systemische Sichtweise schlägt die »Tiefenökologin« *Joanna Macy*
vor. Sie meint, erst wenn wir uns als Teil der Erde fühlten, könnten wir
uns in diesem Sinne für »uns selbst« einsetzen. Die künstliche begriffliche
Trennung, eine Illusion, sei Grundlage für unser »Selbstmordverhalten«.
Für Joanna Macy liegt es »wohl auf der Hand, daß wir unseren Begriff
von Eigeninteresse erweitern müssen. Es käme mir zum Beispiel niemals
in den Sinn, dich anzuflehen: ›Oh, bitte, säge dir dein Bein nicht ab. Das
wäre ein Akt der Gewalt!‹ Es käme mir nicht in den Sinn, weil dein Bein
ein Teil deines Körpers ist. Ja, und das sind die Bäume im Amazonas-
becken auch. Sie sind unsere erweiterte Lunge. Eben das dämmert uns
jetzt: Die Erde ist unser Körper.« (Macy, S. 220)

In diesem Sinne zitiert sie den engagierten Regenwaldexperten John
Seed: »Ich bemühe mich, nicht zu vergessen, daß nicht ich es bin, John
Seed, der den Regenwald zu schützen versucht. Ich bin vielmehr Teil eines
Regenwaldes, der sich in jüngerer Zeit zu menschlichem Denken ent-
wickelt hat.« (Macy, S. 220)

Der norwegische Philosoph *Arne Naess*, der den Begriff »Tiefenöko-
logie« prägte, versuchte durch diese Sichtweise, das Eingebettet-sein des
Menschen in die Natur zu erkennen. Er glaubt, dadurch das verkürzte
Ego des Menschen ausdehnen zu können.

»Unseligerweise hat das ausgiebige Moralisieren innerhalb der ökologischen Bewegung der Öffentlichkeit den Eindruck vermittelt, es sei hier

Den Schutz der Natur als Schutz unserer selbst erkennen

ein Opfer verlangt: mehr Verantwortungsgefühl, mehr Rücksicht, mehr Moral. Doch all das würde sich ganz mühelos von selbst ergeben, wenn wir unser Selbst so weit ausdehnen und vertiefen würden, daß wir den Schutz der Natur als den Schutz unserer selbst empfinden und erkennen.« (Macy, S. 228)

Hier begegnen sich auf der Ebene der Systemtheorie die Ansätze von David Bohm und Gregory Bateson. Für Bateson ist die Abstraktion eines gesonderten »Ich« der zentrale erkenntnistheoretische Irrtum des Abendlandes. Nach seiner Auffassung gibt es kein kategorisches »Ich« gegenüber einem kategorischen »Du« oder »Es«. Für ihn ist das »Selbst« nur »ein kleiner Teil eines viel größeren Versuch-/Irrtum-Systems, in dem das Denken, Handeln und Entscheiden geschieht« (Bateson zit. nach Macy, S. 224). Joanna Macy liefert dafür ein gutes Beispiel:

»Nehmen wir einen Holzfäller, der eben einen Baum fällen will. Am einen Ende des Axtstiels seine Hände, am anderen Ende die Axt und da der Baum. Er führt einen Schlag und noch einen weiteren. Wo ist hier die Feedback-Schleife, welche Information leitet die aufeinanderfolgenden Schläge mit der Axt? Das ganze Geschehen ist ein Kreislauf, und man kann an jedem Punkt dieses Kreislaufs beginnen. Er geht vom Baumstamm zum Auge des Holzfäller zur Hand, zur Axt und zurück zum Schlag in den Stamm. Das ist die selbstkorrigierende Einheit; dies alles zusammen ist das, was den Baum fällt.« (S. 224 f.)

In Dialogseminaren haben wir unterschiedliche Formen generativer und strategischer Dialoge erprobt. Nach der Einführung in die Prinzipien des Dialogs suchten wir im ersten Schritt in Kleingruppengesprächen persönliche Beispiele für existentiell bedeutsame Dialogerfahrungen. Mit weitergehenden Fragen vertieften wir die Frage nach der Rolle des Menschen im ökologischen Kontext, zum Beispiel: »Was ist Deine Verantwortung für den Zustand dieser Welt?« Statt zu einem entwickelten Dialog führte diese Frage in der Regel zu sachorientierten, unpersönlichen, fast oberflächlichen Gesprächen, in denen Beispiele umweltgerechten Verhaltens genannt wurden, wie: Reduzierung des Heizens, Strom sparen, Benutzung umweltschonender Waschmittel. Eine persönliche Betroffenheit, die ein stärkeres Engagement für die Natur und Mitwelt hätte notwendig erscheinen lassen, war nicht spürbar.

Eine tiefere Dimension im Dialog wurde durch die Zwischenübung »Brief an meinen Urenkel« angesprochen. Die Teilnehmenden wurden aufgefordert, an ein Kind in der siebten kommenden Generation zu schreiben. Es sollten die eigenen Lebensumstände verständlich gemacht

»Brief an meinen Urenkel«

und dadurch eine Begegnung mit den eigenen Erfahrungen, dem eigenen Weltbild ermöglicht werden.

Die Briefe werden in Zweier-Gruppen gegenseitig vorgelesen und besprochen. Alle Teilnehmer, mit denen wir diese Übung durchgeführt haben, berichteten von ihrer Betroffenheit durch diesen Perspektivwechsel. Wie wird jemand nach sieben Generationen darüber denken, wie wir heute planen und handeln? Wenn wir darüber nachdenken, wie wir die für uns notwendigen Lebensbedingungen Wasser, Luft, Boden, Artenvielfalt sowie Ressourcen und Bodenschätze vorgefunden haben und was wir unseren Kindern und Kindeskindern in Form von Atommüll, Schulden, Ozonloch etc. etc. hinterlassen, wird die Kurzsichtigkeit unserer zeitlich begrenzten, auf unser »Ego« konzentrierten Perspektive deutlich.

Der Dialog in Initiativen für ein Leben mit der Umwelt

Bei unserer Beschäftigung mit den Grundlagen des Umwelt-Kommunikationsprojekts der Adolf-Reichwein-Gesellschaft kam es zu zahlreichen Begegnungen und Gesprächen mit Praktikern, die aus verschiedenen Arbeitsfeldern des Dialogs kommen. Es ging darum, einen neuen, überzeugenden Zugang zur Umweltbildung zu finden und zu überprüfen, ob der Dialog dies leisten kann. Einige der Gespräche geben wir im folgenden wieder.

Da ist zunächst die schwedische Initiative »Det Naturliga Steget« oder »The Natural Step«, die im Lauf der Diskussion um das Thema »lernende Organisation« und den Dialog in diesem Buch immer wieder auftaucht. Mit dem Initiator dieses landesweiten Dialoges, dem Mediziner Professor *Karl-Henrik Robèrt,* führten wir ein ausführliches Gespräch über das Erfolgsgeheimnis seines Konsensbildungsprozesses.

Diese Initiative will über ein Konsensverfahren ein ganzes Land in eine zukunftsfähige Gesellschaft verwandeln. Sie arbeitet mit einer wissenschaftlich begründeten Dialogmethode nach dem Motto »Einfachheit ohne Reduktion« (»simplicity without reduction«). Gemeinsam werden auf der Basis der Gesetze der Thermodynamik wissenschaftlich begründete Rahmenbedingungen für eine sinnvolle, umweltverträgliche, wirtschaftliche Produktivität entwickelt; man setzt an der Quelle der Probleme an und versucht, bei ihrer Lösung ein Maximum an demokratischer Beteiligung zu ermöglichen. Innerhalb dieses Konsenses stehen alle Lösungswege offen, die dazu führen können, mit begrenzten Ressourcen

»Simplicity without reduction«

und der begrenzten Verarbeitungskapazität der Natur hinsichtlich der Abfälle sinnvoll umzugehen. In dem Gespräch erläutert Karl-Henrik Robèrt seinen Prozeß der Konsensfindung. Diese Initiative erhielt vom britischen Institute for Social Inventions den Preis für die beste soziale Innovation.

In diesem Zusammenhang steht auch das Gespräch mit Sara Schley und Joseph Laur, die mit dem Dialog in großen Unternehmen arbeiten und die den systemischen Ansatz der »lernenden Organisation«, in dem der Dialog das »Teamlernen« unterstützt, mit den thermodynamisch fundierten, ökologisch ausgerichteten Prinzipien von »The Natural Step« verbinden.

Eine andere Zugangsweise zur Umweltfrage bietet die »Tiefenökologie«. Der Kulturhistoriker und Religionswissenschaftler Thomas Berry weist darauf hin, daß wir dem, was wir als »Natur«, »Mitwelt« oder »Kosmos« bezeichnen, anders begegnen können, wenn wir eine entsprechende dialogische Haltung zu entwickeln in der Lage sind. In ihr könnten sowohl naturwissenschaftliche Kenntnisse als auch »systemisches« Erfahrungswissen verschiedener Kulturen integriert werden. Berry stellt den Dialog als universelle kosmische Erscheinung bei der Entfaltung des Universums dar. Aus seiner Sicht kommt es darauf an, diese Sprache heute neu verstehen zu lernen, um die Sprachlosigkeit im Umgang mit unseren natürlichen Lebensgrundlagen überwinden zu können.

Wie kann ein Land durch ein dialogisches Konsensverfahren zu einer lernenden Gesellschaft werden?

Ein Gespräch mit Karl Henrik Robèrt, Stockholm

Alle bedeutenden Wissenschaftler eines Industrielandes sind sich angesichts der drängenden Umweltprobleme einig, welche grundlegende Neuorientierung des Landes notwendig ist. Aber nicht nur in der Wissenschaft ist der Streit um die grundlegenden Fragen der zukünftigen ökologischen Orientierung beendet, auch zahlreiche Manager, wichtige Vertreter von Regierung und Verwaltung, der Landwirtschaft und anderer gesellschaftlicher Bereiche schließen sich dem Konsens an.

Das Staatsoberhaupt übernimmt die Schirmherrschaft, und eine große Versicherungsgesellschaft trägt die Kosten für Herstellung und Versand von Infomaterial – Buch und Tonkassette – an alle Haushalte und Bildungseinrichtungen des Landes mit dem Ziel, einen nationalen Konsens in der Umweltverträglichkeit der menschlichen Kultur herzustellen ...

Prof. Dr. Karl Henrik Robèrt, *einer der führenden schwedischen Krebsforscher, sorgte dafür, daß dieser Traum der Umweltbewegung in Schweden Realität wurde. Der Name des Projekts ist »The Natural Step« (TNS), auf schwedisch »Det Naturliga Steget« (DNS). Der Initiator dieser bemerkenswerten Aktion war es leid, ständig widersprüchliche Prognosen und Gutachten lesen zu müssen, eingefärbt von den Interessen verschiedener Gruppen und entsprechend unterschiedlich begründet. Als Krebsforscher und Arzt hatte er mit dem Fakt zu tun, daß das Immunsystem seiner Patienten, vorwiegend Kinder, laufend instabiler wurde. Aber was war zu tun? Wie kann man ein ganzes Land in die Prävention einbeziehen, in ein ökologisches Lernfeld verwandeln?*

Hartkemeyer: *Was ist die Grundlage und die wichtigste Botschaft von »The Natural Step«?*

Robèrt: Unsere Grundlage ist die Zelle, der Baustein des Lebens, die kleinste Einheit des Organismus. Jahrelang beschäftigte ich mich mit der Wirkung künstlich produzierter Toxine [Giftstoffe] auf der Ebene der Zellen. Zellen kümmern sich nicht um Ideologie und Politik. Egal, welche Einstellungen ein Mensch vertritt, er ist als biologisches Wesen von den

Zellen kümmern sich nicht um Ideologie und Politik.

zentralen Bedingungen der Umwelt abhängig. Die schleichende Vergiftung der Grundlagen trifft alle gleich, ob den Konzernchef, seinen Fahrer oder deren Kinder.

Wenn wir das Leben noch grundsätzlicher sehen, bis hin zu den kleinsten Molekülen, stellen wir fest, daß Säugetiere nach den gleichen biologischen Gesetzen wie wir aufgebaut und mit uns verwandt sind und daß sie unter den gleichen Vergiftungen leiden. Und wenn wir sehen, was wir in wenigen Jahrzehnten der Umweltzerstörung bereits an Arten vernichtet haben, ahnen wir, was auch auf uns zukommt. Wir sind untrennbarer Teil dieser natürlichen Kreisläufe.

Wir sind untrennbarer Teil des Kreislaufs.

Wir sollten doch in der Lage sein, einen Grundkonsens in den entscheidenden Zukunftsfragen herzustellen.

Dabei gibt es ein Problem. Wir ertrinken zwar in Informationen, aber daraus entsteht weder in ausreichendem Maß Wissen noch Handeln. Wir wissen auch nur wenig darüber, wie Systeme funktionieren. Aber entscheidend für mich ist, daß eine gemeinsame Sprache fehlt, um über die zentralen Probleme in einen wirklichen Dialog zu kommen. Wir müssen eine völlig umweltverträgliche, schadstofffreie Kreislaufwirtschaft entwickeln, wie es uns die lebendige Zelle zeigt. Das passiert nicht von selbst.

Das Ziel von TNS ist dieser grundlegende Wandel: weg von der linearen Rohstoff-Abfall-Wirtschaft und der Ausbreitung toxischer Stoffe in der Natur, hin zur geschlossenen Kreislaufwirtschaft. Das ist für die künftige Existenz allen Lebens notwendig. Organisches Leben hat sich über Millionen von Jahren in geschlossenen Zyklen entwickelt, in der alle Abfälle für andere Formen des Lebens wiederverwendet wurden.

Umweltschutzverbände wie Greenpeace und weite Bereiche der Wirtschaft und der Wissenschaft liegen miteinander darüber im Streit, was am dringendsten zu tun ist.

Robèrt: Solange es keinen Konsens über die Grundlagen gibt, ist ein Streit unvermeidlich. Dazu kommt es immer dann, wenn wir Prozesse oberflächlich betrachten und nicht grundlegend genug fragen. Was passiert beispielsweise, wenn ein Politiker fragt, ob es bewiesen sei, daß Polychlorbiphenyle (PCB) die Fruchtbarkeit von Seehunden zerstören? Er erhält nicht die klare Antwort, die er als Entscheidungsgrundlage braucht. Vielleicht bekommt er die Antwort: »Das ist noch nicht endgültig bewiesen« oder »Ja, das haben wir festgestellt«. Ein anderer sagt darauf: »Wir haben andere toxische Substanzen festgestellt, die noch schlimmer sind«, und so weiter.

Grundlegend genug fragen

Wir lassen uns nicht auf diese endlosen Debatten darüber ein, welche Menge welchen Toxins für welches Lebewesen über welchen Zeitraum hinweg wie giftig sein wird. Wir erreichen mit diesen endlosen Debatten nicht den Kern des Problems.

Beginn mit dem Konsens auf einer grundsätzlichen Ebene

Wir beginnen in unserem Konsensprozeß auf einer grundsätzlichen Ebene. Dann werden die Antworten klarer, und wir werden auch einen praktikableren Leitfaden finden. Unserem ersten Konsenspapier gingen fünfundzwanzig Entwürfe voraus.

Die Frage lautet zum Beispiel: »Kommen PCB als natürliche Substanzen vor?« – »Nein«. Jeder stimmt darin überein, daß sie synthetisch sind. »Sind sie chemisch stabil, oder zerfallen sie schnell in harmlose Bestandteile?« Die Antwort lautet, daß sie chemisch stabil sind – sie werden ja gerade mit dieser Eigenschaft entwickelt. Nun könnte man fragen: »Reichern sich PCB im Laufe der menschlichen Nutzung immer stärker im Ökosystem an?« Die Antwort kann nur sein: »Ja, das ist so.« »Kann man eine sichere Toleranzgrenze für diese stabilen unnatürlichen Substanzen vorhersagen?« Die Antwort lautet: »Nein.« Niemand ist in der Lage, die Komplexität der Wechselwirkung dieser Stoffe miteinander oder gar mit dem grenzenlosen Ökosystem vorherzusagen. »Aber bedeutet das nicht, daß wir den weiteren Einsatz dieser Stoffe in der Gesellschaft einstellen müssen?« »Ja, das ist vernünftig, wenn wir die Funktion des Ökosystems und letztlich unsere eigene Gesundheit nicht aufs Spiel setzen wollen.«

Es ist leichter, mit den Unstimmigkeiten zwischen Forschern und Gutachtern eine eigene Interessenpolitik zu verfolgen, als übereinstimmend klare Toleranzgrenzen von Giftstoffen in der Umwelt festzulegen.

Robèrt: Und weil das so ist, konzentrieren sich Interessengruppen darauf, die Werte schönzureden, Wirkungen zu verharmlosen, Zeit zu schinden, statt wie bei unserer Herangehensweise alle Kreativität auf der grundsätzlichen Ebene einzusetzen, wirkliche Alternativen zu suchen und damit mittelfristig auch wirtschaftliche Konkurrenzvorteile zu haben. Die Manager in der Wirtschaft können auf einer unsicheren Basis kaum Strategien entwickeln. Sie sind in der Rolle des Zuschauers wie bei einem Tennis-Match. Sie sehen nach rechts und links, von einem Wissenschaftler zum anderen. Sie glauben, warten zu müssen, bis das Spiel entschieden ist. Das ist unmöglich.

Mit Ihrer Methode haben Sie weite Teile der Gesellschaft in einen dialogischen Austausch gebracht und in vielen Bereichen einen verblüffenden

Konsens erreicht, der von Greenpeace über die Gewerkschaften, den Bauernverband bis hin zur Industrie reicht. Was ist das Erfolgsgeheimnis des TNS-Diskurses?

Robèrt: Man muß eine Vision haben. Gleichzeitig muß man die Begrenztheit des eigenen Blickfeldes erkennen. Ich kann aber andere um konstruktive Kritik bitten. Wir meinen, etwas erkannt zu haben, und machen die unseres Wissens besten Vorschläge. Wenn jemand einen Fehler darin bemerkt oder Bedenken anmeldet, ist er eingeladen, andere Vorschläge vorzubringen, Korrekturen vorzunehmen. Es kann ja sein, daß wir einem Denkfehler aufgesessen sind oder daß wir uns mißverständlich ausgedrückt haben.

Gesellschaftlicher Dialog: Einladung zur konstruktiven Kritik und Mitarbeit

Wir Menschen haben eine Tendenz, uns so zu verhalten wie Affen in einem sterbenden Baum. Wir palavern über die sich verfärbenden Blätter, statt uns dem unbestreitbaren Hauptproblem im Stamm und in den Wurzeln zu widmen.

Kaum jemand steht morgens mit der Absicht auf, die Welt zu vergiften. Das ist aber leider häufig das Ergebnis unserer konventionellen Wirtschafts- und Konsumtätigkeit. Also gehe ich davon aus, daß Konsensfähigkeit in der Frage der Überlebenswillens erreichbar ist.

Die nächste Frage lautet: Wie können wir eine Gesellschaft und eine Kultur schaffen, die den tiefgehenden und langwierigen Übergang von einer linear-industriellen zu einer nachhaltig zukunftsfähigen Gesellschaft schafft?

Die Wirtschaft benötigt mehr als nur Kritik. Sie braucht eine zuverlässige Basis, eine Vision und einen Konsens, wie man sich aus der Verstrickung in den kurzfristigen Katastrophenkurs befreien kann. Wahrscheinlich ist nur die Wirtschaft stark genug, das zu tun. Dafür braucht sie eine klare Orientierung.

Sie halten nicht die Ressourcenverknappung, sondern die Verschmutzungseffekte für die zentralen Probleme der heutigen Art des Wirtschaftens?

Robèrt: Natürlich gibt es auch Ressourcenprobleme. Wir gründen unsere Zivilisation auf Öl und fahren damit technologisch in eine Sackgasse. Es gibt Langzeiteffekte in anderen Bereichen. So können wir zwar weltweit die Fischbestände wiederherstellen, Fische aber in absehbarer Zukunft nicht mehr essen, weil sie vergiftet sind.

Kleine Chronik von TNS/DNS

- Im Jahre 1989 startete die Initiative von »Det Naturliga Steget«.
- Ein Buch und eine Audiokassette über die 4 Systembedingungen wurden auf Kosten einer großen Versicherung an alle schwedischen Haushalte und Schulen versandt.
- Zwei Jugendparlamente werden von DNS organisiert.
- Fernsehsender und Journalisten unterstützen die Initiative.
- 1990 unterstützte Papst Johannes Paul II. eine entsprechende Initiative in Polen.
- Zwei Konsenspapiere über Verkehr und Energie werden verabschiedet.
- 1991 wurde eine nationale Ärzteinitiative DNS in Schweden gegründet.
- Im gleichen Jahr bekam DNS die Auszeichnung als »beste soziale Erfindung« vom Institute for Social Inventions, London.
- König Carl Gustaf übernimmt die Schirmherrschaft, die Königliche Akademie der Wissenschaften organisiert ein DNS-Umweltforum.
- 200 Schulen mit 150.000 Teilnehmern organisieren ein Jugend-Umwelt-Parlament.
- Die schwedischen Farmer, Gewerkschaften und Kirchen unterstützen den Konsensprozeß nach DNS.

Unser Konsens basiert wissenschaftlich auf den Gesetzen der Thermodynamik. Also:
- Materie und Energie können nicht verschwinden. Das ist der erste Hauptsatz.
- Materie und Energie haben die Tendenz, sich auszubreiten. Das ist der zweite Hauptsatz.
- Das heißt, die Qualität und die Brauchbarkeit der Materie sind begründet in ihrer Konzentration und Struktur.
  Wenn wir einen Tropfen Tinte und ein Glas Wasser haben, sind beide für unterschiedliche Zwecke nützlich. Wenn ich die Tinte in das Wasser kippe, ist das Ergebnis Abfall. Ich kann die Tinte nicht mehr herausfiltern.
- Die vierte Basis ist die materielle Qualität der Erde. Sie ist ausschließ-

lich das Ergebnis des sonnengetriebenen Prozesses. Wenn wir die Qualität, die Nettobilanz verbessern wollen, geht das nur, indem Energie von außen zugeführt wird. Die energetische Aufnahme geschieht ausschließlich über die Photosynthese der Pflanzen.

Das sind die unbestrittenen naturwissenschaftlichen Grundlagen unseres Konsensprozesses.

Aber die menschliche Gesellschaft verhält sich doch überhaupt nicht nach diesen Prinzipien. In das Bruttosozialprodukt geht die Zerstörung der natürlichen Grundlagen, jeder Unfall als positive Leistung ein, und Ökosteuern auf fossile Energien sind immer noch nicht realisiert.

Robèrt: Das ist die Politik von Interessenverbänden. Gruppen sind häufig dümmer als Individuen, weil sie nicht gelernt haben, kreativ zusammenzuarbeiten. Das sehen wir in vielen Konferenzen. Unser Gehirn ist eigentlich ein Supercomputer mit einem inneren Dialogprozeß. Für unsere Frage müssen wir nur die richtige Perspektive wählen. Aus der Vogelperspektive erkennen wir, daß sich auf unseren Straßen Laster mit gleichen Gütern begegnen, und wir fragen uns kaum, ob das sinnvoll ist. Oder wir können den zweiten Hauptsatz der Thermodynamik, das *Entropieproblem*, nehmen. Jeder weiß, daß sich Reifen abnutzen oder Autos verrosten. Aber nie hat jemand gesehen, daß diese feinen Stoffe sich wieder zu einem Auto zusammensetzten. Das ist ein Beispiel für den linearen Übergang von Ordnung in Unordnung, für den Verlust der Qualität.

Jeder ist Bestandteil dieser Stoffkette. Wir alle konsumieren Qualitäten, die ursprünglich von der Natur stammen.

Wir pflegen die Illusion eines wirtschaftlichen Wachstums. Wenn das Bruttosozialprodukt sich verdoppelt, verbuchen wir das als Erfolg. Obwohl schon ein Kind in der Lage ist zu begreifen, daß es Unsinn ist, doppelt so viel Aufwand für die im wesentlichen gleichen Bedürfnisse zu betreiben.

Die Probleme werden auf die nächste Generation, unsere Kinder, verschoben. Oder für die Ursache werden die Nachbarn verantwortlich gemacht. Über den sauren Regen beschweren wir uns bei den Engländern, weil wir Westwind haben.

Wir müssen erkennen, daß wir kein Umweltproblem haben, sondern ein soziales Problem, ein fundamentales Designproblem. Die Firma Elektrolux, die an TNS beteiligt ist, erklärt, daß sie keine Einrichtung sei, um die Welt zu schützen, sondern sie sei da, um mit Service am Menschen

Gruppen sind häufig dümmer als Individuen.

Wir haben ein fundamentales Designproblem.

Geld zu verdienen. Viele kluge, junge Menschen wollen heute nicht mehr gern in einem Unternehmen arbeiten, das in dem Ruf steht, umweltschädigend zu sein.

Natürlich ist es für die Unternehmen heute nicht einfach, an die Spitze zu gelangen. Aber zur richtigen Zeit das Richtige zu tun, das System zu verstehen, das ist die Voraussetzung, den Konkurrenten davonzusegeln. Wir tun alles, um dieses Systemwissen zu verbreiten und dadurch den Markt für intelligente Produkte zu erweitern.

Wir haben eine Hit-Liste von 30 Unternehmen, die nach den vier Systembedingungen von TNS produzieren. Die Schweden sind Aktien-Fans, und viele Unternehmen möchten auf diese Liste. Also haben diese Unternehmen kaum Kapitalprobleme und werden natürlich auch gern von den Kunden genutzt, die ohne Gewissensprobleme investieren oder einkaufen möchten. Das ist ein dynamisches System.

Liegt die Kraft des Modells darin, daß die Verantwortung bei den Unternehmen und Kunden bleibt?

Verantwortung dort lassen, wo sie hingehört

Robèrt: Es ist eine wichtige Voraussetzung, die Verantwortung dort zu lassen, wo sie hingehört. Die Kunden sagen: »Wir wissen doch nicht, was in den Produkten ist und wie sie hergestellt werden.« Darauf antworte ich: »Fragen Sie den Händler oder den Hersteller, bevor Sie einkaufen; geben Sie die Verantwortung zurück!«

Wie sieht die Zukunft für TNS aus?

Robèrt: Meine Überzeugung ist, daß gute Beispiele ihre eigene Kraft haben und sich verbreiten. Es ist gut, wenn Menschen in Unternehmen spüren, wie ihre fachliche Arbeit mit Umweltzielen zusammengebracht werden kann und wenigstens systemische Fehler erkannt werden. Immer mehr Länder fragen nach den schwedischen Erfahrungen. Es gibt Initiativen in England, den USA, Kanada, Australien und den Niederlanden, die das Modell von TNS umsetzen wollen.

Die vier Systembedingungen nach TNS

1. SYSTEMBEDINGUNG
Substanzen dürfen der Erdkruste nur insoweit entnommen werden, als sie nicht systematisch zur Verschmutzung in der organischen Natur führen und dort angereichert werden.

Das heißt auch, daß fossile Rohstoffe nicht in einem Umfang entnommen werden dürfen, der größer ist als ihre Fähigkeit, sich im geosphärischen Kreislauf rückzubilden. Alles andere ist Ausbeutung zu Lasten künftiger Generationen.

2. SYSTEMBEDINGUNG
Substanzen dürfen von der Gesellschaft nur insoweit künstlich produziert werden, als sie in der natürlichen Umwelt nicht angereichert werden.

Das heißt, daß es für eine zukunftsfähige Gesellschaft notwendig ist, die Freisetzung von Stoffen innerhalb ihrer Abbauwerte zu halten, da sonst problematische Anreicherungsprozesse stattfinden und diese zu nachhaltigen Schäden führen.

3. SYSTEMBEDINGUNG
Die natürliche Basis für die Produktivität und die natürliche Vielfalt dürfen nicht systematisch verringert werden.

Das heißt, daß der Natur nur so viel entnommen werden darf, wie auch nachwachsen kann. Eine nachhaltige Zerstörung der natürlichen Fruchtbarkeit der Böden, der Qualität der Luft und des Wassers ist zu vermeiden.

4. SYSTEMBEDINGUNG
Energie und andere Ressourcen müssen effizient und gerecht genutzt werden.

Dies bedeutet, daß in einer zukunftsfähigen Gesellschaft die menschlichen Bedürfnisse in der ressourcen-effizientesten Weise genutzt werden müssen. Die Entwicklung der menschlichen Kultur darf nicht mit Verschwendung einhergehen, sondern muß entsprechend den drei ersten Systembedingungen qualitativ stattfinden, um nicht zu sozialem Zusammenbruch zu führen.

»Dialog in der Höhle des Löwen«

Ein Gespräch mit Sara Schley und Josef Laur, Wendell, Massachusetts

Sara Schley *arbeitet zusammen mit Peter Senge am OLC des MIT als Organisationsberaterin. Gemeinsam mit ihrem Partner* Joseph Laur *führt sie systemische Entwicklungsprojekte in Unternehmen nach dem von Peter Senge entwickelten Konzept der Lernenden Organisation durch.*

Sara Schley arbeitet auch mit der schwedischen Initiative »The Natural Step« zusammen und sucht praktische Wege, das Potential der Wirtschaft für einen ökologischen Umbau der Gesellschaft nach dem Modell von Paul Hawken, dem Präsidenten von »The Natural Step International«, zu mobilisieren.

Sara Schley und Joseph Laur gründeten die Organisation SEED Systems und entwickeln Konzepte, Modelle und praktische Methoden. In ihren Seminaren werden Organisationslernen, Systemdenken und wissenschaftliche Prinzipien der Nachhaltigkeit vorgestellt, die Managern aus Industrie und Kommunen bei der Bewältigung komplexer Probleme helfen sollen. Dabei wird versucht, viele Vertreter unterschiedlicher Standpunkte zusammenzubringen, um gegensätzliche Ansichten aufzulösen und andere Sichtweisen zu ermöglichen.

Hartkemeyer: *Welche Erfahrungen haben Ihre Arbeit geprägt?*

Joseph Laur: 1994 bin ich am MIT Sara Schley, Paul Hawken und Karl-Henrik Robèrt begegnet, und ich muß sagen, daß deren Ansatz in mir etwas entzündet hat, was ich schon verloren glaubte. Bis dahin hatte ich in der Tat, mehr oder weniger unbewußt, mit dem mentalen Modell gelebt, daß es eines Tages zur Katastrophe kommen werde und daß die Übriggebliebenen dann aus den Trümmern irgend etwas Neues schaffen müßten.

Die USA gehören zu den größten Umweltverschmutzern auf der Welt. Vor allem produzieren wir die meisten Substanzen, die den sauren Regen verursachen, die größte Menge toxischer Abfallprodukte, und wir verbrauchen die meiste Energie. Warum sollte man nicht sozusagen in der »Höhle des Löwen« beginnen?

Sara Schley: Ich habe lange nach Wegen und Möglichkeiten gesucht, das, was ich am MIT gelernt hatte, mit Ansätzen von Teamlernen dort umzusetzen, wo ich selbst arbeitete.

Ich befand mich während dieser Arbeit oft in einem sehr starken moralischen Dilemma. Wir arbeiteten sehr viel mit Firmen zusammen, mit Elektronikfirmen zum Beispiel, die Fernseher herstellten, aber auch mit Unternehmen der Petroleum- und Automobilindustrie. Mir war bewußt, daß das Handwerkszeug, das wir gelehrt hatten, *Teamlearning*, *Systems-Thinking* oder auch der *Dialog*, Strategien und Techniken waren, die diesen Firmen letztendlich dazu dienten, besser und mehr zu produzieren. Ich stand also vor der Frage, ob ich noch mehr Fernseher und Autos wollte, womit ich aber half, die Zerstörung der Erde noch zu beschleunigen. Das war aber genau das Gegenteil dessen, was ich in dieser Welt zu erreichen hoffte.

Ich gehörte von Anfang an zu der Gruppe, die den »Natural Step« in den USA umsetzen wollte. Wir fuhren nach Schweden, um von und mit den Menschen der »Natural Step«-Organisation zu lernen.

Mir fällt als Beispiel die Produktion von Kühlschränken bei Elektrolux ein. Die Firma hatte Karl-Henrik Robèrt und seine Mitarbeiter eingeladen, um sich über die Systembedingungen und Prinzipien von »The Natural Step« zu informieren und die Entwicklung eines neuen Kühlschranks darauf abzustimmen. Die Ingenieure präsentierten anschließend Kühlschränke, die weniger CFC [Fluorkohlenwasserstoffe] benötigten.

Der Geschäftsführer ließ sich dieses neue Produkt erläutern und erfuhr, daß es zwar mit einem weniger toxischen, aber ebenfalls biologisch nicht abbaubaren Material arbeiten sollte. Er hörte der Präsentation des neuen Kühlschranks, dessen Entwicklung etwa eine Million Kronen kosten würde, aufmerksam zu, schaute in seine Unterlagen und sagte: »Würden Sie mir das bitte noch einmal erklären? Wollen Sie mir erzählen, daß ich eine Million Kronen für die Entwicklung eines Kühlschranks ausgeben soll, der wieder mit einer von Menschen hergestellten, nicht biologisch abbaubaren, lediglich etwas weniger giftigen Substanz betrieben wird, der also die Systembedingungen ebenfalls nicht erfüllt?« Der Ingenieur erwiderte darauf: »Ja, das stimmt wohl, aber unser neu entwickeltes Produkt ist nicht so giftig wie das alte.« Darauf wurde der Geschäftsführer ärgerlich: »Wenn ich Sie richtig verstanden habe, erwarten Sie von mir, daß ich viel Geld für die Entwicklung eines Produkts ausgebe, das den Systembedingungen, über deren Bedeutung für diesen Planeten wir eben etwas erfahren haben, zuwiderläuft. Wollen wir dafür, daß wir eine toxische Substanz durch eine andere ersetzen, eine Millionen Kronen bezah-

Ist das Reich der Vorstellungen erst revolutioniert, kann die Wirklichkeit nicht lange standhalten.
G. W. F. Hegel

len? Bitte geben Sie sich Mühe und kommen Sie mit einem Produkt wieder, das den Systembedingungen entspricht!« Die Ingenieure gingen zurück in ihre Labors und entwickelten in der Tat einen Kühlschrank, der ohne toxische Substanzen auskommt und nur biologisch abbaubare Komponenten enthält. Dieses Modell verkauft sich in Schweden mittlerweile sehr gut.

Für mich ist das ein Beispiel dafür, wie die konsensfähigen Leitlinien für den Geschäftsführer eine klare Entscheidungsgrundlage lieferten.

Gibt es auch in den USA Beispiele für Ihren Ansatz?

Sara Schley: Bei einem konzernweiten Dialog ist es meiner Meinung nach wichtig, zunächst nicht konkrete Fragen über ein Umweltthema hineinzubringen, sondern das Lernen selbst zum Thema zu machen, also Übungen und Handwerkszeug zum Lernen, zur Reflexion, zur Erkundung, zum Hinterfragen eigener Annahmen. Wenn wir also einen Mitarbeiter aus einem Unternehmen und einen Mitarbeiter von Greenpeace hätten, sollten wir erst über Systemdenken, über Kommunikation und Dialog etwas lernen, bevor wir zu einem bestimmten Inhalt oder Thema übergehen. Wenn man mit der dialogischen Prozeßarbeit beginnt, werden Schranken und Begrenzungen der eigenen Sichtweise leichter aufgelöst, und es kann ein offeneres Gesprächsklima entstehen. Die Gesprächspartner beginnen, sich als Menschen zu begegnen, und vergessen ihre Etikettierungen. Die Einordnung in Schubladen wird nicht mehr so schnell vorgenommen. Mit anderen Worten: wir versuchen, Beziehungen aufzubauen und ein Netz von Gemeinsamkeiten zu knüpfen, bevor wir uns in unterschiedliche Positionen begeben oder mit einem konkreten Thema auseinandersetzen, das unterschiedliche Positionen impliziert.

Das Lernen selbst als Thema

Ein Netz von Gemeinsamkeiten knüpfen

Wie gehen Sie methodisch vor?

Joseph Laur: Wir üben beispielsweise Positions- und Sichtwechsel anhand konkreter Beispiele, wobei die Teilnehmer im Raum auch unterschiedliche Positionen – beispielsweise verschiedene Stühle – einnehmen. Wenn wir es schaffen, ein Thema in vier oder fünf Sichtweisen zu vertreten, verliert dieses Thema an emotionaler Spannung, und wir können uns leichter davon trennen, uns mit einem bestimmten Standpunkt zu identifizieren. Es wird einfacher, Lösungen zu finden.

Der Ansatz von »The Natural Step« betont die entscheidenden Denkweisen, die für unser Überleben wichtig sind. In unserer Arbeit verbinden wir die Prinzipien, die »Disziplinen« der »lernenden Organisation« mit dem systemischen Denken als Leitwissenschaft.

Das Organisationslernen benötigt als Orientierungmethode den Dialog, damit die wesentlichen Fragen gestellt werden. Das systemische Denken ist für mich die »Landkarte«, die den Menschen erlaubt, hinter den Bäumen wieder den Wald zu erkennen.

Die Systembedingungen von »The Natural Step« [siehe Gespräch mit Robèrt, S. 233 ff.] sind der Kompaß, an dem wir uns zuverlässig orientieren können, denn er zeigt die »Himmelsrichtung« an, in die wir gehen müssen.

»Der Kosmos spricht mit uns«

Ein Gespräch mit Thomas Berry, Greenville, North Carolina

Bislang haben wir uns mit der Frage beschäftigt, wie wir auf eine Art miteinander reden können, die befriedigender und zukunftsfähiger ist. Im folgenden Gespräch macht uns *Thomas Berry* mit einer anderen Form des Dialogs vertraut. Es geht um eine besondere Art des Fragens und des Hörens; vielleicht ist es diese Art des Dialogs, die wir lernen müßten, um auf dieser Erde überleben – oder besser: mit dieser Erde zu leben.

Thomas Berry lädt uns ein, auf diese Sprache der Natur zu lauschen, als sei sie nicht etwas, das außerhalb von uns existiert, das mit uns selbst nichts zu tun hat. Er möchte uns anleiten, der Natur zu lauschen, wie wir auf etwas hören, das ein Teil von uns ist, damit wir uns klarer darüber werden, wie wir im Innersten mit der »Natur« verbunden sind: so wie wir lernen, auf Signale unseres Körpers zu hören, die »Krankheiten« wahrzunehmen und die Heilung zu unterstützen.

Berry schlägt vor, daß wir eine Fähigkeit wiedergewinnen, die verschiedene Völker besaßen, die mit der Natur verbunden waren – eine Fähigkeit, die wir verloren haben. Was sagen uns die natürlichen Elemente, die uns umgeben, auf die wir angewiesen sind und in deren Kontext wir eingebunden sind – gerade heute, wo wir in unserer technisierten Welt die Illusion kultivieren, wir wären unabhängig von allem, was wir »Natur« nennen?

Vielleicht ist es der Dialog mit unserem »erweiterten Selbst«, der uns die ganze Weite und Radikalität des systemischen Denkens am deutlichsten vor Augen führt.

Thomas Berry hat sein wissenschaftliches Leben der Erforschung verschiedener östlicher Weltanschauungen und ihrer Beziehungen zur modernen, westlich orientierten Wissenschaft gewidmet. Sein Ziel ist es, verschiedene menschliche Zugangsmöglichkeiten zum Sinn neu zu verbinden. Dieser Arbeitsschwerpunkt hat ihn zum bedeutenden Kulturhistoriker werden lassen mit einer spezifischen Ausrichtung auf die Grundlagen der verschiedenen Kulturen und deren Verbindung mit ihrer natürlichen Umwelt.

Thomas Berry lebte lange in Indien und China. Von 1966 bis 1979 leitete er das Ausbildungsprogramm für Religionsgeschichte der Fordham Universität. Er begründete das Riverdale Centrum für religiöse Forschungen in New York und ist seit 1970 dessen leitender Direktor. Berry ist katholischer Priester und hat zahlreiche Bücher der interdisziplinären religiösen Forschung gewidmet sowie ihrem Zusammenhang mit ökologischen Fragen. Für sein Buch The Dream of the Earth (1988) *erhielt er kürzlich den angesehenen Lennon-Literaturpreis. Ein Buch, das er zusammen mit Brian Swimme veröffentlichte –* The Universe Story (1994) –, *erzählt die Entwicklungsgeschichte des Kosmos.*

Hartkemeyer: *Sie arbeiten an einer neuen Form, den Sinnkontext des Lebens im Zusammenhang mit der Evolution darzustellen.*

Berry: Es ist der Versuch, die empirischen Beobachtungen zusammenzubringen, welche die verschiedenen Wissenschaften bislang unverbunden nebeneinander stehenließen. Für die mechanistisch denkenden Wissenschaftler ist die Geschichte des Universums ein Prozeß ohne Sinn, eher ein zufälliger Prozeß ohne Deutung und Richtung. Wenn die Wissenschaftler ihre eigenen Forschungsergebnisse wirklich einfühlsam verstehen würden, könnten sie eine bemerkenswerte Geschichte hören. Der Evolutionsprozeß ist selbst der Weg, das Universum zu erfahren. Die Schwierigkeit dabei ist, daß ein Mensch diese Geschichte nur versteht, wenn er die verschiedenen Stimmen hört, in denen das Universum seine Geschichte ausdrückt.

Das Universum ist komponiert aus Subjekten, die miteinander verbunden sind, und nicht aus Objekten, die es auszubeuten gälte. Alles hat seine eigene Stimme. Naturvölker besitzen noch ein tiefes Gefühl für diesen universellen Zusammenhang aller Naturphänomene. Nicht nur Donner und Blitz, Sterne und Planeten haben eine Stimme, auch Blumen, Vögel, Tiere, Bäume haben ihre Art zu sprechen, und dadurch schaffen sie eine Gemeinschaft, die miteinander existentiell verbunden ist. Diese Art der Verbundenheit zeigt immer einen spirituellen, festlichen Aspekt. Die Sonne scheint nicht nur, sie drückt etwas aus, und ebenso der gesamte Kosmos. Die Blumen blühen – und alles spricht. Ist es nicht spannend, sich zu fragen, was es für mich konkret bedeutet?

Die Menschen reagierten darauf mit Scheu und Ehrfurcht. Früher, und in einigen Stammeskulturen noch heute, nahm diese Form der Wahrnehmung den Charakter einer Liturgie an.

Das Universum ist komponiert aus Subjekten, nicht aus Objekten.

Alles spricht.

Wer will was Lebendiges erkennen und beschreiben,
Sucht erst den Geist herauszutreiben,
Dann hat er die Teile in seiner Hand,
Fehlt leider! nur das geistige Band.
Johann Wolfgang von Goethe

Wir hören diese Stimme nicht mehr, unsere Sinnesorgane haben sich zurückgebildet, und die Wahrnehmung hat sich verengt. Wir leben nahezu autistisch.

Jemand sagte einmal zu mir: »Wenn nichts mehr als heilig gilt, ist nichts mehr sicher.« Das hängt mit der menschlichen Empfindungskraft und Wahrnehmung zusammen. Wenn sich ein Wald im Auge des Betrachters in Kubikmeter an zu verwertendem Nutzholz darstellt, stirbt etwas im Menschen ab. Die Menschen könnten die wundervollen Regenwälder nicht mit dieser Brutalität vernichten, wenn nicht schon vorher Gefühle in ihnen abgestorben wären.

Die neuseeländischen Maoris haben sich früher sehr genau überlegt, wann sie ein Boot bauen und welchen Baum sie nehmen wollten, sie wählten den Baum behutsam aus und entschuldigten sich bei ihm.

Berry: Eine solche Einstellung ist in unserem reduktionistischen Weltbild nicht möglich. Sie erscheint uns als eine völlig sinnlose Haltung, und weil wir sie in stupider Arroganz für sinnlos oder lächerlich halten, verhalten wir uns in der Praxis lächerlich und konsequent unsinnig. Die in Jahrmillionen entstandenen Regenwälder zu verbrennen und damit unsere klimatische Existenzgrundlage zu vernichten ist aus der Sicht der Maoris schlimmer, als wenn wir die Kunstschätze dieser Welt verbrennen würden. Wir zerstören mit der Natur unsere eigene innere Erfahrungsmöglichkeit. Wenn wir auf dem Mond lebten, würde unser Gefühl für das Göttliche auf der Erfahrung der Mondlandschaft basieren. Wir würden die reichhaltigen Bildvorstellungen, die aus der Erfahrungswelt der gesamten Menschheit im Umgang mit der Natur stammen und die unsere Phantasie, unsere Kulturgeschichte prägen, nicht besitzen. Unsere Vorstellungskraft wäre reduziert und damit auch die Entwicklung unserer Intelligenz. Denn wir hätten ja keine reichhaltige Umwelt zu benennen und zu erfahren.

Wir brauchen die Natur für unsere inneren Bilder.

Bereits in der biblischen Weltsicht, die die Beziehung zwischen Gott und Mensch betont, liegt die Wurzel des Problems, denn sie führt dazu, die Beziehung zwischen Mensch und Erde zu vernachlässigen, und letztlich zu dem begrenzten, aber industriell erfolgreichen mechanistischen Weltbild.

Die Bibel entwickelt eine transzendente, monotheistische Gottheit. Diese Gottheit erschafft zunächst eine äußere Welt. Das ist etwas anderes, als die Welt als natürlichen Ausdruck des göttlichen Prinzips anzusehen. Diese gespaltene Sicht stammt aus der griechischen Denktradition und ist ein Ausdruck für das anthropozentrische Prinzip. Insofern hat die Entfremdung von der natürlichen Umwelt in der Bewußtseinsgeschichte auch eine Wurzel in der Bibel.

Zwar konnte das Christentum diese entfremdende Sichtweise von der natürlichen Welt nicht direkt aus der Bibel ableiten, doch in der Praxis ergab sich ein argwöhnisches Verhältnis zur Natur: Man hatte den Geboten und den Propheten zu folgen, Gott und den Nächsten zu lieben. Es gibt aber keinen Hinweis für ein enges und achtsames Verhältnis zur Natur oder gar dafür, daß sie einen Eigenwert besitzt.

Es gab zwar im Mittelalter ein Zinsverbot, aber kein Verbot, die Natur des Geldes wegen zu zerstören?

Berry: Ja, in den sogenannten Hochkulturen wurden die Menschen immer wichtiger, und sie werden selbstbewußter im Umgang miteinander. Aber wir entwickeln uns ja nicht nur im menschlichen Umgang. Zu unserer Verwirklichung brauchen wir auch die natürliche Welt. Wir wissen ja in der Regel unbewußt, daß wir das Meer, die Wälder, die Berge brauchen. Die ganze Urlaubsindustrie basiert darauf, lockt uns ins »Grüne«.

Die entscheidende Frage ist, warum wir das tiefere Bewußtsein für dieses Angewiesen-Sein auf die Natur verloren haben und uns in einem pathologischen Selbstzerstörungsprozeß befinden.

Berry: Ich wurde 1914 im Süden der USA geboren, der damals noch seine natürliche Schönheit besaß. Ich erlebte die Industrialisierung und den Siegeszug des Automobils und fühlte schon als Kind, daß im westlichen Zivilisationsprozeß etwas nicht stimmte. Als ich 20 Jahre alt war, ging ich ins Kloster. Darauf studierte ich von 1943 bis 1947 an der Universität und lehrte anschließend in China. Ich versuchte, die Pathologie des Westens zu verstehen, lernte Chinesisch und Sanskrit. Ich verglich die Denktraditionen der Buddhisten, der Indianer und der Chinesen.

Die Industrialisierung hat mittlerweile die ganze Welt erfaßt. Ein Ausstieg scheint kaum möglich?

Berry: Als ich geboren wurde, gab es etwa 2 Milliarden Menschen auf der Erde. Die jetzige Generation wird mit etwa 10 Milliarden konfrontiert werden. Damals gab es noch nicht einmal eine Million Autos, heute sind es über 600 Millionen.

Was wir beobachten, ist nicht die Natur selbst, sondern Natur, die unserer Art der Fragestellung ausgesetzt ist.
Werner Heisenberg

Wir sind so gerne in der freien Natur, weil diese keine Meinung über uns hat.
Friedrich Nietzsche

Ich erinnere mich daran, wie 1930 die Ölfelder in Saudi-Arabien entdeckt wurden. Heute hängen wir wie ein Junkie vom Öl ab, einschließlich unserer landwirtschaftlichen Produktion, obwohl diese Generation noch erleben wird, daß die Quellen versiegen.

Wie können wir konstruktiv mit diesen Problemen umgehen? Sie haben mit Ihren Büchern The Dream of the Earth *und* The Universe Story *Aufsehen erregt und Auszeichnungen erhalten. Was ist das zentrale Motiv?*

Berry: Ich spreche davon, daß wir gegenwärtig in einer »Ecozoic Era« leben und gewahrwerden müssen, daß das gesamte Universum eine *Gemeinschaft von Subjekten* ist und nicht eine Ansammlung von Objekten. Das ist die erste grundlegende Einsicht für uns, und sie bedeutet zweitens auch, daß es eine *geistige Gemeinschaft* ist. Der Mensch kann nicht außerhalb dieser kosmischen Gemeinschaft leben. Die Energie und die Substanz des Kosmos fließen durch uns, aus ihr bestehen wir. Wenn wir das nicht begreifen, werden wir beim Versuch, alte Fehler zu vermeiden, nur neue katastrophale Irrwege beschreiten.

Das dritte Prinzip der »Ecozoic Era« besagt, daß die *Erde die primäre Grundlage* darstellt und daß sich das menschliche Leben davon ableitet. Jeder Mensch kann in sich dieses Prinzip erfahren. Die Heilung des Planeten ist die grundlegende Aufgabe.

Wir leben in der absurden Situation, daß die Umweltzerstörung und damit die Zerstörung unserer eigenen Lebensgrundlage sich positiv als Steigerung des Bruttosozialprodukts auswirkt. Dabei sollte doch klar sein, daß als oberstes Gesetz der Ökonomie gelten muß, die integralen, erneuerungsfähigen Ressourcen wie Wasser, Boden, Luft zu schützen.

Wir greifen mittlerweile in fast alle natürlichen Kreisläufe ein, aber wir können sie nicht wirklich managen. Wir können die Meere nicht durch Kläranlagen schicken, obwohl wir so tun, als könnten wir es. Wir sind nicht einmal in der Lage, ein Blatt eines Grashalmes herzustellen. Die Erde spricht schon eine drastische Sprache; wir sehen, daß das Klima aus dem Gleichgewicht kippt. Aber sie spricht auch eine subtile Sprache; neue Krankheiten entstehen.

Wir hören die Sprache der Erde nicht so deutlich wie die indigenen Völker. Dort hat alles eine Bedeutung. So sagen die Jahreszeiten beispielsweise etwas über den Lebenszyklus, das Mysterium von Geburt, Tod und Erneuerung. So birgt der Wind ein Geheimnis: Der Mensch kann ihn nicht sehen, aber er spricht leise, er sirrt durch die Zweige, transportiert Fruchtbarkeit, Pollen und Samen, die Vögel lassen sich von ihm tragen.

Wir sind nicht einmal in der Lage, ein Blatt eines Grashalmes herzustellen.

Der Wind kann in uns ein spirituelles Gefühl für die unsichtbare Welt entwickeln. Aber wie spricht er? Im Winter kann sein frostiges Beißen von der Härte und Herausforderung menschlicher Existenz erzählen. Und die weiche, laue Frühlingsluft kann die mitfühlende Dimension des Universums zeigen. Der Wind kann ein Dach zerfetzen. Er sagt uns, daß wir keine Gewalt über unser eigenes Leben haben. Er sagt uns, daß er mehr kann als wir, daß er uns Regen bringen oder versagen und damit über gute und schlechte Ernten, Leben und Tod bestimmen kann, ohne selbst zu sterben.

Was ist ihre »universe story«?

Berry: Es ist die Geschichte des Kosmos, die wissenschaftlich ist, aber das göttliche Prinzip nicht ausklammert. Dieser Kosmos zeigt einen Entwicklungsweg hinsichtlich der Entfaltung von Bewußtsein. Er drückt sich durch seine Entfaltung selbst aus. Erkennbar sind drei Richtungen:

1. *Differenzierung:* Es gibt keine identische Wiederholung. Jedes Blatt eines Baumes, jede Schneeflocke ist einmalig.
2. *Innere Entfaltung*: Alles birgt ein inneres Mysterium. Es gibt nichts im Kosmos, kein Partikel – wir sehen es in der Teilchenphysik –, das dieses innere Geheimnis nicht in sich trüge.
3. *Allverbundenheit:* Alles ist mit allem verbunden. Es gibt kein Partikelchen, das nicht existentiell mit anderen verbunden wäre. Es sprengt sogar – wie die Quantenphysik zeigt – die konventionellen Grenzen von Raum und Zeit. Es gibt nichts, was ohne anderes wäre. Es bestehen unendliche Beziehungen im Kosmos.

Diese Verbundenheit im Kosmos ist eine Erfüllung, wenn sie mit Einmaligkeit einhergeht. Thomas von Aquin hat es als »allverbundene Einmaligkeit« bezeichnet.

Die Entfaltung trägt den Sinn in sich selbst. Letztendlich ist das der Sinn von allem, auch von uns Menschen: uns schöpferisch zu entfalten, um uns in unserer Einmaligkeit und gleichzeitig in unserer Allverbundenheit zu erkennen. Dies ist die Erleuchtung, die Selbsterkenntnis in unserem Leben.

Schöpferische Entfaltung ist der Sinn.

Anhang

Dialog-Werkstatt

Wir möchten zum Abschluß einige praktische Hinweise geben und Übungen vorstellen:

1. einen Überblick über eine Einführung in den Dialog;
2. Hinweise für das Setting und auf die Nützlichkeit peripherer Elemente für den Prozeß;
3. Übungen für die Entwicklung der Dialogfähigkeiten:
   - die Linke-Spalte-Übung;
   - die Dilemma-Übung.

1. Überblick über eine zweieinhalbtägige Einführung in den Dialog

Für uns erwies es sich als sinnvoll, nicht direkt in den Prozeß einzusteigen, sondern sich zunächst mit den Dialogprinzipien vertraut zu machen. Denn eine gute Einführung stärkt die Gruppenfähigkeit, gemeinsam für den Prozeß verantwortlich zu sein.

Die Einführung, die wir hier vorstellen, ist für zweieinhalb Tage gedacht, wie sie oft an einem Wochenende – von Freitag bis Sonntag – sinnvoll ist. Es handelt sich hierbei um ein Einführungs*seminar*, zu dem sich die Teilnehmer angemeldet haben, um gemeinsam den Dialog als eine Disziplin zu üben. Ob in einer anderen Umgebung von Firmen, Schulen oder Kommunen auch so begonnen werden sollte, bleibt der Einschätzung der Einladenden vorbehalten.

In Situationen, in denen weniger Zeit zur Verfügung stand, haben wir auch mit kürzeren Einführungen gearbeitet.

Der erste Nachmittag /Abend: Vorbereiten des Containers

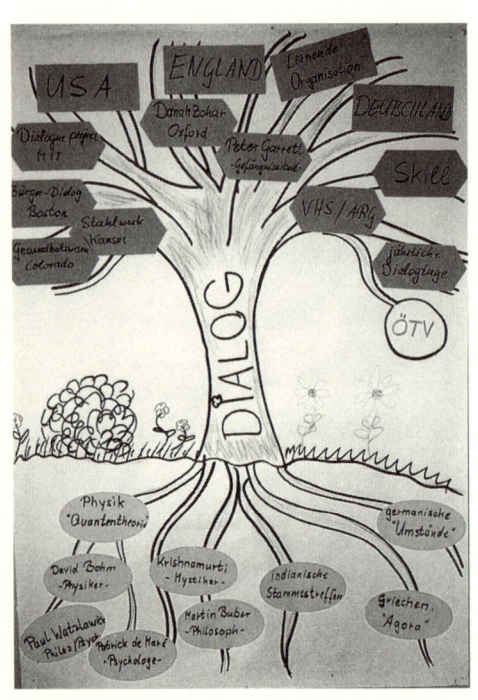

- *Begrüßung*
- *Check-in*
- *Übung:* Erinnern Sie sich an ein Erlebnis, das für Sie ein »echter« Dialog war. Zu zweit die Geschichten davon austauschen, dann die Geschichten in der Gruppe erzählen, die versucht, dabei auf die grundlegenden Dialog-Qualitäten zu achten.
- *Einführung der dialogischen Kernelemente*
- *Der Dialogbaum, ein kurzer Abriß:* Martin Buber, David Bohm, Peter Senge, Dialog-Initiativen in den USA, Kanada, Großbritannien, Deutschland.

Zweiter Tag: Entwicklung der Dialogfähigkeiten/-fertigkeiten

- *Sichtbarmachen von Vorannahmen und Arbeiten mit Beurteilungen:* Der größte Teil des zweiten Tages der Dialog-Einführung wird dem Bemühen gewidmet, sich bewußt zu werden, wie sehr Beurteilungen, Annahmen und Meinungen und Bewertungen – bewußt und unbewußt – unser Denken, unsere Gefühle und unser Verhalten steuern. Um Gedanken und Annahmen reflektieren zu können, müssen wir uns zunächst klarmachen, daß wir sie haben. Deshalb gleich zu Beginn die Betonung der Verlangsamung, der Stille, der Aufmerksamkeit, der Selbst-Reflexion – wodurch wir den Automatismus der Reaktivität zu durchbrechen versuchen.

  Wenn wir uns bewußtmachen, welche Annahmen wir haben, nach welchen Mustern wir handeln, können wir auch lernen, alternative Handlungsmuster zu entwickeln, freier zu entscheiden.
- *Die »Linke-Spalte-Übung«:* Eine sehr wirksame Übung, die wir durchführen, um die Macht und den Einfluß unbewußter Beurteilungen bewußtzumachen, ist die von Chris Argyris an der Harvard Universität entwickelte »Linke-Spalte-Übung«. Siehe Anhang, 3. Teil: Übungen.
- *Die Unterscheidung von Beobachtungen und Bewertungen:* Eine Übung, die helfen soll, destruktive Urteile in produktive Kommunikation zu transformieren.
- *Die Leiter der Schlußfolgerungen:* Eine Übung, die bewußt machen kann, wie schnell wir unsere Schlüsse ziehen und urteilen.
- *Dialogrunden* mit dazwischenliegenden Phasen von Paar- und Kleingruppenarbeit.

Dritter Tag: Einführung:

- *Gleichgewicht zwischen Plädieren und Erkunden:* Der Nutzen produktiven Plädierens, die Kunst des Erkundens.
- *Arbeit mit polarisierten Beurteilungen und Meinungen:* Die »Dilemma«-Übung – Gleichgewicht zwischen Plädieren und Erkunden.
- *Dialogrunden mit Reflexionspausen*
- *Ende der Einführung*

2. Das Setting: Die Nützlichkeit peripherer Elemente für den Prozeß

Wenn wir eine Atmosphäre schaffen möchten, die alle Sinne anregt, verschiedene Zugänge zum Prozeß erlaubt und nicht zu verkopft ist, verwenden wir in öffentlichen Einführungsseminaren unterschiedliche Elemente wie Blumen, Kerze, Redestein, Klangschale, Musik, Kreistänze, Poster und Gedichte. Unsere persönliche Erfahrung ist, daß es mit diesem Setting gelingen kann, den Dialogprozeß, insbesondere den Container, zu stärken.

Es ist für uns klar, daß diese Hilfsmittel nicht unbedingt nötig, sondern daß ihre Verwendung abhängig von der konkreten Gruppe und ihrem Erfahrungs- und Erwartungshintergrund ist.

Aus unserer Sicht ist es sinnvoll, die Teilnehmer darüber zu informieren, warum wir diese Mittel für die Gestaltung des Prozesses einsetzen: Wir plazieren die Blume, die »Natur« und »Vielfalt« repräsentiert, im Mittelpunkt des Kreises, das Feuer der Kerze steht für die Kraft der Wandlung, der Redestein unterstützt die innere Sammlung, die Aufmerksamkeit und das Zuhören. Musik erleichtert durch entsprechende Rhythmen Konzentration und Fluß. Wir setzen musikalische Elemente nicht zur »Berieselung« oder als Hintergrundkulisse ein, sondern nur in bestimmten Arbeitsphasen oder zur Begleitung einiger methodischer Schritte. Wir stellen Klangschalen in die Runde, um den Prozeß zu verlangsamen. Wer um Ruhe bitten möchte, kann die Klangschale anschlagen, nachdem die Vorrednerin zu Ende gesprochen hat. Es spricht so lange niemand, wie der Ton zu hören ist.

Einfache Kreistänze aus unterschiedlichen Kulturen bringen uns gemeinsam mit anderen auch körperlich in einen Bewegungsfluß, in eine andere Art von Bedeutungsfluß. Wandposter sind zur Stimulation von Gedanken, Reflexionen und Fragen gedacht, nicht als »Wahrheiten«. Eine ähnliche Rolle spielen Gedichte, die zu Beginn oder zum Abschluß einer Runde die Imagination und Konzentration vertiefen können.

Wie höre ich? von wo höre ich? Was wähle ich aus? Was will ich hören? Hören Wen (im anderen) höre ich? Wozu höre ich? Wer (in mir) hört?

Tanzen weist auf den Geist hin, der den Kreis der existierenden Dinge umrundet.
Ahmad Ghasali

3. Übungen

Die Linke-Spalte-Übung*

Eine effektive Übung, die wir regelmäßig anwenden, um uns den außerordentlich starken Einfluß der unbewußten Bewertungen und Beurteilungen bewußtzumachen, ist die Linke-Spalte-Übung. Die ursprüngliche Form dieser Übung wurde von Chris Argyris an der Harvard Universität entwickelt. (Vgl. Argyris, *Wissen in Aktion*, S. 217)

Die Übung verläuft folgendermaßen:

Teil 1:

1. Erinnern Sie sich an ein Gespräch mit jemandem, das nach Ihrem Empfinden unbefriedigend verlaufen ist.
2. Teilen Sie ein Stück Papier in zwei Spalten.
3. Auf der rechten Spalte notieren Sie so genau wie möglich, was Sie sagten und was die andere Person sagte. Versuchen Sie, den Gesprächsverlauf so genau wie möglich in wörtlicher Rede wiederzugeben. Zum Beispiel:

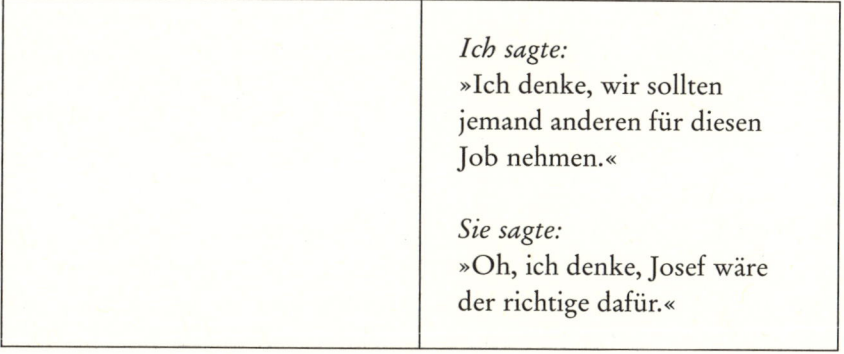

Ich sagte:
»Ich denke, wir sollten jemand anderen für diesen Job nehmen.«

Sie sagte:
»Oh, ich denke, Josef wäre der richtige dafür.«

4. In der linken Spalte, parallel zu den Äußerungen der rechten Spalte, schreiben Sie Ihre Gefühle und Gedanken auf, die Sie nicht äußerten. Zum Beispiel:

---

* Das Beispiel für diese Übung geht zum Teil auf die Arbeit von Fred Kofman und »Leading Learning Communities« zurück.

Ich dachte: »Josef ist doch völlig inkompetent.«	*Ich sagte:* »Ich denke, wir sollten jemand anderen für diesen Job nehmen.«
»Aber du willst ihn gerne, weil er dein politischer Verbündeter ist.«	*Sie sagte:* »Oh, ich denke, Josef wäre der richtige dafür.«

5. Erzählen Sie Ihren »Fall« einem Partner und geben Sie ihm eine kurze Einführung in die Situation.
6. Lesen Sie Ihre rechte Spalte vor.
7. Anschließend lesen Sie Ihre rechte und linke Spalte zusammen vor.
8. Der Partner spielt die »Coach«-Rolle und stellt folgende Fragen:
   - Welche Aussagen – Bewertungen und Meinungen – befinden sich in der linken Spalte?
   - Aus welchem mentalen Modell stammen sie?
   - Warum haben Sie sie nicht ausgesprochen?
   - Was wollten Sie durch das Gespräch erreichen?
   - Ist Ihnen das gelungen? Wenn nein, warum nicht?
   - Für jede Bewertung der »linken Spalte« die folgende Frage:
     – Warum haben Sie nicht gesagt, was Sie dachten und fühlten?
   - Was waren die Konsequenzen davon, daß Sie nicht sagten, was Sie dachten und fühlten?
   - Wie beeinflußte die linke Spalte das Ergebnis des Gesprächs?

Diese Arbeitsschritte liefern das Material, um mit den Teilnehmern über das Phänomen der inneren Gespräche, die wir mit uns selbst führen, zu sprechen und darüber, wie diese inneren Gespräche die tatsächlichen, externen Gespräche beeinflussen.

Der Zweck dieser Klärung unserer Beurteilungen und Gefühle, die sich in der linken Spalte verbergen, ist es, die Tiefe und Bedeutung der Annahmen und mentalen Modelle zu erforschen, welche einen entscheidenden – aber weitgehend unbewußten – Einfluß auf unser Denken und Verhalten haben.

Vor dem nächsten Schritt der Bearbeitung verdeutlicht die Dialog-Begleiterin den entscheidenden Unterschied zwischen *Beobachtungen* und *Bewertungen*. Dieser Unterschied mag dem Leser auf den ersten

Blick als selbstverständlich erscheinen. Wir sind aber der Überzeugung, daß die meisten Kommunikationsstörungen oder gar Abbrüche auf die unbewußt falsche Anwendung dieser Kategorien zurückzuführen sind.

In unserem Verständnis sind *Beobachtungen* Feststellungen von Fakten, und zwar in dem Sinn, daß wir auch mit anderen Menschen aus unserem soziokulturellen und sprachlichen Erfahrungshintergrund leicht eine Übereinkunft darüber erzielen können. Zum Beispiel: »Das Thermometer zeigt 30 °C.« Oder: »Der Junge trägt eine Hose.«

Diese Beobachtungen würden im gemeinsamen kulturellen Umfeld nicht angezweifelt. Solche »Fakten« sind für alle offensichtlich. Wenn allerdings jemand der Meinung ist: »Nein, der trägt einen Rock«, haben wir ein Problem.

Wenn Sie sagen: »Er ist intelligent« oder: »Es ist draußen sehr warm«, nehmen Sie eine *Bewertung* vor. Eine Bewertung ist eine Interpretation, eine Auswertung, eine Beurteilung, ein Vergleich, eine Meinung; ein Statement, das die persönliche Perspektive des Sprechenden zum Ausdruck bringt.

Jeder von uns macht ständig Bewertungen. Ob wir eine Frucht probieren, eine Kollegin treffen, ein Musikstück hören, einer Vorführung beiwohnen – was immer wir tun, wo wir auch sind, Bewertungen sind für uns so selbstverständlich wie das Atmen.

Nicht alle Annahmen und Bewertungen werden ausgesprochen. Wir sind ja auch in der Lage, unseren Mund zu halten. Aber wir können unsere Gedanken nicht kontrollieren. Bewertungen geschehen häufig nicht bewußt.

In Bewertungen liegt eine enorme Kraft – sie öffnen oder verschließen Möglichkeiten des Handelns. Wenn ich annehme, daß es heute abend regnen wird, lasse ich den Plan, »picknicken zu fahren«, fallen. Wenn ich beeindruckt bin von Peters Auftritt, könnte es sein, daß ich ihn befördere. Wenn ich entsetzt bin, könnte es sein, daß ich ihm kündige.

Wenn wir Menschen bewerten, ist es vielleicht noch wichtiger als in anderen Lebensbereichen, uns klar darüber zu sein, daß unsere Bewertungen unsere eigenen Schöpfungen sind. Sie stellen unsere Meinung dar. Sie sind keine unumstößlichen Fakten, die eine von außen vorgegebene Wahrheit darstellen. Sie mögen aus unserer Sicht begründet sein und sich auf allerlei Beobachtungen stützen, aber sie bleiben immer noch meine eigenen Interpretationen. Wenn wir diese Zusammenhänge nicht deutlich erkennen und uns immer wieder in Erinnerung rufen, vor allem mit ihrer sich selbst erfüllenden Dynamik, können sie eine erhebliche Zerstörungswirkung entfalten.

Wie kann man Bewertungen überprüfen?

1. Gehen Sie mit ihrer Bewertung so um, daß sie als Ihre deutlich wird. Normalerweise ärgern sich andere darüber, wenn sich Ihre Bewertungen so anhören wie universelle Wahrheiten.

2. Liefern Sie eine nachvollziehbare Grundlage für Ihre Bewertung. Bewertungen können auf früheren Einschätzungen basieren, aber es ist für das Verständnis sinnvoll, sich auf aktuelle Beobachtungen stützen zu können.

3. Wenn Sie Ihre Bewertungen nicht exakt begründen können, ist es in jedem Fall besser, deutlich zu sagen, daß sie aus Ihrem Gefühl stammen.

4. Überprüfen Sie Ihre Bewertungen aus der Perspektive Ihrer künftigen Handlungsmöglichkeiten. Fragen Sie sich immer: »Was will ich mit diesen Bewertungen bewirken?«

Teil 2:

Nachdem wir die Begriffe »Beobachtungen« und »Bewertungen« unterschieden haben, fahren wir mit der *Linke-Spalte-Übung* fort.

Der nächste Schritt ist, die linke Spalte, die unvermeidlich sehr viele Bewertungen enthält, zu nutzen, um zu sehen, wie wir mit Bewertungen umgehen. Übung:

1. Die Teilnehmerinnen und Teilnehmer arbeiten mit denselben Partnern wie zuvor.

2. Beide Partner untersuchen die linken Spalten des jeweils anderen Partners auf Bewertungen

3. Sie suchen sich ein oder zwei kritische Bewertungen heraus.
   Partner B (der Coach) fragt Partner A:
   a) Mit welchen Beobachtungen begründest du diese Bewertungen? (Achten Sie darauf, daß diese »Daten« nicht auch wieder Bewertungen sind.)
   b) Wie kommst du von deinen Beobachtungen zu deinen Annahmen?
   c) Welcher Zweck lag dieser Annahme zugrunde?

4. Plenumsaustausch

Wir haben die Erfahrung gemacht, daß die Unterscheidung zwischen Beobachtungen und Bewertungen eine außerordentlich große Hilfe für eine effektive Kommunikation ist. Die Entwicklung der eigenen Fähigkeiten für diese Art von Aufmerksamkeit im Fluß der Konversation ist allerdings eine große Herausforderung. Der Dialog ist ein Praxisfeld, um genau diese Fähigkeiten zu trainieren.

Die Dilemma-Übung

Die Dilemma-Übung hilft, verschiedene Dialogfähigkeiten zu vertiefen, wie das *Suspendieren – das »In-der-Schwebe-halten« – von Annahmen, produktives Plädieren und Erkunden.* Darüber hinaus zeigt sie, wie sinnvoll es sein kann, die Spannung zwischen offenbar gegensätzlichen Standpunkten aufrechtzuerhalten, so daß neue Einsichten möglich werden können.

Wir haben diese Übung in Gruppen unterschiedlicher Zusammensetzung und verschiedenen Alters durchgeführt. Die Teilnehmer ließen sich in der Regel mit viel Engagement darauf ein. Es scheint uns empfehlenswert, daß die Dialog-Begleiter, die die Übung einführen, genügend Zeit einplanen, um die Übung einmal vor der Gruppe durchzuspielen, da sie dann leichter verstanden wird.

Jeweils drei Personen sollten zusammen eine Gruppe bilden. Wir bezeichnen die drei Personen in einer Gruppe als A, B und C. Wir beschreiben einen Durchgang der Übung für Person A. Diese Runde wird jeweils für B und C wiederholt, was insgesamt drei Durchgänge bedeutet. Die Übung verläuft folgendermaßen:

Person A wählt ein Dilemma aus ihrem Leben, bei dem sie zwei gegensätzliche Entscheidungsmöglichkeiten hat, wie beispielsweise: *»Ich habe folgendes Problem. Momentan habe ich in meinem Job gute Aufstiegschancen, und ich würde mich dort gerne stärker engagieren, um eine bessere Position zu bekommen. Andererseits habe ich zwei Kinder, die drei und fünf Jahre alt sind, und ich möchte eigentlich auch gerne mehr Zeit zu Hause verbringen, um sie nicht so lange bei ihrer Kinderfrau zu lassen. Ich bin hin- und hergerissen zwischen dem Wunsch, auf eine halbe Stelle zu gehen und mich jetzt, wo die Kinder klein sind, mehr um sie zu kümmern, und dem Wunsch, mich jetzt, wo meine Chancen wirklich gut sind, stärker im Job zu engagieren; dafür habe ich schließlich einige Jahre harter Arbeit investiert. Das würde ich ungern aufgeben.«*

Wenn A ihr Problem ihren beiden Partnern, B und C, erläutert hat, bittet sie B, eine der konträren Positionen zu übernehmen: *»Zu Hause bei den Kindern bleiben«* oder *»Halbtags arbeiten«*. Dann bittet sie C, die Rolle zu übernehmen, die mehr Verantwortung und mehr Engagement im Job vertritt. Der Stuhl, auf dem B jetzt sitzt, bleibt für die gesamte Runde die »Zu-Hause«-Position, der Stuhl, auf dem C sich befindet, bleibt der »Karriere«-Stuhl. Der Stuhl von A wird zur Beobachter-Position. Sobald klar ist, welche Rolle B und C spielen, kann der Prozeß beginnen.

Während der ersten Runde bleibt A einfach auf ihrem Stuhl sitzen und beobachtet das Gespräch zwischen B und C. B beginnt, indem sie sehr vehement für ihre Position eintritt, ohne das *produktive Plädieren* einzusetzen, nur von dem Wunsch getragen, sich durchzusetzen, mit den Gründen, die dafür sprechen, zu Hause zu bleiben. B erhält etwa ein bis zwei Minuten Zeit, um ein oder zwei Argumente für ihre Position vorzubringen. Es ist wichtig, auf die Zeit zu achten, damit die Beiträge nicht ausufern.

Nachdem B ihre Argumente vorgebracht hat, bringt C ihren Standpunkt für die Bedeutung der Karriere mit derselben Intensität und Einseitigkeit vor. Wenn C ein oder zwei Argumente vertreten hat, ist die Reihe wieder an B, so daß für jede Position zweimal argumentiert wird. Danach stehen alle drei auf und tauschen im Uhrzeigersinn die Stühle, so daß A auf Bs Stuhl sitzt, B auf dem Stuhl von C und C auf dem Beobachter-Stuhl.

Nun übernimmt A die Position »*Zu Hause bleiben*«, aber anstatt blindlings dafür einzutreten, versucht sich A nun im *produktiven Plädieren*. Das bedeutet, A wird anhand einiger Beobachtungen versuchen, ihren Standpunkt zu begründen, mitteilen, warum es ihr wichtig ist, und deutlich machen, daß es sich hierbei um ihre Meinungen, aber nicht um die »Wahrheit« handelt.

B, nun in der »Karriere« Position, vertritt ihren Standpunkt, ohne sich um Begründungen oder Verständnis zu bemühen. Wenn A und B jeweils ein bis zwei Argumente vorgebracht haben, stehen alle drei auf und tauschen im Uhrzeigersinn die Stühle, so daß A auf dem »Karriere«-Stuhl sitzt, B auf dem Beobachterstuhl und C in der Position des »Zu-Hause-Bleibens«. Wenn C dieses Mal an der Reihe ist, begründet sie ihre Aussagen, teilt ihre Beweggründe mit, stellt ihre Bewertungen als die eigenen dar und übt sich in *produktivem Plädieren*. A, nun in der »Karriere«-Position, beginnt nicht nur mit *produktivem Plädieren*, sondern auch mit *erkundendem Fragen*. Sie kann C nach ihren Beweggründen fragen, warum sie es für wichtig hält, zu Hause zu bleiben, was ihre Sorgen sind, und versucht ebenso, die eigenen Gedankengänge verständlich zu machen.

Nachdem C und A wieder zweimal geredet haben, wird wieder getauscht, so daß sich A jetzt wieder in ihrer Ausgangsposition, auf dem Beobachter-Stuhl, befindet. B und C werden jetzt versuchen, ihre Positionen so darzustellen, daß die Balance zwischen *Plädieren* und *Erkunden* ausgewogen ist. A kann an dieser Stelle den Unterschied zu der allerersten Runde wahrnehmen, wo B und C blindlings für ihre Positionen eingetreten sind. Jetzt kann A die Veränderung ihres eigenen Dilemmas durch produktives Plädieren und Erkunden erleben. Nach zweimaligem Vortragen der B- und C-Standpunkte beginnt die Reflexionsrunde, in der sich die drei Teilnehmer ihre Erfahrungen, Wahrnehmungen und Lernprozesse mitteilen.

Nach ungefähr fünf Minuten Reflexion beginnt eine neue Runde, in der B ein Dilemma erzählt und A und C bittet, die beiden Positionen zu spielen. Der zuvor beschriebene Prozeß wird nun auch für B und C durchgespielt.

Wir ermutigen die Teilnehmer dazu, diese Übung als ein mögliches Lernfeld anzusehen, denn wenn sie das Gefühl haben, sie müßten das *Plädieren* und *Erkunden* »richtig« machen, kann das eher hemmend wirken. Werden sie dagegen durch das Ausprobieren mit der Wirkung von *Plädieren* und *Erkunden* vertraut, so erscheinen diese Fähigkeiten weniger abstrakt, und sie gewinnen eine Vorstellung davon, was es bedeuten kann, im Alltag auf diese Weise miteinander zu reden.

Es ist wichtig, vor der Übung darauf hinzuweisen, daß es nicht darum geht, zu einer Entscheidung für das gestellte Dilemma zu kommen, sondern vielmehr, die Fähigkeiten von *Plädieren* und *Erkunden* an dem Thema praktisch zu üben. Dennoch stellt sich für viele das Problem nach einer so ausführlichen Darstellung klarer dar, und es zeichnen sich oftmals Lösungsmöglichkeiten oder neue Sichtweisen ab, so daß sich die Teilnehmer dadurch in ihrer Entscheidungsfindung unterstützt sehen. Das ist aber nicht das Ziel der Übung.

Die Gruppen sind erfahrungsgemäß nicht zur gleichen Zeit fertig, so daß wir versuchen, nach dieser Übung eine (Kaffee-) Pause einzuplanen, die dann von einigen noch für den Abschluß ihrer letzten Runde genutzt werden kann. Nach der Pause kommen wir mit allen Teilnehmern in der großen Runde wieder zusammen, um eine gemeinsame Auswertung der Erfahrungen vorzunehmen.

Literaturhinweise

1. Standardwerke zum Dialog

Bohm, David

Der Dialog. Das offene Gespräch am Ende der Diskussionen, Verlag Klett-Cotta, Stuttgart 1998.

Dieses Grundlagenwerk über den Dialog als Gruppenprozeß enthält sowohl das verbreitete Einführungsheft »On Dialogue« in deutscher Übersetzung als auch weitere wichtige Texte von David Bohm über den Dialog. Vom Herausgeber der englischen Originalausgabe, Lee Nichols, wurde eine aufschlußreiche Einführung über die Gedankenwelt David Bohms vorangestellt.

Buber, Martin

Das Dialogische Prinzip, Lambert Schneider im Bleicher Verlag, Gerlingen ⁸1997.

Dieser in vielen Auflagen verbreitete Sammelband enthält die für das Verständnis des Dialogischen in Martin Bubers Denken wesentlichen Texte »Ich und Du«, »Zwiesprache«, »Die Frage an den Einzelnen«, »Elemente des Zwischenmenschlichen« sowie ein Nachwort »Zur Geschichte des dialogischen Prinzips«.

Wer Martin Buber mit Gewinn lesen möchte, sollte sich Zeit nehmen, sich auf seinen Sprachstil einzulassen und seine Gedankenwelt auf sich wirken zu lassen. Viele unserer amerikanischen Dialogpartner betonen, daß sie durch David Bohm zur Dialogpraxis inspiriert worden sind, Martin Buber gewinne aber zunehmend an Bedeutung dafür, ein besseres Verständnis für die Wirkung des Dialogs zu entwickeln.

Ellinor, Linda / Gerard, Glenna

Dialogue – Creating and Sustaining Collaborative Partnership at Work. Rediscovering the Transforming Power of Conversation, John Wiley &

Sons, Inc., New York 1998. Die deutsche Übersetzung erscheint im Frühjahr 2000 im Verlag Klett-Cotta, Stuttgart.

Dieses Buch über den Dialog hat die Erfahrung zweier Kommunikationspraktikerinnen als Grundlage, die mit dem Dialogprozeß im Sinne von David Bohm in zahlreichen Unternehmensprojekten gearbeitet haben.

2. Über die Gründungsväter des Dialogs und ihre Praxis

Bohm, David
Die implizite Ordnung. Grundlagen eines dynamischen Holismus, Dianus-Trikont, München 1985.

Eine Erweiterung des theoretischen Wissens über die Gedankenwelt David Bohms für alle, die sich von dem Buch »Der Dialog« begeistern ließen. Quantenphysik, Chaos und Ordnung bis hin zur Sprachphilosophie werden behandelt.

Bohm, David / Factor, Donald
Die verborgene Ordnung des Lebens, Aquamarin Verlag, Grafing 1988.

Ein interessantes Protokoll eines Dialogseminars mit David Bohm, das im Mai 1984 in einem kleinen Hotel in dem Dorf Mickleton in Gloucestershire, England, stattfand.

Buber für Atheisten
Ausgewählte Texte. Herausgegeben und kommentiert von Thomas Reichert, Lambert Schneider im Bleicher Verlag, Gerlingen 1996.

Ein klar gegliedertes Buch für alle, die sich nicht durch das Gesamtwerk Bubers arbeiten möchten. Das Sachregister ermöglicht eine gezielte Suche nach Textstellen. Ein biographischer Überblick über Bubers Lebensweg ist ebenfalls enthalten.

Krishnamurti, Jiddu / Bohm, David
Vom Werden zum Sein. Einer der führenden Physiker des Westens im Dialog mit dem großen Weisheitslehrer des Ostens, O. W. Barth Verlag, München 1987.

Bohms Begegnung mit Krishnamurti und die intensiven Gespräche über Grundfragen der menschlichen Erkenntnis waren zentral für die Entwicklung des dialogischen Ansatzes bei Bohm. Nach Fritjof Capras

Einschätzung ist Bohm dadurch »vielleicht weiter als jeder andere beim Studium der Beziehung von Bewußtsein und Materie vorgedrungen«.

Peat, F. David

Infinite Potential. The Life and Times of David Bohm, Helix Books, Addison-Wesley Publishing Company, Inc., New York u. a. 1997.

Der berühmte Physikerkollege Bohms beschreibt in der sehr persönlich gehaltenen Biographie den Lebensweg und die geistige Entwicklung David Bohms.

3. Dialog, vernetztes Denken und Tiefenökologie

Berry, Thomas

The Dream of the Earth, Sierra Club Books, San Francisco 1988.

Der katholische Priester, Kulturanthropologe und Präsident der internationalen Teilhard de Chardin-Gesellschaft, Thomas Berry, erhielt für dieses Buch den angesehenen Lennon-Literaturpreis. Er beschreibt die Folgen der durch die westliche Weltsicht seit dem siebzehnten Jahrhundert entstandenen mechanischen Denkweise für das »Naturverständnis« und für das, was wir ökologische Krise nennen. Berry versucht, die wissenschaftlichen Erkenntnisse mit spirituellen Weisheiten in Einklang zu bringen.

Bohm, David / Edwards, Mark

Changing Consciousness. Exploring the Hidden Source of the Social, Political and Environmental Crises Facing Our World. A Dialogue of Words and Images, Harper Collins Publishers, New York 1991.

David Bohm hat mit dem engagierten Umweltfotografen Mark Edwards ein Buch über den Dialog in Worten und Bildern erstellt. In beeindruckender Weise sind die widersprüchlich menschlichen Verhaltensweisen und »Umweltkrisen« aus allen Teilen der Welt eingefangen. Der Band wird begleitet von einem Gespräch über die Denkweisen, die zu diesen Erscheinungen führen.

Hawken, Paul

Kollaps oder Kreislaufwirtschaft. Wachstum nach dem Vorbild der Natur, Siedler Verlag, Berlin 1996.

Paul Hawken, Präsident der Initiative »The Natural Step« in den USA, versucht, die gesamte Wirtschaftsweise aus einem systemisch ökolo-

gischen Blickwinkel zu betrachten. Aus dieser Perspektive hat nur die Wirtschaft die Kraft, die »Umweltkrise« zu lösen. Allerdings muß sie zu einem Teil der Lösung werden, anstatt der entscheidende Faktor des Problems zu bleiben.

Macy, Joanna

Die Wiederentdeckung der sinnlichen Erde. Mit einem Vorwort von Thich Nhat Hanh, Theseus Verlag, Berlin 1994.

Die an der Universität Berkely lehrende Tiefenökologin Joanna Macy zeigt in dieser eindrucksvollen Sammlung von Beiträgen, warum es entscheidend für die Entwicklung von ökologischen und sozialen Veränderungen ist, welches Weltbild wir haben. Sie geht davon aus, daß eine Lösung nur entsteht, wenn wir uns als Teil des Problems, als Teil der Erde zu sehen lernen.

Naess, Arne

Ecology, Community and Lifestyle. Outlines of an Ecosophy. Translated and edited by David Rosenberg, Cambridge University Press, Cambridge 1993.

Naess ist emeritierter Professor für Philosophie an der Universtität Oslo und Begründer der Tiefenökologie. Er befaßte sich mit Sprachphilosophie und mit dem Denken Spinozas und Gandhis. Er geht von der These aus, daß die sogenannten »Umweltprobleme« nur durch ein verändertes Denken gelöst werden können, indem wir unsere Werte, die hinter unserem Denken stecken, erkennen.

4. Verschiedene dialogische Ansätze unserer Gesprächspartner

Aitmatow, Tschingis

Das Kassandramal, Unionsverlag, Zürich 1994.

Schonungslos thematisiert Aitmatow die apokalyptische Dimension unserer Epoche.

Aitmatow, Tschingis / Ikeda, Daisaku

Begegnung am Fudschijama. Ein Dialog, Unionsverlag, Zürich 1991.

Aitmatow reflektiert in diesem Dialog sehr persönlich sein Leben und seine Weltanschauung: »Früher oder später mußte ich den Menschen finden ... in dem ich mich selbst klarer und genauer erkennen konnte.«

Berry, Thomas / Swimme, Brian
The Universe Story. From the Primordial Flaring Forth to the Ecozoic Era. A Celebration of the Unfolding of the Cosmos, Penguin Books, London 1994.

Die Autoren versuchen, die Geschichte der Evolution neu zu schreiben. Der kosmische Evolutionszusammenhang wird als Sinnkontext, als Methode des Universums, sich selbst zu reflektieren, verstanden.

Brück, Michael von / Lai, Whalen
Buddhismus und Christentum. Geschichte, Konfrontation, Dialog. C. H. Beck, München 1997.

Eine umfassende Bestandsaufnahme der Beziehungen der beiden Weltreligionen. Das Buch enthält interessante Erfahrungen über die gegenseitige Befruchtung und die verschiedenen Phasen und Versuche der Entwicklung einer gemeinsamen Gesprächskultur.

Michael von Brück ist Herausgeber der Zeitschrift »Dialog der Religionen«; Christian Kaiser Verlag, Gütersloh.

Dienel, Peter C.
Die Planungszelle: Der Bürger plant seine Umwelt. Eine Alternative zur Establishment-Demokratie, Westdeutscher Verlag, Opladen [3]1992.

Dieses Buch ist sowohl eine umfassende Kritik der Entscheidungsschwächen der Parteiendemokratie und Expertokratie als auch ein Handbuch über den konkreten Einsatz der Planungszelle in verschiedenen Projekten.

Elon, Amos
Die Makler des Friedens. In: Amos Elon, Nachrichten aus Jerusalem, Eichborn Verlag, Frankfurt a. M. 1995.

Amos Elon beschreibt (wie Yair Hirschfeld betonte, auf journalistische Art) die Geschichte der Osloer Friedensgespräche zwischen Palästinensern und Israelis.

Freire, Paulo
Pädagogik der Unterdrückten, Kreuz Verlag, Stuttgart/Berlin [2]1972.

Paulo Freire entfaltet in diesem Grundlagenwerk in anregender Weise das Lehrer-Schüler-Verhältnis und erklärt, was er unter »generativen Themen« versteht. Das dialogische Prinzip bildet die Basis seiner Überlegungen. Dieses Buch ist immer wieder mit Gewinn zu lesen und gehört nicht nur in die Bibliothek von Pädagogen.

Galtung, Johan
Demokratie: Dialog für einen Konsens, Debatte um eine Mehrheit oder beides? In: Die Demokratie überdenken. Festschrift für Wilfried Röhrich. Duncker & Humblot, Berlin 1997.
Johan Galtung zeigt das Dilemma und die Grenzen der Mehrheitsdemokratie auf sowie die problematischen Folgen der Übertragung dieses Politikmodells in andere soziale Kontexte der sogenannten »Dritten Welt«.

Richter, Horst-Eberhard
Als Einstein nicht mehr weiterwußte, Econ Verlag, Düsseldorf 1997.
Richter versammelt Klassiker des Denkens aus verschiedenen Zeiten zu einer Dialogrunde über Grundsatzfragen unseres Jahrhunderts.

5. Grundlagen und Einzelfragen des Dialogs

Arnold, Rolf / Siebert, Horst
Konstruktivistische Erwachsenenbildung. Von der Deutung zur Konstruktion von Wirklichkeit. Schneider Verlag Hogengehren 1995.
Die Autoren versuchen den konstruktivistischen Ansatz in seiner Bedeutung für die Erwachsenenbildung zu überprüfen. In einem abschließenden Dialog versuchen sie zu klären, ob dies einen Abschied von der Aufklärung bedeutet.

Barfield, Owen
Evolution – Der Weg des Bewußtseins. Zur Geschichte des europäischen Denkens. Mit einem Vorwort von David Bohm. N. F. Weitz Verlag, Aachen 1991.
Der Anthroposoph Barfield zeigt, wie wir uns aus dem Gefängnis des Denkens befreien können, das wir aus seiner Sicht durch unsere fragmentierte Art des Wissens und unsere Denkgewohnheiten geschaffen haben.

Bateson, Gregory
Geist und Natur. Eine notwendige Einheit, Suhrkamp Verlag, Frankfurt a. M. 1987.

Bateson, Gregory
Ökologie des Geistes. Anthropologische, psychologische, biologische und epistemologische Perspektiven, Suhrkamp Verlag, Frankfurt a. M. 1985.

Bateson entwickelte eine Erkenntnistheorie, in der evolutionäre Prozesse wie individuelles Lernen aufeinander zu beziehen sind. Danach entfalten sich Geist und Natur zwar auf verschiedenen Ebenen, aber ihnen gemeinsam ist die Evolution: die Entwicklung der Welt und des Denkens.

Lewin, Kurt

Feldtheorie. Werkausgabe Bd. 4, herausgegeben von Carl-Friedrich Graumann, Hans Huber / Klett-Cotta, Bern u. Stuttgart 1982.

Die Entwicklung eines psychologischen Feldes für Veränderungsprozesse ist für den Dialog zentral. Kurt Lewin hat, ursprünglich aufgrund seiner Fronterfahrungen, für die Psychologie den Begriff des Feldes geprägt. Ausgehend von der Gestaltpsychologie, entfaltete er nach seiner Emigration aus Deutschland 1933 eine breite Forschungstätigkeit, die vor allem die Sozialpsychologie und Gruppendynamik entscheidend befruchtete.

Maré, Patrick de / Piper, Robin / Thompson, Sheila

Koinonia. From Hate, through Dialogue, to Culture in the Large Group, Karnac Books, London 1991.

Der aus dem Griechischen stammende Begriff »Koinonia« meint eine Art »überpersönliche Gemeinschaft«, die der menschliche Geist durch das Mittel eines Großgruppenkontextes zu schaffen in der Lage ist. Ausgehend von den Forschungen des aus Deutschland emigrierten Psychoanalytikers Foulkes, entwickelte diese englische Gruppe eine Theorie des soziokulturellen Settings der Großgruppe, das eine völlig andere Dynamik als in Kleingruppen erzeugen kann.

Maturana, Humberto

Was ist erkennen? Piper Verlag, München 1994.

In einer wissenschaftlich präzisen, aber auch witzigen Weise führt Maturana vor, wie wir Prozeß des Erkennens und durch das Verwandeln der »Erkenntnis« in Sprache, die Realität im Auge des Betrachters erfinden. Auch das Bewußtsein bildet sich nach seiner Ansicht nicht im Gehirn, sondern in den Beziehungen der Menschen untereinander.

Maturana, Humberto / Varela, Fransisco F.

Der Baum der Erkenntnis. Die biologischen Wurzeln des menschlichen Erkennens, Scherz, Bern / München / Wien 1987.

Die beiden chilenischen Neurobiologen und Kognitionswissenschaftler begründen, warum die Welt, wie wir sie sehen, aus naturwissenschaftlicher Sicht die Konstruktion einer Illusion ist.

Quinn, Daniel
Ismael, C. Bertelsmann Verlag, München 1992.

In diesem Roman, der mit der William-Turner-Award, dem höchstdotierten Literaturpreis, ausgezeichnet wurde, beschreibt der ehemalige Trappistenmönch Quinn ein Streitgespräch zwischen Lehrer und Schüler über den Zustand der Welt. Ismael, der Lehrer, ist ein Gorilla.

Stone, Hal und Sidra
Das 100fache Selbst und seine Entdeckung durch die Voice-Dialogue-Methode, Heyne Verlag, München 1994.

Die Voice-Dialogue-Methode ist geeignet, dabei zu helfen, sich über die inneren Stimmen klarzuwerden und sie kreativ einzusetzen. Innerhalb unseres Dialogkonzeptes gehört sie zum methodischen Repertoire, um zu lernen, mit unseren »verschiedenen Selbsten« besser umzugehen.

Whorf, Benjamin Lee
Sprache, Denken, Wirklichkeit. Beiträge zur Metalinguistik und Sprachphilosophie, Rowohlt Verlag, Reinbek bei Hamburg 1984.

Whorf, ursprünglich Chemie-Ingenieur, gehört zu den bedeutendsten amerikanischen Linguisten. In anschaulicher Form zeigt er, welche Funktionen verschiedene Sprachsysteme für die Wahrnehmung von »Wirklichkeit« haben. Er analysiert insbesondere die indianische »Hopi«-Sprache und vergleicht die weltbilderzeugende Wirkung von Sprachkulturen.

6. Dialog und Quantenphysik

Wheatley, Margret J.
Quantensprung der Führungskunst. Leadership and the New Science, Rowohlt Verlag, Reinbek bei Hamburg 1997.

Margret Wheatley erzählt, welche Metaphern die Quantenphysik zur Verfügung stellt, um scheinbare Paradoxien zu beschreiben. Sie zeigt, welche evolutiven Formen die Natur entwickelte und wie sehr dadurch kulturelle Muster geprägt wurden.

Zohar, Danah
Rewiring the Corporate Brain. Using the New Science to Rethink How We Structure and Lead Organizations, Berrett-Koehler Publishers, Inc., San Francisco 1997.

Danah Zohar, Quantenphysikerin und Organisationsberaterin, zeigt, welche Erkenntnisse und neuen Sichtweisen sich für das Management ergeben, wenn man es durch die Brille der Quantenphysik betrachtet.

Zohar, Danah
The Quantum Self. Flamingo. An Imprint of HarperCollins Publishers, Glasgow 1991.

Zohar, Danah / Marshall, Ian
The Quantum Society. Mind, Physics, and a New Social Vision, William Morrow and Company, Inc., New York 1994.

In beiden Büchern wird versucht, eine Weltsicht basierend auf der Quantentheorie zu entwickeln. In der Tradition Bohms wird der Geist-Materie-Dualismus zugunsten einer Sicht des universellen Zusammenhangs aufgehoben.

7. Dialog, Management und Organisationsentwicklung

Argyris, Chris
Wissen in Aktion. Eine Fallstudie zur lernenden Aktion. Verlag Klett-Cotta, Stuttgart 1997.

Chris Argyris ist einer der Vordenker der »lernenden Organisation«. Sein aktionswissenschaftlicher Ansatz zeigt aufschlußreich, warum wir uns in Veränderungsprozessen – trotz besserer Absichten – immer wieder in Routine verfangen. Anschaulich belegt er an Beispielen, wie erlernte Abwehrroutinen wirken und wie man dieses Dilemma durchbrechen kann.

Glasl, Friedrich / Lievegoed, Bernhardus C.
Dynamische Unternehmensentwicklung. Verlag Paul Haupt / Verlag Freies Geistesleben, Bern/Stuttgart 1993.

Ausgehend von gestaltpsychologischen Ansätzen entwerfen die Autoren ein lebendiges Bild von Organisationen. Sie setzen die Identität einer Organisation mit der Entwicklung des Ich eines Menschen in Beziehung.

Kofman, Fred
Essays in Transformational Learning, Leading Learning Communities, Inc. (LLC), Boulder 1996.

In dieser Sammlung verschiedener Aufsätze hat Fred Kofman neben grundsätzlichen Gedanken zu Fragen des Lernens praktische Übungen und Beispiele aus dem Alltag zusammengestellt. Es wird deutlich, wie wir lernen können, mehr Entscheidungsfreiheit auch in scheinbar verfahrenen Situationen zu gewinnen.

Senge, Peter M.
Die fünfte Disziplin. Kunst und Praxis der lernenden Organisation. Verlag Klett-Cotta, Stuttgart 1996.

Dieser internationale Managementbestseller leitet aus zahlreichen Erfahrungen mit Organisationsentwicklung das Modell der »fünf Disziplinen« ab. Der Lernprozeß von Organisationen wird als dynamischer Prozeß begriffen, in dem alle Beteiligten bewußt oder unbewußt Mitspieler sind. Senge macht deutlich, wie unser Denken unsere Wirklichkeit erzeugt. Als zentrale Disziplin, um offene Kommunikation zu ermöglichen und die mentalen Modelle erkennbar zu machen, schlägt er den Dialog vor.

Senge, Peter M.; et. al.
Das Fieldbook zur fünften Disziplin. Verlag Klett-Cotta, Stuttgart 1997.

Das Fieldbook beschreibt zahlreiche Praxisfelder, in denen der Ansatz der »lernenden Organisation« erprobt wurde. Ein Fundus von Anregungen auch für die Dialogpraxis mit vielen methodischen Hilfestellungen.

Zimmermann, Heinz
Sprechen, Zuhören, Verstehen – In Erkenntnis und Entscheidungsprozessen. Verlag Freies Geistesleben, Stuttgart [3]1992.

Zimmermann macht deutlich, wie wichtig die Kunst des Zuhörens für das gute Gespräch ist, wenn es sozial wirksam werden soll.

8. Meditative Aspekte im Dialog

Dürckheim, Karlfried Graf
Ton der Stille, N. F. Weitz Verlag, Aachen 1986.

Karlfried Graf Dürckheim hat sich in dieser Textsammlung der meditativen Kraft der Stille gewidmet. Die transformierende Kraft des Hörens in verschiedenen Dimensionen wird dargestellt. Die 42 meditativen Sprüche wurden aus Anlaß des 80. Geburtstages von Pater Hugo M. Enomiya-Lassalle SJ herausgegeben.

Heider, John
Tao der Führung. Laotses Tao Te-King für eine neue Zeit, Sphinx Verlag, Basel 1994.

Das zentrale, uralte Weisheitsbuch des Ostens dient als Grundlage für eine Philosophie der Gelassenheit. Ein nützliches Brevier für alle Seminarvorbereitungen.

Rogers, Carl R.
Der neue Mensch, Verlag Klett-Cotta, Stuttgart 1993.

Rogers beschreibt in biographischen Aspekten seine Erfahrungen in Gruppenprozessen, unter anderem seine Experimente mit dem Dialog in Großgruppen.

Scaligero, Massimo
Traktat über das lebende Denken. Ein Weg zur Überwindung der abendländischen Philosophien, des Yoga und des Zen, Urachhaus, Stuttgart 1993.

Der italienische Philosoph Scaligero versucht, den Denkprozeß zum Gegenstand seiner Reflexionen zu machen. Das Wahrnehmen des Lebens, das unmittelbar in Vorstellungen, Erinnerungen, Projektionen, Begriffen, reflektierten Abstraktionen eingefangen wird, entwickelt er in eindrücklicher Sprache als paradoxes Problem.

Thich, Nhat Hanh
Zeiten der Achtsamkeit, Herder Verlag, Freiburg 1996.

Der vietnamesische Mönch, Zen-Meister und Friedensaktivist sieht in der Übung der Achtsamkeit den Weg zur Veränderung sowohl der Welt als auch des eigenen Lebens.

9. Ausgewählte Aufsätze

Albert, David Z.
David Bohms Quantentheorie. In: Spektrum der Wissenschaft, Juli 1994, S. 70–77.

Argyris, Chris
Richtig motivieren können wenige Chefs. In: Harvard Business Manager, 1/1995, S. 9–18.

Bennet, Sherrin / Brown, Juanita
Mindshift: Strategic Dialogue for Breakthrough Thinking. In: Learning Organizations. Developing Cultures for Tomorrow's Workplace, ed. by Sarita Chawla and John Renesch. Productivity Press, Portland, Oregon, 1995.

Brown, Juanita / Isaacs, David
Building Corporations as Communities: The Best of Both Worlds. In: Community Building. Renewing Spirit and Learning in Business. New Leaders Press, Sterling & Stone, San Fransisco 1995.

Brown, Juanita / Isaacs, David
Conversation as a Core Business Process. In: The Systems Thinker. Vol. 7, Nr. 10, Dec 96/Jan 97, Cambridge.

Cayer, Mario
Bohm's Dialogue and Action Science: Two Different Approaches. Document de Travail 93 -76, Sept. 1993.

Hock, Dee W.
Institutions in the Age of Mindcrafting. Bionomics Annual Conference, San Francisco, October 22, 1994.

Isaacs, William N.
The Process and Potential of Dialogue in Social Change. In: Educational Technology, Jan-Febr. 1996.

Isaacs, William N. / Saunders, Mitchell
Dialogue for Collective Learning and Inquiry: The MIT Dialogue Project. In: Healthier Communities Action KIT/Module 2, The Healthcare Forum 1993.

Kofman, Fred / Dhority, L. Freeman
Dialogue. In: Essays in Transformational Learning, Leading Learning Communities, Inc. (LLC), Boulder 1995.

Schein, Edgar H.
On Dialogue, Culture, and Organizational Learning. Pre-Publication Draft (o. J.). Sloan School of Management, Cambridge.

Schein, Edgar H.
Kurt Lewin's Change Theory in the Field and in the Classroom: Notes Toward a Model of Managed Learning. MIT Sloan School of Mangement, March 1995.

Webber, Alan M.
What's so New About the New Economy? In: Harvard Business Review. Jan-Febr. 1993.

Danksagung

Dieses Buch ist entstanden aus einem Netz von Beziehungen und Begegnungen.

Beim Nachdenken über hilfreiche Personen kam uns ein nicht endenwollender Strom von Namen in den Sinn, der uns deutlich machte, daß wir hier nur eine begrenzte Auswahl nennen können. Dennoch lassen wir uns auf das Wagnis einer Danksagung ein: wir haben uns dabei auf eine Auswahl derjenigen beschränkt, die unmittelbar zu diesem Buch beigetragen haben.

Im Zentrum dieses Buches stehen Gespräche, die Johannes und Martina 1996 im Rahmen einer Vor-Ort-Erkundung von Dialogprojekten in den USA führten. Wir danken Juanita Brown, Linda Ellinor, Glenna Gerard, William Isaacs, Ron Kertzner, Fred Kofman, Josef Laur, Sue Miller-Hurst, Chrissi Rohn, Mitchell Saunders, Sara Schley, Peter Senge für die Gastfreundschaft und die Offenheit und Herzlichkeit, mit der sie ihre Erfahrungen teilten. Fred Kofman von »Leading Learning Communities« und William Isaacs von »Dialogos« danken wir besonders für die Großzügigkeit, mit der sie ihr Arbeitsmaterial zur Verfügung stellten und uns Einblick in ihre praktische Arbeit gaben.

Zum Gespräch mit Aitmatow kam es während zweier Begegnungen in Düsseldorf und Osnabrück. Das Treffen mit Kalman Yaron stand ganz unter dem Eindruck der Brandanschläge von Hoyerswerda und Mölln. Thomas Berry gab 1995 einen Kurs am Schumacher-College in England; dort hatte Johannes einen intensiven Gedankenaustausch mit ihm und Rupert Sheldrake. Seine Anregungen zum Thema »Feld« waren für uns bei der Annäherung an diesen Begriff grundlegend.

Yair Hirschfeld betonte in unserem Gespräch 1998, daß trotz der jüngsten politischen Verhärtungen zwischen Israel und den arabischen Staaten Oslo die Grundlage für eine Reihe von Abkommen legte und bis heute weiterwirkt.

Danah Zohar ein Dank dafür, daß sie uns ganz unkonventionell Ideen zur Quantenphysik überließ. Johan Galtung gab uns in mehreren Gesprächen wichtige Anregungen zur Friedensthematik.

Karl-Henrik Robèrt und seiner Frau Rigmor haben wir die Einladung zum »The Natural Step«-Symposium anläßlich des 50. Geburtstages des schwedischen Königs zu verdanken und einen Einblick in die Arbeitsweise von »The Natural Step«.

Mit Paulo Freire traf Johannes während einer Studienreise nach Brasilien 1995 zusammen. Tiefenökologische Fragen, die in Brasilien bei einem

Treffen mit José Lutzenberger, dem Träger des »Alternativen Nobelpreises«, angesprochen wurden, fanden ebenfalls Eingang in dieses Buch.

Rosalind Cochrane sind viele Gedanken über den Frauendialog, die Gespräche mit Kathleen Hayes und Annie Mc Donough zu verdanken; Susan Kertzner das Gespräch mit Freeman über ihre Erfahrungen mit dem US-Kongreß.

Traudel Neumann-Ilsen, Eberhard Schererz und Ingeborg Schneider überließen uns freundlicherweise eigene Erfahrungsberichte aus ihrer Arbeit mit dem Dialog.

Horst Eberhard Richter gab uns einen Hinweis über seine Dialogerfahrungen. Die Texte von Michael von Brück sind aus »Dialog der Religionen« entnommen. Der Beitrag von Peter Dienel entstammt einem Gespräch mit ihm in Osnabrück.

Gerd Michelsen, Horst Siebert und Georg Szèll, Heino Apel und Jürgen Heinen-Tenrich haben das deutsche Dialogprojekt mit unterstützt, das in großzügiger Weise von der Deutschen Bundesstiftung Umwelt gefördert wurde. Dem Generalsekretär Fritz Brickwedde sowie den Mitarbeitern Willi Real und Thomas Pyhel gilt unser Dank. Durch die Projektförderung konnte der dialogische Ansatz hinsichtlich seiner Wirksamkeit bei der Lösung der anstehenden ökologischen Probleme erprobt werden; es wurden entsprechende Praxisfelder erkundet und Materialien entwickelt.

Die praktische Kooperation reichte von Reinhard Kahl mit seiner Serie »Übergänge von der belehrten zur lernenden Gesellschaft« im Hamburger Institut für Lehrerfortbildung bis zu Klaus Rogge vom Landesinstitut für Schule und Weiterbildung in Nordrhein-Westfalen.

Reinhard Sliwka, Dezernent für Kultur und Soziales, förderte die Vertiefung des Dialogansatzes an der Volkshochschule der Stadt Osnabrück.

Für die kritischen Anmerkungen zum Manuskript sei Agnes Wienholt, Manfred Zimmer und Ludger Bröcker gedankt, für die künstlerische Beratung Werner Ratering und Christian Tschepp für die Impulse durch die Dialogue-Newsletter, Verena Damm für die Unterstützung bei Übersetzungsarbeiten. Dorle Feiger verhalf uns mit Hilfe von Scotland Yard zu deren Plakat.

Vor allem aber ist dieses Buch den Begegnungen mit den Teilnehmerinnen und Teilnehmern der Dialogprozesse und den unzähligen Dialogen mit unseren Kindern zu verdanken, die uns immer wieder ermutigten, die Dialogarbeit weiterzuentwickeln und an den eigenen Unzulänglichkeiten nicht zu verzweifeln.

Ohne die engagierte Arbeit, die Fragen und Anregungen unseres Lektors Eberhard Rathgeb von Klett-Cotta und die präzise Korrektur von Thomas Reichert wäre das Buch in dieser Form nicht entstanden. Für die Geduld und Ausdauer besonders ♥-lichen Dank.

Alle Unzulänglichkeiten gehen natürlich auf das Konto des Autorenteams. Über Anregungen und Hinweise würden wir uns freuen.

L. Freeman Dhority, Martina Hartkemeyer, Johannes F. Hartkemeyer

Boulder/Bramsche, im Juni 1998

Verzeichnis der Abbildungen*

S. 19: Schnecke in der Fußgängerzone in Boulder, Colorado.

S. 22: Poster »Streitkultur«, freundlicherweise zur Verfügung gestellt vom Verein für Friedenspädagogik Tübingen e. V., Tel. 07071 – 21312; Copyright Illustrationen Burkard Pfeifroth, Reutlingen.

S. 29: Tschingis Aitmatow; Hintergrundfoto: Alter Usbeke in Samarkand, Usbekistan.

S. 36 Kalman Yaron; Hintergrundfoto: Blick auf die Klagemauer von Jerusalem.

S. 46: Stahlwerk, Foto freundlicherweise zur Verfügung gestellt von Klöckner-Werke, Georgsmarienhütte.

S. 48: Martin Buber; Foto freundlicherweise zur Verfügung gestellt von Lambert Schneider im Bleicher Verlag, Gerlingen.

S. 52: David Bohm; Foto © Mark Edwards / Still Pictures.

S. 62: William Isaacs; Hintergrundfoto: MIT-Gebäude in Boston.

S. 64: Reichstag in Berlin, erbaut 1884-94 von P. Wallot; Foto vor 1933.

S. 69: Danah Zohar; Hintergrundbild: Muster atomarer Phasenübergänge in Katalyseprozessen.

S. 88/89: Plakat, freundlicherweise zur Verfügung gestellt von Scotland Yard, London.

S. 105: Indianerkreis, historische Abbildung.

S. 130: Foto einer Dialogrunde.

S. 132: Foto der »Leiter der Schlußfolgerungen«.

S. 137: Kinder, so ins Gespräch vertieft, daß ihr Eis zu tropfen beginnt...

S. 143: Paulo Freire; Hintergrundfoto: Hochhäuser in São Paulo.

S. 149: Bankgebäude in São Paulo an der Avenida Paulista.

S. 150: Juanita Brown; Hintergrundbild: Wandzeitung aus einem World-Café, freundlicherweise zur Verfügung gestellt von Juanita Brown.

S. 155: Grafik Dialog, freundlicherweise zur Verfügung gestellt von Juanita Brown.

S. 158: Foto freundlicherweise zur Verfügung gestellt von Ingeborg Schneider.

S. 160: Kinderzeichnung »Löwe«, Lisa Hartkemeyer.

S. 163: Foto freundlicherweise zur Verfügung gestellt von Ingeborg Schneider.

---

* Fotos, soweit nicht anders angegeben, von M. & J. F. Hartkemeyer.

Peter M. Senge:
Die Fünfte Disziplin
Kunst und Praxis der lernenden Organisation
Aus dem Amerikanischen von Maren Klostermann
562 Seiten, Pappband, ISBN 3-608-91379-3
»Peter Senge fordert von uns nicht weniger als eine Abkehr von
isolierten Denk- und Verhaltensweisen, um unseren Unter-
nehmen eine Zukunftschance zu geben.«
Norbert Hermann / BMW AG

Peter M. Senge/Art Kleiner/Bryan Smith/Charlotte Roberts/
Richard Ross:
Das Fieldbook zur Fünften Disziplin
Aus dem Amerikanischen von Maren Klostermann
687 Seiten, Pappband, ISBN 3-608-91310-6
Das Teambuch für alle, die Veränderung wollen. Anhand von
authentischen Geschichten und Beispielen wird demonstriert,
wie Unternehmen, Gesundheitseinrichtungen, Schulen, Behör-
den und sogar ganze Gemeinden ihre »Lernhemmnisse« überwinden und Spitzenleistungen erzielen können.

Chris Argyris:
Wissen in Aktion
Eine Fallstudie zur lernenden Organisation
Aus dem Amerikanischen von Hans Kray
288 Seiten, Pappband, ISBN 3-608-91838-8
Chris Argyris zeigt anhand eines konkreten Falles, was beim
Lernen in einer Organisation schiefläuft, warum Mitarbeiter
nicht lernen wollen und welche Auswege es aus diesem
Dilemma der Hindernisse und Abwehrhaltungen gibt.

Klett-Cotta

Patricia Pitcher:
Das Führungsdrama
Künstler, Handwerker und Technokraten im Management
Aus dem Amerikanischen von Maren Klostermann
283 Seiten, Pappband, ISBN 3-608-91843-4

Führungskräfte müssen entweder brillante Visionäre sein, wahrhaft kreative Strategen oder sie müssen die Fähigkeit haben, das Beste aus ihren Mitarbeitern herauszuholen und sie zu Spitzenleistungen zu motivieren. Manager, die keine dieser Eigenschaften mitbringen, können tödlich für eine Organisation sein, die Energie und Veränderungen braucht.

Patricia Pitcher bezeichnet die ersten als Künstler, die zweiten als Handwerker und die dritten als Technokraten. Sie zeigt am authentischen Beispiel eines weltweit operierenden Finanzinstituts, wie die Technokraten vernichteten, was die Künstler geschaffen und die Handwerker beschützt hatten.

Hans-Peter Fischer (Hrsg.):
Die Kultur der schwarzen Zahlen
Das Fieldbook der Unternehmenstransformation bei Mercedes-Benz
590 Seiten, Pappband, ISBN 3-608-91891-4

Mercedes-Benz startete mit Beginn der 90er Jahre einen Prozeß der Revitalisierung und strategischen Neuausrichtung. Aus diesem Zeitraum berichten die Autoren über die Fortschritte dieser Initiativen in ihren Arbeitsfeldern.
Der Wandel der Unternehmenskultur bei Mercedes-Benz in den letzten Jahren zeigt, wie ein Transformationsprozeß konzipiert und durchgeführt werden kann, welche Hindernisse dabei zu überwinden sind und was sich daraus für das Programm einer lernenden Organisation an Nutzen ziehen läßt.

»Fischer gibt einen tiefen Einblick in das Unternehmen.«
Die Welt

Klett-Cotta